DASH:

Studentenhuisvesting

/

Housing the Student

Delft Architectural Studies on Housing

Editorial

Student housing is back on the agenda. At breathtaking speed, politicians, developers, architects and constructing parties are trying to reduce the serious shortage of residential space for young people and students that currently exists in almost all Dutch university towns. And in these times of malaise in the construction industry, new players are now also lining up to get a piece of the pie, alongside the traditional housing foundations and corporations.

The concept for this new architectural task is often simple: identical, independent units with their own mini-kitchen and mini-bathroom are the building blocks that are stacked and connected until the building envelope has been filled to the desired level. They feature a communal entrance, bicycle storage space, and perhaps a few facilities, and often a striking façade to assert a unique identity. This is an efficient industry that allows large numbers of units to be built well and quickly.

This architectural task is as topical as it is timeless. Ever since educational institutions began attracting young people from a wider environment, housing and education have gone hand in hand with a period of personal and intellectual growth. Through the centuries, various models have arisen for this purpose, in different countries and in different cultures: from students living with professors or in lodging houses, to the Anglo-Saxon college and campus, or the continental, urban residential buildings that were often under the auspices of religious institutions.

The twentieth century added a wealth of inventive solutions, after the explosive growth in the number of students made new construction a large-scale job for architects worldwide. The design of the individual rooms and the way they formed a communal residential environment for students have repeatedly led to solutions that are both culturally anchored and innovative. The result is an exciting and constantly growing variation in accommodation buildings for students, based on a multitude of ideas.

In this tenth issue of *DASH*, the editors want to draw attention to a sliver of this abundance. First of all, to once again study the selected plans and the ideas that go along with them, and to unlock these for a modern audience. Several recent plans and interviews with currently active players connect theory and history to today's practice.

At the same time, seeing as there are once again so many opportunities, this publication is an appeal to continue considering the job of student housing in its full breadth, and also to contribute to the development of new models of student housing (beyond merely the required numbers) that have been expressly designed for today.

Redactioneel

Studentenhuisvesting staat momenteel weer hoog op de agenda. In ontzagwekkend tempo wordt door politici, ontwikkelaars, architecten en bouwende partijen gewerkt om een groot tekort aan woonruimte voor jongeren en studenten in vrijwel alle Nederlandse universiteitssteden terug te dringen. En in deze tijden van malaise in de bouw staan naast de vanouds bouwende stichtingen en corporaties ook nieuwe spelers in de rij om hier een graantje van mee te pikken.

Het concept voor deze nieuwe opgave is vaak simpel: identieke, zelfstandige eenheden met eigen minikeuken en – badkamer zijn de bouwsteen waarmee gestapeld en geschakeld wordt tot de bouwenvelop naar behoefte gevuld is. Een gezamenlijke entree, fietsenstalling, misschien nog wat andere voorzieningen en voor de eigen identiteit vaak een opvallende gevel. Het is een efficiënte industrie waarmee goed en snel grote aantallen gebouwd kunnen worden.

De opgave is even actueel als tijdloos. Al sinds het ontstaan van opleidingsinstituten die jonge mensen uit een wijdere omgeving aantrokken, gaan huisvesting en educatie samen in een periode van persoonlijke en intellectuele groei. Door de eeuwen heen zijn in verschillende landen en culturen daarvoor diverse modellen ontstaan: van op kamers gaan bij professoren of hospita's tot de Angelsaksische *colleges* en campus, of de continentale, binnenstedelijke woongebouwen onder hoede van een al dan niet religieuze instelling.

De twintigste eeuw voegde hier een rijkdom aan inventieve oplossingen aan toe, nadat een explosieve groei van het aantal studenten nieuwbouw wereldwijd tot een grootschalige opgave voor architecten maakte. Het ontwerp van de individuele kamers en de manier waarop deze een gezamenlijke woonomgeving voor studenten vormden, leidden steeds opnieuw tot oplossingen die zowel cultureel verankerd als vernieuwend zijn. Het resultaat is een boeiende en voortdurend groeiende variatie aan logiesgebouwen voor studenten, die gebaseerd is op een veelvoud aan ideeën.

In deze tiende *DASH* wil de redactie een glimp van deze rijkdom onder de aandacht brengen. Allereerst om de geselecteerde plannen en de daarbij behorende ideeën opnieuw te bestuderen en te ontsluiten voor een hedendaags publiek. Enkele recente plannen en gesprekken met actieve spelers van dit moment verbinden theorie en geschiedenis met de actuele praktijk.

Tegelijk is deze publicatie een pleidooi om ook nu, juist nu er weer zoveel kansen zijn, de huisvesting van studenten in de volle breedte van de opgave te blijven bezien en, behalve de benodigde aantallen, ook aan de ontwikkeling van nieuwe en op deze tijd toegespitste modellen voor het wonen van studenten bij te dragen.

Paul Kuitenbrouwer

De kamer
The Room

Een verkenning van persoonlijke ruimte
An Exploration of Personal Space

14 m² - Baker House, Cambridge, MA; eenpersoonskamer (Alvar Aalto, 1946-1949). Bureau, bank en bed, ontworpen door de Amerikaanse firma Cory
14 m² - Baker House, Cambridge, MA; single room (Alvar Aalto, 1946-1949); fixtures (desk, sofa and bed) were designed by the American manufacturer Cory

Heel lang geleden – het kan niet meer dan twintig jaar geleden zijn, maar toch – woonde ik op een studentencampus. Ik was achttien en was net begonnen aan mijn studie. Omdat ik niets van Tokio wist en voor het eerst op mezelf woonde, hadden mijn bezorgde ouders deze plek voor me uitgezocht. De maaltijden waren inbegrepen, er waren allerlei voorzieningen, dus daar zou een achttienjarige die net kwam kijken zich moeten kunnen redden. (…)

Aan weerszijden van de binnentuin stond een betonnen flat van drie verdiepingen. Het waren grote gebouwen met veel ramen. Het geheel wekte de indruk van een tot flat omgebouwde gevangenis, of een tot gevangenis omgebouwde flat. Maar het zag er zeker niet vies of donker uit. Door de openstaande ramen was het geluid van radio's te horen. De gordijnen voor de ramen waren allemaal van hetzelfde soort beige dat het minst verschiet.

Aan het eind van het pad, tegenover de hoofdingang, stond het twee verdiepingen tellende hoofdgebouw. Op de begane grond bevonden zich de mensa en een grote gemeenschappelijke badruimte, op de eerste verdieping waren een aula, een aantal gemeenschapsruimtes en verder zelfs een gastenverblijf waarvan ik niet wist waarvoor het bestemd was. Naast het hoofdgebouw stond een derde studentenflat, ook met drie verdiepingen. De binnentuin was ruim en in het midden van het grasveld draaiden sprinklers rond die het zonlicht weerkaatsten. Achter het hoofdgebouw was een sportveld voor voetbal en honkbal, en er waren zes tennisvelden. Alles erop en eraan.[1]

De studentenkamer

Wanneer je deze beschrijving leest door de ogen van Watanabe, de 18-jarige hoofdpersoon in Haruki Murakami's roman *Norwegian Wood*, is de studentenkamer – als eerste (on)zelfstandige plek om te wonen nadat de eerste levensfase van het kind als onderdeel van een beschermd gezinsleven is afgesloten – te begrijpen als het startpunt voor de volgende fase: het leven als zelfstandige, jongvolwassen academicus-in-opleiding. Het door Murakami beschreven universum is dat van de campus van een privé-universiteit in Tokio, waarvan het hoofdgebouw, drie studentenflats en sportvelden de hoofdbestanddelen vormen.

Als regel woonden de eerste- en tweedejaarsstudenten in tweepersoonskamers en de derde- en de vierdejaars in een eenpersoonskamer. De tweepersoonskamers waren zo'n tweeënhalf bij vier meter, met een raam in een aluminium kozijn in de muur tegenover de deur. Links en rechts van het raam stonden, met de rug naar elkaar toe, een bureau en een stoel om aan te studeren. Links van de deur stond een ijzeren stapelbed. Het meubilair was sober en degelijk. Afgezien van de bureaus en het stapelbed waren er twee kasten, een kleine bijzettafel en een paar ingebouwde planken. Hoe mild je het ook bekeek, poëtisch was de ruimte niet te noemen.[2]

De studentenkamer wordt hier beschreven als een repeteerbare eenheid, die is gelegen aan een lange gang, en die in het gevelbeeld opgaat in een zich herhalend patroon van identieke gevelopeningen. Dit is een stereotype voorstelling van zaken, die zich in ons collectieve geheugen heeft genesteld. Waar komt dit stereotype van de 'studie-cel' vandaan? Welke ontwikkeling heeft de 'persoonlijke ruimte' van 'de studentenkamer' of 'de studentenwoning' de afgelopen eeuw doorgemaakt?

De kamer als eenheid van persoonlijke ruimte

De studentenkamer heeft zich ontwikkeld van 'cel' (in kloosters, gevangenissen, hospitalen en gasthuizen) tot 'hotelkamer' met eigen badkamer, van alle gemakken voorzien. Dit essay verkent de ontwikkeling van de studentenkamer vanuit de perceptie van de persoonlijke

Once upon a time, many years ago – just 20 years ago, in fact – I was living in a dormitory. I was 18 and a first-year student. I was new to Tokyo and new to living alone, and so my anxious parents found a private dorm for me to live in rather than the kind of single room that most students took. The dormitory provided meals and other facilities and would probably help their unworldly 18-year-old survive.

. . .

The paved path leading from the gate circumvented the tree and continued on long and straight across a broad quadrangle, two three-story concrete dorm buildings facing each other on either side of the path. They were large with lots of windows and gave the impression of being either flats that had been converted into jails or jails that had been converted into flats. However there was nothing dirty about them, nor did they feel dark. You could hear radios playing through open windows, all of which had the same cream-coloured curtains that the sun could not fade. Beyond the two dormitories, the path led up to the entrance of a two-story common building, the first floor of which contained a dining hall and bathrooms, the second consisting of an auditorium, meeting rooms, and even guest rooms, whose use I could never fathom. Next to the common building stood a third dormitory, also three storeys high. Broad green lawns filled the quadrangle, and circulating sprinklers caught the sunlight as they turned. Behind the common building there was a field used for baseball and football, and six tennis courts. The complex had everything you could want.[1]

The Student Room

When you read this description through the eyes of Watanabe, the 18-year-old protagonist of Haruki Murakami's novel *Norwegian Wood*, the student room – as the first (in)dependent residence after the first stage of life (namely as a child who is part of a protected family life) has been completed – can be seen as the starting point for the next phase: life as an independent, young adult scholar-in-training. The universe described by Murakami is the campus of a private university in Tokyo, where the main building, three residence halls, and sports fields form the main elements.

The rules for room assignments put first- and second-year students in doubles while third- and final-year students had single rooms. Double rooms were a little longer and narrower than nine-by-twelve, with an aluminium-framed window in the wall opposite the door and two desks by the window arranged so the inhabitants of the room could study back-to-back. To the left of the door stood a steel bunk bed. The furniture supplied was sturdy and simple and included a pair of lockers, a small coffee table, and some built-in shelves. Even the most well-disposed observer would have had trouble calling this setting poetic.[2]

The student room is described here as a repeatable unit, which is located on a long corridor, and which blends into the façade in a repeating pattern of identical façade openings. This is a stereotypical representation that has nestled its way into our collective memory. Where does this stereotype of the 'study cell' come from? What developments has the 'personal space' of the 'student room' or the 'student residence' undergone in the past century?

The Room as a Unit of Personal Space

The student room has developed from a 'cell' (in cloisters, prisons, hospitals and hospices) into a fully equipped 'hotel room' with its own bathroom. This essay explores the development of the student room from the perspective of the personal space of the smallest living unit, based

ruimte van deze kleinste wooneenheid, aan de hand van een reeks emblematische projecten in Europa en de Verenigde Staten, die de afgelopen 100 jaar gerealiseerd zijn. Waaruit bestaat de omhulling van de persoonlijke ruimte van de student? Wordt die persoonlijke ruimte met een kamergenoot gedeeld? En hoe verhoudt de student zich in sociaal opzicht tot andere studenten op de gang, in het logiesgebouw, in het studentenhuis? Typologisch beschouwd is het ruimtelijke materiaal van studentenhuisvesting eenvoudig in de plattegrond georganiseerd als een reeks cellen, kamers, eenheden aan een gang die ze onderling verbindt. Meestal zijn de kamers aan beide zijden van een gang ontsloten, om de organisatie van de plattegrond – geometrisch geordend – te optimaliseren. De bulk van het woonprogramma wordt aangevuld met hiervan afwijkende, grotere collectieve ruimten.3 Deze opzet gaat terug tot de functionele organisatie van het klooster.

Habitat étudiant
In de zomer van 2013 werd in Parijs in het Pavillon de l'Arsenal de tentoonstelling '18 m². Habitat étudiant, projets d'avenir' gehouden.4 'De studentenwoning' wordt door Éric Lapierre, curator van de expositie en auteur van de catalogus, beschouwd als een oud programma, een archaïsch type, een prototype voor de repeteerbaarheid van het moderne wonen, en als een eenvoudig programma met complexe vragen, dat zijn vrijheid moet hervinden in het huidige tijdsgewricht.[5] De omslag van de catalogus toont het kameroppervlak per eenheid in een oplopende reeks:

6 m² - Maison collective de l'Institut textile, I.S. Nikolaev (1929-1931)
9 m² - Résidence universitaire Jean Zay, Eugène Beaudoin (1955)
12 m² - Collège néerlandais, Willem Marinus Dudok (1928-1938)
14 m² - Baker House, Alvar Aalto (1946-1949)
16 m² - Pavillon Suisse, Le Corbusier et Pierre Jeanneret (1930-1932)
18 m² - Habitat étudiant [6]

Van monnikencel naar studentencel
De eerste collegegebouwen ontstaan aanvankelijk zonder vaste uiterlijke gedaante als internaten voor arme studenten en volgen in hun organisatie de opzet van de religieuze, intellectuele Dominicaner kloosterorden, als een seculiere transcriptie van dit religieuze organisatiemodel.[7] In de stedelijke kloosters van de bedelorden worden de gemeenschappelijke slaap- en werkzalen vervangen door afzonderlijke monnikencellen. In rijen om de meestal twee verdiepingen hoge kruisgangen gelegen, vormen zij de persoonlijke ruimte binnen de kloosters. Kenmerkend voor deze kloostertypologie is de polariteit van individuele cellen tegenover gemeenschappelijke ruimten, die ook bepalend is voor de typologische structuur van de colleges, waarvan het Collegio di Spagna in Bologna (1365-1367) geldt als voorbeeld van het volledig ontwikkelde type.[8]

Daarmee is de 'monnikencel' als vertrekpunt voor de studentenkamer als afgebakende persoonlijke ruimte in een collectieve leefgemeenschap gemarkeerd. De studentencel verhoudt zich tot de overige studentencellen, studeerruimten en collectieve voorzieningen via de kloostergangen, en via deze tot de omsloten (klooster)hof. Slechts via een kleine raamopening staat de individuele student in contact met de buitenwereld.

In Europa duurt het tot het begin van de twintigste eeuw (de jaren na de Eerste Wereldoorlog) tot de ontwikkeling van de typologie van studentenhuisvesting in een stroomversnelling belandt. Er worden gespecialiseerde woongebouwen ontwikkeld voor vrijgezelle mannen en vrouwen en er komt sociale woningbouw tot stand door toedoen

on a series of emblematic projects in Europe and the USA that have been realized over the past 100 years. What does the shell of the student's personal space consist of? Is that personal space shared with a roommate? And how does the student relate socially to other students in the hallway, in the accommodation building, in the dorm? In typological terms, the spatial material of student housing is simply organized in the building plan as a series of cells, rooms or units along a corridor that connects them to each other. Usually the rooms are located on both sides of the corridor in order to optimize the organization of the geometrically arranged floor plan. The bulk of the residential programme is supplemented by larger, collective spaces that deviate from this pattern.[3] This design can be traced back to the functional organization of the cloister.

Habitat Étudiant
In the summer of 2013, the exhibition '18 m². Habitat étudiant, projets d'avenir' was held at the Pavillon de l'Arsenal in Paris.[4] Éric Lapierre, the curator of the exhibition and the author of its catalogue, considered the 'student residence' to be an old programme, an archaic type, a prototype for the repeatability of modern living, and a simple programme with complex questions; the student residence to rediscover its sense of freedom in the current era.[5] The cover of the catalogue shows the surface area per room, in an ascending series:

6 m² - Maison collective de l'Institut textile, I.S. Nikolaev (1929-1931)
9 m² - Résidence universitaire Jean Zay, Eugène Beaudoin (1955)
12 m² - Collège néerlandais, Willem Marinus Dudok (1928-1938)
14 m² - Baker House, Alvar Aalto (1946-1949)
16 m² - Pavillon Suisse, Le Corbusier and Pierre Jeanneret (1930-1932)
18 m² - Habitat étudiant [6]

From Monk Cell to Student Cell
The first college buildings initially arose as boarding schools for poor students, without any fixed outward appearance. They were organized according to the monastic structure of the religious and intellectual Dominican monastic orders, as a secular transcription of this religious model of organization.[7] In the urban monasteries of the mendicant orders, the shared sleeping and working areas were replaced by individual monk cells. Situated in rows in the mostly two-storey cloister buildings, they formed the personal space within these cloisters. Typical of this cloister typology is the polarity between the individual cells and the common areas, which also determined the typological structure of the colleges; Collegio di Spagna in Bologna (1365-1367) is an example of this form developed in full.[8]

The 'monk cell' can therefore be seen as the starting point for the student room as a discrete personal space in a collective community. The student cell has a relationship to the other students cells, to the study rooms and to the public facilities via the cloister hallways, and via these hallways to the enclosed (cloister) courtyard. The individual student only comes into contact with the outside world through a small window opening.

In Europe, it was not until the beginning of the twentieth century (in the years after the First World War) that the development of this typology began to accelerate. Specialized residential buildings were designed for single men and women, and social housing was created by the first philanthropic institutions, driven by the social hygiene movement of the nineteenth century. In Madrid, the *Residencia de Estudiantes* was built (1913-1923), featuring residential buildings *(Pabellones Gemelos –* or 'Twin Pavilions'[9]) that consisted exclusively of a group of cells (rooms) without any common programme, a kind of 'student hotel *avant la lettre*'.

De kamer
The Room

Still uit *Norwegian Wood. La ballade de l'impossible* (director: Tran Ahn Hung, Japan, 2010)

Still from: *Norwegian Wood. La ballade de l'Impossible* (director: Tran Ahn Hung, Japan, 2010).

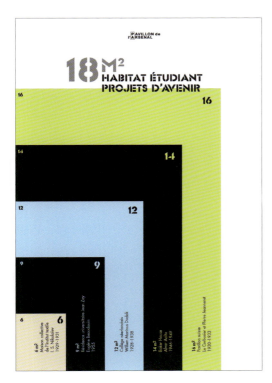

Omslag tentoonstellingscatalogus: *18 m². Habitat étudiant, projets d'avenir*
Cover of the exhibition catalogue: Éric Lapierre, 18 m². Habitat étudiant, projets d'avenir (Paris: Éditions du Pavillon de l'Arsenal, 2013

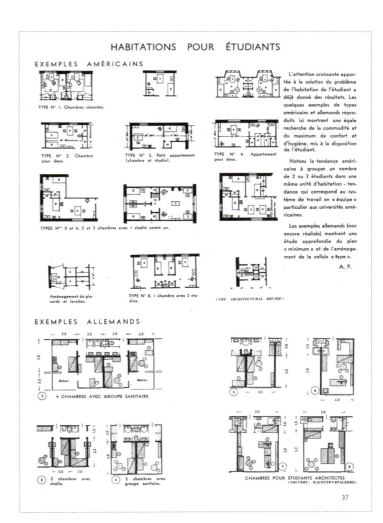

Habitations pour étudiants, vergelijking tussen Amerikaanse (Architectural Review) en Duitse (Neufert: Bauentwurslehre) voorbeeldplattegronden: ergonomisch meubileren, zelfstandige vs onzelfstandige eenheden, roepen vragen op die niets aan actualiteitswaarde hebben verloren
Habitations pour étudiants, comparison between American (Architectural Review) and German (Neufert: Bauentwurslehre) floor plan examples: ergonomic furnishings, dependent vs. independent units, raising questions that are as current as ever

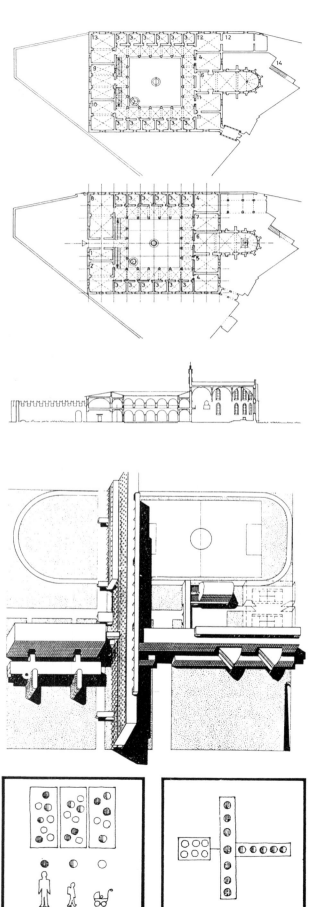
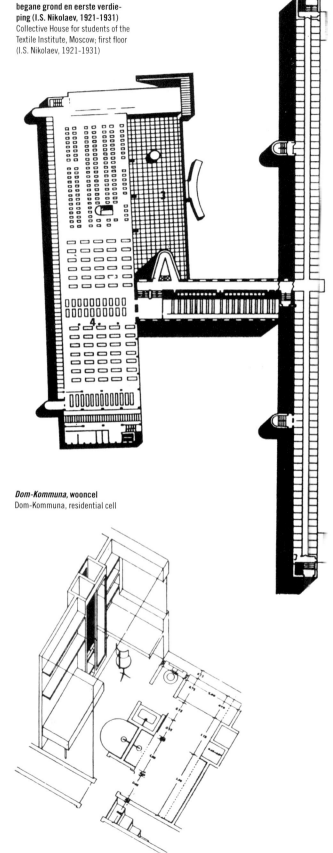

Collegio di Spagna, Bologna; plattegronden en doorsnede (Matteo Gattaponi, 1365-1367)
Collegio di Spagna, Bologna; floor plans and cross section (Matteo Gattaponi, 1365-1367)

Collectief huis voor leerlingen van het Textielinstituut, Moskou; begane grond en eerste verdieping (I.S. Nikolaev, 1921-1931)
Collective House for students of the Textile Institute, Moscow; first floor (I.S. Nikolaev, 1921-1931)

***Dom-Kommuna*, Moskou; isometrie en diagrammen (Mikhail Barshch en Vladimir Vladimirov, 1929)**
Dom-Kommuna, Moscow; isometrics and diagrams (Mikhail Barshch and Vladimir Vladimirov, 1929)

***Dom-Kommuna*, wooncel**
Dom-Kommuna, residential cell

van de eerste filantropische instellingen, gedreven door het hygiënisme uit de negentiende eeuw. In Madrid wordt de *Residencia de Estudiantes* gebouwd (1913-1923), met logiesgebouwen (*Pabellones Gemelos* – tweeling-paviljoens) die uitsluitend uit een stapeling van cellen (kamers) aan gangen bestaan zonder gemeenschappelijk programma – een 'studentenhotel avant-la-lettre'.[9]

Van Dom-Kommuna naar cel in studentenhotel

Massawoningbouw, en daar schaart de studentenhuisvestingstypologie zich ook onder, is in de eerste helft van de twintigste eeuw een 'zaak' van de moderne architecten. Architectuur wordt gezien als een instrument om maatschappelijke veranderingen tot stand te brengen. Adolf Max Vogt stelt dat architectuur als kanaliserende omhulling gebruiksprocessen vast zou leggen en dan door herhaling daarvan in het dagelijks leven een bepaald gedrag zou kunnen inprenten. Als zodanig zou architectuur een belangrijke bijdrage kunnen leveren aan de ontwikkeling van nieuwe levensvormen.[10] In Rusland wordt gestreefd naar een volledige breuk met het verleden waarbij het gezin als maatschappelijke eenheid moet verdwijnen. In Moskou maken Mikhail Barshch en Vladimir Vladimirov in 1929 een radicaal, generiek ontwerp dat het levenskader van de nieuwe (Russische) mens moet gaan vormen: de *Dom-Kommuna*, een communehuis bestemd voor 1.680 personen, opgebouwd uit individuele cellen en gemeenschappelijke voorzieningen. In dit project komt geen gesloten gezinshuishouding meer voor. Het gezin is in zijn elementen uiteengelegd: volwassen ouders, baby's en kleuters, en schoolgaande kinderen. Iedere leeftijdscategorie heeft haar eigen vleugel, verdeeld over een assenkruis. Aan het plan ligt niet alleen een analyse en uiteenleggen van het dagverloop ten grondslag, maar ook van de gehele levenscyclus van de bewoners. De Dom-Kommuna is in dit opzicht verwant aan het klooster, al wordt deze verwijzing niet door de moderne architecten voor collectieve woongebouwen gebezigd.[11]

Studentenhuisvesting was van oudsher een collectieve vorm van wonen en leende zich daarom nog het beste om een Dom-Kommuna te realiseren. Ivan Nikolaev interpreteert de opgave voor een collectief huis voor leerlingen van het Textielinstituut (1929-1931) in Moskou door het schema van de Dom-Kommuna te reduceren tot een juxtapositie van collectieve voorzieningen in een lage vleugel, geplaatst naast een kolossaal hoog, schijfvormig 'cellenblok' van acht lagen met een schier eindeloze reeks van in totaal 2.000, aan weerszijden van centrale gangen ontsloten tweepersoonskamers.12 Deze kamers van slechts 6 m² (2,7 x 2,3 m) werden uitsluitend als slaapkamer gebruikt: je zou dus kunnen spreken van een studentenhotel, dat model kan staan voor de moderne studentenhuisvesting. 13 Integratie met studieruimten blijft in het gebouw van Nikolaev achterwege.14

De persoonlijke ruimte is voor de leerlingen van het Textielinstituut dus zeer beperkt: ze delen een slaapkamer – een Spartaanse 'couchette' van 6 m² – met een andere leerling: slechts 3 m² per persoon! Op weg naar de dagvleugel waar gestudeerd wordt, neemt iedere leerling 's morgens een douche en verkleedt zich in een grote kleedkamer met kluisjes. Alle individuele studiebenodigdheden worden bewaard in de leeszaal van de bibliotheek. In deze gebouwde Dom-Kommuna is de persoonlijke ruimte effectief tot nagenoeg nul gereduceerd.

Cité internationale universitaire de Paris

De Cité internationale universitaire de Paris neemt in de ontwikkeling van de studentenhuisvestingsarchitectuur een bijzondere positie in. In de pacifistische context van het interbellum wordt vanaf 1925 in

From Dom Kommuna to Cells in a Student Hotel

In the first half of the twentieth century, mass housing – which also includes the student housing typology – became a matter for modern architects. Architecture was seen as a tool for effecting social change. Adolf Max Vogt proposed that as a channelling enclosure, architecture would anchor usage processes, and that by repeating this in daily life, it could imprint certain kinds of behaviour and as such could make an important contribution to developing new ways of living.[10] In Russia, the aim was to make a complete break with the past, whereby the idea of the family as a social entity was to be abandoned. In Moscow, Mikhail Barshch and Vladimir Vladimirov made a radical, generic design in 1929 that was meant to form the living structure of the new (Russian) people: the *Dom-Kommuna,* a communal home meant for 1,680 people, consisting of individual cells and communal facilities. In this project, there were no more self-contained family households. The family was broken down into its components: adult parents, babies and toddlers, and school-age children. Every age category had its own wing, spread out over a system of axes. The plan was based not only on an analysis and breakdown of the daily routine, but also on analysis of the residents' entire lifecycle. In this respect, the Dom Kommuna is related to the cloister, though this reference was not explicitly mentioned by the modern architects of collective residential buildings.[11]

Student housing had traditionally been a collective form of living, and was therefore best-suited to realize a Dom Kommuna. Ivan Nikolaev interpreted the commission to design a 'Collective House' for students of Moscow's Textile Institute[12] (1929-1931) through the lens of the Dom Kommuna, by reducing it to a juxtaposition of collective facilities in a lower wing next to a colossally high, slab-shaped 'cell block' consisting of eight layers with an almost endless series of double rooms (2,000 in total) on both sides of the central corridors. These rooms, only 6 m² (2.7 x 2.3 m) in size,[13] were used exclusively as bedrooms; in this sense it can be seen as a student hotel that could serve as a model for modern student housing, though Nikolaev's building did not include any study rooms.[14]

This meant that the amount of personal space for the students of the Textile Institute was very limited: they shared a bedroom, a sparse 'couchette' of 6 m², with another student, meaning only 3 m² per person. On the way to the 'daytime wing' where studying took place, each student took a morning shower and got dressed in a large changing room with lockers. All of the individual study materials were kept in the library's reading room. In this realized Dom Kommuna, personal space was effectively reduced to zero.

Cité Internationale Universitaire de Paris

The Cité Internationale Universitaire de Paris plays a special role in the development of student housing. In the pacifist context of the interwar period, beginning in 1925 a 45-hectare park became a testing ground for the development of a series of national pavilions, where each participating country built student accommodations to house its own students. The pavilions were not directly affiliated with any university, but were related to specific educational and research programmes in which student housing was closely integrated, similar to the model of the American campus. The student room can be seen as part of an introverted organizational model, due to its courtyard typology (for example the *Collège néerlandais*, by Willem Marinus Dudok, 1928-1938), but also in terms of the linear organization of an upward-tilting slab that is completely oriented towards the outside world. For the *Pavillon Suisse* (1930-1932), Le Corbusier was probably greatly influenced (according to Von Moos) by Nikolaev's student hotel

een park van 45 ha een proeftuin ontwikkeld voor de bouw van een reeks landenpaviljoens, waar ieder deelnemend land een studentenlogiesgebouw realiseert om zijn eigen studenten te huisvesten. De paviljoens hebben geen directe band met een universiteit, maar wel met een specifiek onderwijs- en onderzoeksprogramma, waarmee de studentenhuisvesting nauw verweven is, vergelijkbaar met het model van de Amerikaanse campus. De studentenkamer kan opgenomen zijn in een organisatiemodel dat door zijn hoftypologie introvert is, zoals het *Collège néerlandais* (Willem Marinus Dudok, 1928-1938), maar ook in de lineaire organisatie van een boven het maaiveld opgetilde schijf, die zich volledig op de buitenwereld richt. Voor het *Pavillon Suisse* (1930-1932) is Le Corbusier volgens Von Moos waarschijnlijk sterk beïnvloed door het studentenhotel van Nikolaev in Moskou, waar hij 'de inrichting en het architectonisch concept geheel en al koud vond'. Hij werd 'beroerd bij de gedachte dat honderden individuen zodoende de geneugten van architectuur moesten ontberen'.[15] Vooral op deze schijf met zijn repetitie van cellen, varieert Le Corbusier in het Pavillon Suisse en later in het *Maison du Brésil* (in samenwerking met Lucio Costa, 1953-1959): hij voegt daar de vrije vormexpressie van de collectieve ruimten op de begane grond aan toe.[16]

Pavillon Suisse is compact en bevat 45, geluidstechnisch los van elkaar gedetailleerde eenpersoonskamers van 16 m², die als flessen verdeeld over drie lagen in een rechthoekig 'wijnrek' zijn geschoven (met op de vierde laag een directeurswoning en dakterrassen). De gehele begane grond, rustend op pilotis, wordt vrijgehouden voor een ruime overdekte entree annex 'Stoa' en voor collectief programma.[17] Iedere kamer is voorzien van een eigen wastafel en douche, en heeft een kamerbreed raam in de vliesgevel aan de zuidzijde. De persoonlijke ruimte per student is bijna verdrievoudigd vergeleken met Nikolaev's studentenhotel. Echter, de bewoners van Pavillon Suisse hebben geen privacy, want hun leven is van alle kanten zichtbaar: door de glazen gevels van de slaapkamers, de woonkamer, de hal of vaag door de glasblokken in het trappenhuis. Niets blijft onbesproken, niets is verhuld.[18] Le Corbusier heeft hiermee naar eigen zeggen het ultieme prototype voor het woongebouw in de ideale stad (de *blocs à redent* in zijn boek *La Ville Radieuse* uit 1935) ontworpen.[19]

Tussen 1953-1959 wordt dit prototype nogmaals gebouwd: *Maison du Brésil* is te beschouwen als een verkleinde *Unité d'habitation*, of een herschepping van Pavillon Suisse, met een vergelijkbare hoofdopzet. Het meest in het oog lopende verschil met Pavillon Suisse (en overeenkomst met de Unité) betreft de studentenkamers: de 86 eenpersoons- en vijf tweepersoonskamers voor Braziliaanse studenten hebben stuk voor stuk een persoonlijke buitenruimte op het oosten over de volle breedte van de kamers. Iedere loggia heeft een werkblad dat is vastgestort aan de borstwering; daarnaast onderscheiden de kamers zich van elkaar door de neggen van de loggia's te schilderen in een bont, door Lucio Costa ingebrachte kleurenpalet. Vergeleken met Pavillon Suisse zijn de eenpersoonskamers van Maison du Brésil iets smaller, maar is het totaal beschikbare woonoppervlak per student door de extra persoonlijke buitenruimte in vergelijking groter (14,5 + 3,5 = 18 m²) en biedt de kamer door de diepe negge van de loggia beduidend meer privacy.

Bureau-bank-bed: Baker House, Alvar Aalto

In principe is elk programma voor studentenhuisvesting hetzelfde: kleine wooncellen die in grote aantallen worden herhaald, waaraan in de meeste gevallen één of meerdere gemeenschappelijke ruimten zijn toegevoegd. De keuze van een typologie wordt allereerst bepaald door de betekenissen die aan dit programma worden verbonden: de interpretatie van de gestelde architectonische opgave.[20] Die varieert sterk,

in Moscow; he found 'the design and the architectural concept completely cold'. Le Corbusier was 'troubled by the thought that hundreds of individuals were deprived of the pleasures of architecture'.[15] It was especially this slab, with its repetition of cells, that Le Corbusier varied in the Pavillon Suisse, and later in *Maison du Brésil* (in collaboration with Lucio Costa, 1953-1959): there he added the free formal expression of the collective spaces on the ground floor.[16] The Pavillon Suisse is compact, and includes 45 acoustically separate single rooms of 16 m² each, which were divided like bottles into three layers that were placed into a rectangular 'wine rack' (with a director's residence on the fourth layer, with roof terraces):[17] this wine rack in turn rests atop piers that keep the entire ground floor open for a large covered entryway with a 'stoa', in addition to a collective programme. Each room has its own sink and shower, as well as a wall-to-wall window in the curtain wall on the south side. Here, the personal space per student has nearly tripled in comparison to Nikolaev's student hotel. But the residents of the Pavillon Suisse have no privacy, because their life is visible from all sides: through the glass walls of the bedrooms, the living room and the hallway, and (in a blurred way) through the glass blocks in the stairwell. Nothing remains unspoken, nothing is hidden.[18] Le Corbusier himself said this was the ultimate prototype for the residential building in the ideal city (the *blocs à redent* in his 1935 book *La Ville Radieuse*).[19] Between 1953 and 1959, this prototype was built once again: *Maison du Brésil* can be seen as a scaled-down version of the *Unité d'habitation*, or a re-creation of the Pavillon Suisse, with a similar central theme. The most conspicuous difference with the Pavillon Suisse – and the most conspicuous similarity with the Unité – is the student room: all of the 86 single rooms and 5 double rooms for Brazilian students have an individual outdoor space that faces east across the full width of the room. Each loggia has a shelf that has been fastened to the parapet, and every individual room is different because the jambs of the loggias were painted using a colourful palette designed by Lucio Costa. Compared to the Pavillon Suisse, the single rooms of Maison du Brésil are slightly narrower, but the total available surface area per student is greater because of the additional personal outdoor space (14.5 + 3.5 = 18 m²). These rooms also offer significantly more privacy due to the deep jambs of the loggia.

Desk – Sofa – Bed: Baker House, Alvar Aalto

In general, the programme for all student housing is the same: small living cells that are repeated in large numbers, usually with the addition of one or more communal spaces. The choice of a typology is primarily determined by the meanings that are attached to this programme: the interpretation of the architectural task that has been presented.[20] This varies greatly, depending on the social context.

The plan for the Pavillon Suisse – a linear block with rooms along a single-sided access corridor atop an open floor plan with a collective programme – was reinterpreted by Alvar Aalto in the USA in his *Baker House* (MIT, Cambridge, MA, 1946-1949), designed for senior students. By vertically separating the residential block from the collective spaces, Le Corbusier clearly showed his functionalist approach, indebted to Nikolaev's 'student hotel'. But Aalto added to this a horizontal, functional separation within the slab. He made the zoning of the slab's floor plan coincide with a programmatic separation between the student rooms (on the south side) and the communal facilities (bathrooms, washrooms, rubbish chutes, communal accommodation areas and elevation points on the north side); this created variation in the width of the corridor areas.[21] Aalto kept the orthogonal arrangement of the slab separate, and transformed it into a six-storey, undulating

De kamer
The Room

Plattegrond van de Cité universitaire de Paris, rond 1960. In roze het toekomstige tracé van de Boulevard Périphérique
Map of the Cité universitaire de Paris, around 1960. In pink is the future route of the Boulevard Périphérique

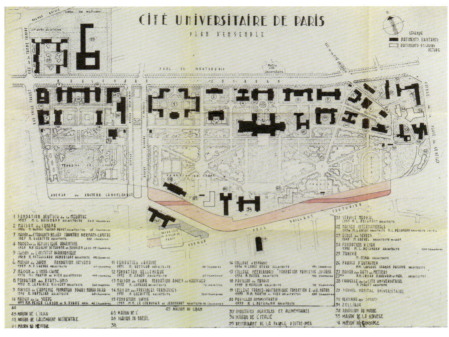

Pavillon Suisse; plattegrond eerste-, tweede- en derde verdieping: repetitie van studentenkamers (Le Corbusier, 1930-1932)
Pavillon Suisse; first-, second- and third floor plan: repetition of student rooms (Le Corbusier, 1930-1932)

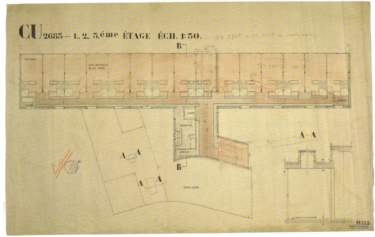

16 m² - Pavillon Suisse, Parijs; kamerinterieur: zicht naar buiten (boven) en zicht naar binnen (onder) (Le Corbusier en Pierre Jeanneret, 1930-1932)
16 m² - Pavillon Suisse, Paris; room interior; looking out (top) and looking in (bottom) (Le Corbusier and Pierre Jeanneret, 1930-1932)

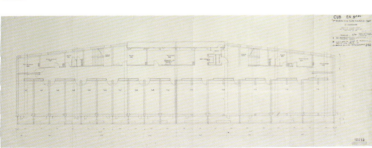

Maison du Brésil; plattegrond eerste verdieping (Le Corbusier i.s.m. Lucio Costa, 1953-1959)
Maison du Brésil; first floor plan (Le Corbusier and Lucio Costa, 1953-1959)

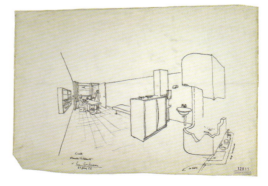

18 m² - Maison du Brésil, Parijs; kamerperspectief van een minimale én efficiënte ruimte (Le Corbusier i.s.m. Lucio Costa, 1953-1959)
18 m² - Maison du Brésil, Paris; room perspective of a minimal and efficient space (Le Corbusier, in collaboration with Lucio Costa, 1953-1959)

afhankelijk van de maatschappelijke context.

Het schema van Pavillon Suisse – een lineair blok met kamers langs een enkelzijdige ontsluitingsgang bovenop een vrije plattegrond met een collectief programma – wordt door Alvar Aalto in de VS opnieuw geïnterpreteerd in diens *Baker House* (MIT, Cambridge, MA, 1946-1949), ontworpen voor ouderejaarsstudenten. Toont Le Corbusier door het logiesblok verticaal van de collectieve ruimten te scheiden, al zijn duidelijk functionalistische opvatting, schatplichtig aan het 'studentenhotel' van Nikolaev, Aalto voegt daar nog een horizontale functionele scheiding binnen de schijf aan toe. Hij laat de zonering van de plattegrond van de schijf samenvallen met een programmatische scheiding tussen studentenkamers (aan de zuidzijde) en gemeenschappelijke voorzieningen (badkamers, wasruimten, vuilstortkokers, collectieve verblijfsruimten en stijgpunten aan de noordzijde); daarbij varieert de breedte van de gangzone.[21] Aalto laat de orthogonale ordening van de schijf los en transformeert deze in een zes verdiepingen hoog golvend 'kamerscherm', waardoor de kamers een diagonaal uitzicht op de Charles River krijgen, psychologisch te preferen boven uitzicht op een voortdurende stroom auto's die aan het gebouw voorbijtrekt. Iedere kamer neemt in deze meander een individuele vorm aan, in lijn met Aalto's wens om technocratische uniformiteit tegen te gaan. Iedere verdieping heeft 44 kamers, onderverdeeld in 22 verschillende typen. De budgettering is gebaseerd op de investeringskosten per bed, wat Aalto noodzaakt het aantal kamers te maximaliseren.[22] De een- en tweepersoonskamers kennen een sobere (bureau-bank-bed) en tegelijkertijd warme sfeer met hun bakstenen wanden en inrichting met houten meubilair. Een grote, dubbelhoge gemeenschapsruimte (*common room*) op het verhoogde ingangsniveau fungeert als *connector*. Zo evolueert het model van het 'studentenhotel' van Nikolaev verder en voegt Aalto daar een verdergaande exploratie van zowel de vorm als de functionele organisatie van de schijf aan toe.

In de jaren na de Tweede Wereldoorlog worden in West-Europa vele nieuwe universiteiten opgericht buiten de bestaande stadskernen, volgens het Amerikaanse campusmodel. De noodzaak om snel veel (studenten)woningen te bouwen, lijkt te prevaleren boven de ambitie om de typologie en de kwaliteit ervan te herzien. Na de geprivilegieerde Cité volgen middelmatige studentencomplexen, minder ambitieus in de afmetingen van de kamers. Emblematisch hiervoor is in Frankrijk *La Résidence Jean Zay* in Antony (Eugène Beaudouin, 1954) met 2.070 studentenkamers van slechts 10 m^2 (vergelijk hiermee de Cité met zijn 15-20 m^2 per kamer), een substantiële verkleining van de persoonlijke ruimte voor de student. De collectieve voorzieningen en ontmoetingsruimten leggen het af tegen de enorme schaal van het ensemble. 'Jean Zay' was na oplevering de grootste campus van Europa. Tot in de jaren 1960 en 1970 zullen (althans in Nederland) nog tal van grootschalige studentencomplexen gerealiseerd worden.

Unieke persoonlijke ruimte: Morse and Stiles Colleges, Eero Saarinen

In Baker House zijn de kamers nog een repeterende eenheid, maar is er tevens sprake van verschillende basistypen door de afwijkende organisatie van de plattegrond, vergeleken met de modernistische schijf. De door zijn oeuvre heen zeer experimentele architect Eero Saarinen neemt in zijn ontwerp voor de *Samuel F.B. Morse and Ezra Stiles Colleges* (Yale University, New Haven, 1958-1962) nog sterker dan Aalto afstand van het gangbare modernisme, dat gebaseerd is op de herhaling van identieke studentenwooneenheden.[23] Na uitgebreide discussies met de studenten komt hij tot de conclusie dat het voor hun individuele

'folding screen', giving the rooms a diagonal view of the Charles River, which is psychologically preferable to facing the constant stream of cars that drive past the building. This meander gives each room its own individual form, in line with Aalto's desire to rail against technocratic uniformity. Each floor has 44 rooms, divided into 22 different types. The budget was based on the investment costs per bed, which required Aalto to maximize the number of rooms.[22] The single and double rooms have an atmosphere that is at once austere (desk – sofa – bed) and warm, with their brick walls and wooden furniture. A large, high-ceilinged common room on the elevated entryway level acts as a connector. This design helped to further evolve the model of Nikolaev's 'student hotel', and Aalto embellished it with a more wide-ranging exploration of both the form and the functional organization of the slab.

In the years following the Second World War, many new Western European universities were established outside of existing town centres, based on the American campus model. The necessity to quickly build many (student) residences seemed to prevail over the ambition to revise their typology and quality. The privileged Cité was followed by mediocre student complexes, which were less ambitious in terms of the room sizes. Emblematic of this is the *Résidence Jean Zay* in Antony, France (Eugène Beaudouin, 1954), with 2,070 student rooms of only 10 m^2 each [compared to the 15-20 m^2 in the Cité, ed.]; this meant a substantial reduction in the students' personal space. The collective facilities and meeting areas were no match for the sheer scale of the ensemble. After it was completed, 'Jean Zay' was the largest campus in Europe. Many more large-scale student complexes continued to be built into the 1960s and 1970s [at least in the Netherlands, ed.].

Unique Personal Space: Morse and Stiles Colleges, Eero Saarinen

In Baker House, the rooms are still a repeating unit, but there are also different basic types of rooms as a result of the divergent organization of the floor plan, compared to the modernist slab. In his design for the *Samuel F.B. Morse and Ezra Stiles Colleges* (Yale University, New Haven, 1958-1962), the consistently experimental architect Eero Saarinen took even more distance than Aalto did from the prevailing modernism, which was based on the repetition of identical student housing units.[23] After extensive discussions with the students, he concluded that it was essential for the students' individual well-being – and also for their proper integration into the college community – that each be offered a unique place to live. [24] Eero Saarinen and his then project architect Cesar Pelli made the buildings polygonal in order be able to provide several main types of student rooms, to allow the buildings to fit in well with the unusual construction site, and also to allow for variation in the spatial experience of the interior courtyards. The rooms are grouped into clusters of five around a staircase and bathroom space, and are accessible from the courtyards. Much like the rooms in Baker House, they are all equipped with built-in wardrobes, study alcoves, sofas and beds; the architectural arrangement gives each room its own unique personal space. On a higher level of scale, the architecture of the ensemble expresses that this is not merely a collection of bedrooms, but rather a series of colleges, each with its own individual character.[25]

Part and Whole: Tietgenkollegiet, Lundgaard & Tranberg

Around 1960, with his design for Morse and Stiles Colleges, Eero Saarinen launched the antithesis to the modernism that prevailed at the time, characterized by repetitive units. With his appeal for unique rooms, in this design it seems as if no two rooms are alike. Almost 50 years later, in a very different arrangement of residential units, a renewed call was made in Denmark for the unique character of rooms,

De kamer
The Room

Baker House, Cambridge, MA; plattegrond kamerscherm, standaardverdieping: kamers en collectief programma (Alvar Aalto met Perry, Shaw and Hepburn Architects, Boston Massachusetts, 1947)

Baker House, Cambridge, MA; typical floor plan of 'folding screen': rooms and collective program (Alvar Aalto with Perry, Shaw and Hepburn Architects, Boston, Massachusetts, 1947)

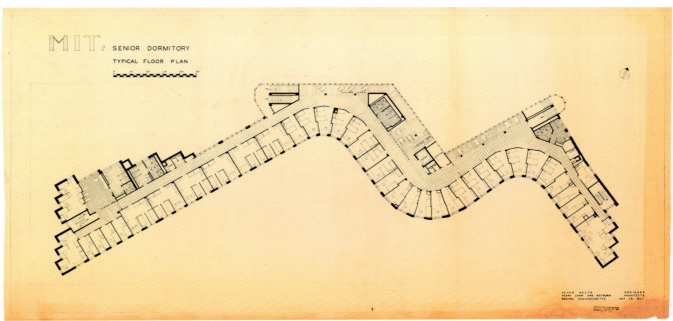

Baker House, Cambridge, MA; tweepersoonskamer
Double room

Samuel F. B. Morse and Ezra Stiles Colleges, Yale University (Eero Saarinen, 1958-1962), organische clustering van studentenkamers met individuele expressie - ontwerp voor vier kamertypen
Samuel F. B, Morse and Ezra Stiles Colleges, Yale University (Eero Saarinen, 1958-1962), organic clustering of student rooms with individual expression - design for four types of rooms

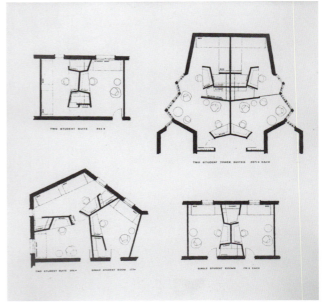

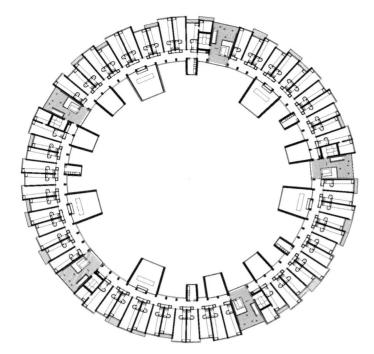

Tietgenkollegiet, Ørestad, Kopenhagen; plattegrond tweede verdieping (Lundgaard & Tranberg Arkitekter, 2006)

Tietgenkollegiet, Ørestad, Copenhagen; second-floor plan (Lundgaard & Tranberg Arkitekter, 2006)

Plattegrond van een wooneenheid met 12 kamers, een gemeenschappelijke keuken/woonkamer (*common room*) en een gemeenschappelijk dakterras

Floor plan of a residential unit with 12 rooms, a communal kitchen/common room and a communal roof terrace

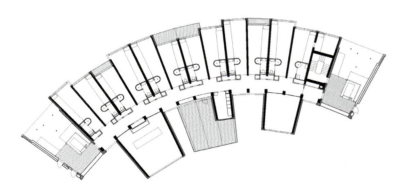

Kamer; plattegrond en doorsnede
Room; floor plan and section

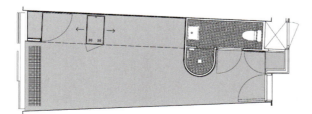

Vijf poorten als verbinding tussen de collectieve ruimte van het ensemble en de stad

Five gateways as connections between the collective space of the ensemble and the surrounding city

Gemeenschappelijke keuken/woonkamer
Communal kitchen/living room

Kamer; via gang zicht op centrale hof
Room; view from hallway onto the central courtyard

welbevinden – en opdat ze goed integreren in de universiteitsgemeenschap – essentieel is om elk een unieke woonplek aan te bieden.[24] Eero Saarinen en diens toenmalige projectarchitect Cesar Pelli maakten de gebouwen polygonaal om in verschillende hoofdvormen van studentenkamers te kunnen voorzien, om de gebouwen goed op de onregelmatige bouwlocatie in te kunnen schrijven en om ook te kunnen variëren in de ruimtelijke beleving van de binnenhoven. De kamers zijn in clusters van vijf gegroepeerd rond een trappenhuis en toiletruimte, en toegankelijk vanuit de hoven. Ze zijn, net als de kamers in Baker House, uitgerust met ingebouwde kasten, studienissen, banken en bedden; de architectonische ordening verleent iedere kamer haar unieke persoonlijke ruimte. Een schaalniveau hoger drukt de architectuur van het ensemble uit dat het hier niet om een verzameling slaapkamers gaat, maar om *colleges*, en het individuele karakter daarvan.[25]

Deel en geheel: Tietgenkollegiet, Lundgaard & Tranberg
Rond 1960 zet Eero Saarinen met zijn ontwerp voor Morse and Stiles Colleges de antithese ten opzichte van het dan gangbare modernisme in, dat gekenmerkt wordt door repeterende eenheden. Met zijn pleidooi voor de unieke kamer lijkt in dit ontwerp geen tweede kamer nog dezelfde te zijn. In een heel andere ordening van wooneenheden wordt in Denemarken bijna 50 jaar later met het *Tietgenkollegiet* in Ørestad, Kopenhagen (Lundgaard & Tranberg Arkitekter, 2006) opnieuw ingezet op de uniciteit van de kamer. Deze studentenkamers zijn te vergelijken met individuele (luxe) hotelkamers, maar tegelijkertijd met kloostercellen omdat ze zowel zicht bieden op de buitenwereld, maar door hun ontsluiting aan een kloostergang ook georiënteerd zijn op de kloosterhof.[26] Dit ontwerp verbindt op een vanzelfsprekende wijze de verschillende schalen waarop kamer, cluster en blok zijn geordend en verwijst in zijn opzet van 'vermenigvuldigd klooster' naar de moedertypologie van de studentenhuisvesting.

Tietgenkollegiet heeft door zijn sterke hoofdvorm als een gesloten ring van 360 kamers een iconografisch en theatraal karakter. Het ontwerp wordt gekenmerkt door een collectieve en verbindende *parti*.[27] Op gebouwniveau delen de studenten, verdeeld over zes ringen met ieder vijf wooneenheden van 12 kamers, de binnenhof op de begane grond die wordt begrensd door een reeks collectieve voorzieningen voor de hele studentengemeenschap. Deze voorzieningen alterneren met vijf poorten, waaraan ook de liften en trappenhuizen zijn gesitueerd, die de ringen met wooneenheden ontsluiten. De kracht van dit blok schuilt in de wijze waarop de persoonlijke ruimte van de kleinste wooneenheid, de studentenkamer is georganiseerd, opgenomen in een overzichtelijke wooneenheid van 12 kamers. De persoonlijke ruimte varieert van 24 tot 33 m² doordat de kamers naar de buitenrand toe een alternerende diepte, en soms een extra loggia of balkon over de volle kamerbreedte hebben. Iedere kamer heeft langs één zijde van de uitwaaierende kamerplattegrond een houten meubel, waarin eigen sanitair, een verplaatsbare kast – met een daardoor zelf te bepalen positie van het bed – en een loggia zijn geïntegreerd. De kamers liggen aan de buitenrand van de gang, en ze delen een gemeenschappelijke keuken/woonkamer (*common room*) en een groot dakterras aan de binnenrand met uitzicht op de centrale hof.

De poëzie, waar het de inrichting van de kamer van Watanabe in *Norwegian Wood* aan ontbrak zit 'm hier juist in de sobere, maar warme houten omhulling van deze eigentijdse kloostercel, die de studentbewoner zich verder naar eigen smaak kan toeëigenen, met een unieke oriëntatie op de collectieve binnenwereld van dit moderne 'klooster' én een uniek uitzicht op de wereld daarbuiten.

namely with *Tietgenkollegiet* in Ørestad, Copenhagen (Lundgaard & Tranberg Arkitekter, 2006). These student rooms can be compared to individual (deluxe) hotel rooms,[26] but also to monastic cells with a view on the outside world, and which open up towards a cloister corridor with a view of the cloister courtyard. This design connects the various scales on which room, cluster and block are arranged in a natural way, and refers in its 'multiple cloister' design to the original typology of student housing. As a result of its main form as a closed ring of 360 rooms, Tietgenkollegiet has an iconographic and theatrical character. The design is characterized by a collective and unifying 'parti'.[27]

On the level of the building, the students – divided into six rings, each with five residential units of 12 rooms – share the courtyard on the ground floor, which is bounded by a range of public facilities meant for the entire student community. These facilities alternate with five gateways, where the elevators and stairwells are also located, and where the rings of residential units open up.

The strength of this block lies in how the personal space of the smallest living unit – the student room – is organized, as part of a comprehensive residential unit of 12 rooms. The personal space varies from 24 to 33 m² because the rooms facing the outside edge have alternating depths, and sometimes have an additional loggia or balcony that spans the full width of the room. On one side of the fan-like floor plan, each room has a set of wooden furniture that houses the sanitary facilities, a movable cabinet (which also allows the bed to be positioned at will) and a loggia. The rooms are located on the outer edge of the corridor, and they share a kitchen and common room, as well as a large terrace on the inner edge overlooking the central courtyard.

The poetry that was so lacking in the decor of Watanabe's room in *Norwegian Wood* is found here precisely in the austere yet warm wooden casing of this contemporary cloister cell, which the student-residents can tailor to their own tastes, with a unique orientation on the collective inner world of this modern 'cloister' as well as a unique view of the world beyond it.

Epilogue
The development of the personal space of the student has been explored in the projects described above. Nikolaev's generic, 6-m² cell for two, with a minimum of personal space, has developed through an increasing focus on the individual character of the room.

Perhaps Tietgenkollegiet is an end-point in the development of student housing; the circle seems closed. The rooms will not become any bigger, the students will not share any more facilities than they do in this building, and the budgets will not get any larger. Why does this essay end with this emblematic design? Because it represents both the individual as well as the community. It represents austerity and exuberance. It represents the 'cloister cell' that has developed into a 'hotel room'. Students now literally have more personal space, but at the same time cannot do without collective space.

Good student housing is above all determined by the quality of its smallest unit, followed by its relationship to the larger world around it: the 'corridor', the cluster, the building, the campus, the city. Morse and Stiles Colleges, as well as Tietgenkollegiet, demonstrate that variation in these cells also leads to more quality on the larger scales of the cluster and the ensemble.

Epiloog

In de hierboven beschreven projecten is de ontwikkeling van de persoonlijke ruimte van de studentenkamer gevolgd. De generieke cel voor twee personen van 6 m² van Nikolaev, met een minimum aan persoonlijke ruimte, ontwikkelt zich door een toenemende aandacht voor het individuele karakter van de kamer.

Misschien is Tietgenkollegiet een eindpunt in de ontwikkeling van studentenhuisvesting; de cirkel lijkt gesloten. Nóg groter zullen de kamers niet worden, nóg meer voorzieningen zullen de studenten niet delen dan in dit gebouw, en nóg hoger zullen de budgetten niet worden. Waarom eindigt dit essay met dit emblematische ontwerp? Het staat voor individu én gemeenschap. Het staat voor soberheid én uitbundigheid. Het staat voor de 'kloostercel', die is geëvolueerd naar een 'hotelkamer'. Studenten hebben nu letterlijk meer persoonlijke ruimte, maar kunnen tegelijkertijd niet zonder collectieve ruimte.

Goede studentenhuisvesting wordt allereerst bepaald door de kwaliteit van haar kleinste eenheid, en vervolgens door haar relatie met de grotere wereld daaromheen: de 'gang', de cluster, het gebouw, de campus, de stad. Morse and Stiles Colleges, en ook Tietgenkollegiet, tonen daarbij aan dat variatie in die cellen ook tot kwaliteit op de grotere schaalniveaus van cluster en ensemble leidt.

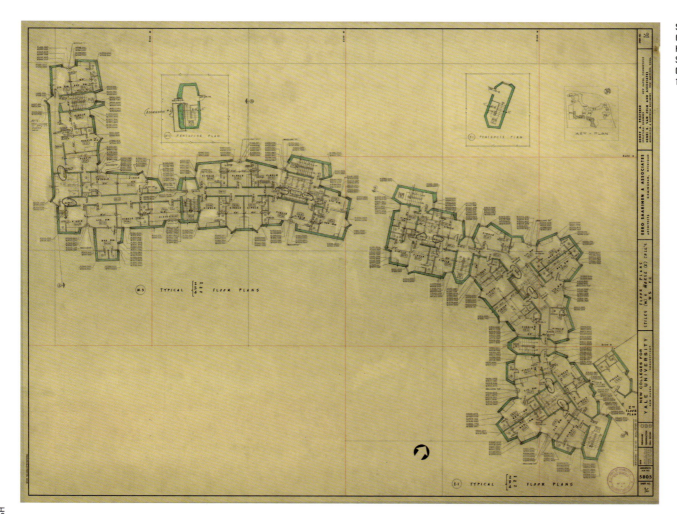

Samuel F. B, Morse and Ezra Stiles Colleges, Yale University, New Haven. Sheet No. 16. Floor Plans - Stiles (west) and Morse (east) Colleges; W-5, E-1. (Eero Saarinen, 1958-1962)

Noten

1. Haruki Murakami, *Norwegian Wood* (Amsterdam/Antwerpen: Uitgeverij Atlas, 2010), 16-17. In het boek uit 1987 beschrijft Watanabe, de hoofdpersoon, hoe hij als 18-jarige eind jaren 1960 op zijn eerste studentenkamer belandde op de campus van een privé-universiteit in Tokio.
2. Ibid., 19. Watanabe beschrijft de tweepersoonskamer die hij bewoonde: een toonbeeld van soberheid.
3. Éric Lapierre, *18 m². Habitat étudiant, projets d'avenir* (Parijs: Éditions du Pavillon de l'Arsenal, 2013), 17.
4. Pavillon de l'Arsenal, Centre d'information, de documentation et d'exposition d'urbanisme et d'architecture de Paris et de la Métropole parisienne; zie: http://www.pavillon-arsenal.com/expositions/thema_modele.php?id_exposition=266 Ibid., de publicatie en tentoonstellingscatalogus van Lapierre heb ik als leidraad gehanteerd voor het beschrijven van de typologische ontwikkeling van de studentenwoning.
5. Ibid, 20-26.
6. De Franse oppervlaktenorm voor een studentenwooneenheid is 18 m². De Nederlandse norm voor de minimale oppervlakte per verblijfsgebied per woonfunctie is in de wijziging van het Bouwbesluit per 1 april 2012 verlaagd van 24 naar 18 m². Zie: Ministerie van Binnenlandse Zaken en Koninkrijksrelaties et al., 'Landelijk Actieplan Studentenhuisvesting 2011 tot 2016', (convenant 17 november 2011); *http://www.rijksoverheid.nl/documenten-en-publicaties/convenanten/2011/11/17/landelijk-actieplan-studentenhuisvesting-2011-tot-2016.html* (gezien 10 maart 2014).
7. Lapierre, *18 m²*, op. cit. (noot 3), 12.
8. Leen van Duin en Henk Engel, *Architectuurfragmenten 1. Typologie en ontwerpmethoden* (Delft: Publicatiebureau Bouwkunde, 1991), 25, 27.
9. De 'tweeling-paviljoens' en het Transatlantisch Paviljoen maken deel uit van de Residencia de Estudiantes (Antonio Flórez Urdapilleta (1913-1915) en Francisco Javier de Luque (1915-1923)) in Madrid. Zie ook de plandocumentatie in deze *DASH*.
10. Van Duin en Engel, Architectuurfragmenten 1, op. cit. (noot 8), 37. Zij verwijzen voor dit citaat naar Adolf Max Vogt, *Russische und Französische Revolutionsarchitektur 1717 1789* (Keulen: Dumont, 1974, 28-33 en 141-182.
11. Ibid., 37-38.
12. Ook wel *Shabolovka communal student house* - studentenhotel of eenvoudigweg: *Nikolaev's House* genoemd. http://thecharnelhouse.org/2013/10/10/ivan-nikolaevs-student-housing-commune-in-moscow-1929-1930 (gezien 14 maart 2014).
13. Aanvankelijk ontwierp Nikolaev een nog kleinere standaard: 2 x 2 m; 3,2 m hoog. In: Lapierre, *18 m²*, op. cit. (noot 3), 6.
14. Van Duin en Engel, *Architectuurfragmenten* 1, op. cit. (noot 8), 41.
15. Le Corbusier schreef dit in een ongepubliceerd manuscript uit 1930. De passage heeft waarschijnlijk betrekking op het project van Nikolaev. In: ibid., 135.
16. Le Corbusier kan met zijn Pavillon Suisse voor het eerst zijn ideeën over het collectieve woongebouw voor de minimale woning in de praktijk brengen aan de hand van het vraagstuk van de studentenwoning. In: Lapierre, *18 m²*, op. cot. (noot 3), 31.
17. Inmiddels zijn hiervoor vier patioappartementen in de plaats gekomen.
18. Dominique Lyon, *Le Corbusier, leven en werk* (Kerkdriel: Librero, 2001), 79
19. De *blocs à redents* zijn vrijstaande, langgerekte woongebouwen. In: Kenneth Frampton, *Le Corbusier. Architect of the Twentieth Century* (New York: Harry N. Abrams Publishers, 2002), 7.71.
20. Van Duin en Engel, Architectuurfragmenten 1, op. cit. (noot 8), 14.
21. Ibid., 147. Le Corbusier en Lucio Costa passen deze horizontale functionele scheiding op hun beurt toe in Maison du Brésil (1953-1959).
22. Göran Schildt, *Alvar Aalto. The Complete Catalogue of Architecture, Design and Art* (Londen: Academy Editions, 1994), 217-218.
23. Zoals treffend neergezet door Haruki Murakami in een passage uit zijn roman *Norwegian Wood* aan het begin van dit essay.
24. 'Students' comments convinced him that the rooms should be "as random as those in an old inn rather than as standardized as those in a modern motel. Instead of buiding a system and fitting everyone in to it, we should try to start with the idea of diversity – of many different rooms, rooms in towers, rooms of varying shapes and sizes and kinds, with various window and study arrangements"'. In: Jayne Merkel, *Eero Saarinen* (Londen: Phaidon Press Limited, 2005), 144.
25. Lapierre, 18 m², op. cit. (noot 3), 63.
26. Kamers met eigen sanitair.
27. Tietgenkollegiet fungeert – sinds zijn oplevering in 2006 als iconografisch voorbeeld van de Nieuwe Deense Golf van recent gebouwde, kwalitatief hoogwaardige studentenenclaves – als referentie voor zowel architecten als opdrachtgevers (waarbij voor het gemak het in vergelijking met Nederland zeer hoge Deense bouwbudgetten voor Tietgenkollegiet, naar de achtergrond worden gedrongen!).

Notes

1. Haruki Murakami, *Norwegian Wood* (London: Vintage, 2012), 16-17. Passages from the novel *Norwegian Wood* by Haruki Murakami (original title: *Noruuei no mori*), which was first published in 1987, and in which the protagonist Watanabe describes how, as an 18-year-old, he wound up in his first student room on the campus of a private university in Tokyo in the late 1970s.
2. Ibid., 19. Watanabe describes the room in which he lived: a model of sobriety.
3. Éric Lapierre, *18 m². Habitat étudiant, projets d'avenir* (Paris: Éditions du Pavillon de l'Arsenal, 2013), 17.
4. Pavillon de l'Arsenal, Centre d'information, de documentation et d'exposition d'urbanisme et d'architecture de Pariset de la Métropole parisienne; see: http://www.pavillon-arsenal.com/expositions/thema_modele.php?id_exposition=266. I have used the attendant publication and exhibition catalogue by Lapierre, *18 m²*, op. cit. (note 3) as a guideline for describing the typological development of student housing.
5. Lapierre, *18 m²*, op. cit. (note 3), 20-26.
6. The French standard size for a student housing unit is 18 m². As of 1 April 2012, the Dutch standard for the minimum size of the occupied area per residential function was reduced from 24 m² to 18 m² as a result of the National Building Decree ('Bouwbesluit'). See: Ministerie van Binnenlandse Zaken en Koninkrijksrelaties (Ministry of the Interior and Kingdom Relations) et. al, 'Landelijk Actieplan Studentenhuisvesting 2011 tot 2016', convenant, 17 November 2011, *http://www.rijksoverheid.nl/documenten-en-publicaties/convenanten/2011/11/17/landelijk-actieplan-studentenhuisvesting-2011-tot-2016.html*, accessed on 10 March 2014.
7. Lapierre, *18 m²*, op. cit. (note 3), 12.
8. Leen van Duin and Henk Engel, *Architectuurfragmenten 1. Typologie en ontwerpmethoden* (Delft: Publicatiebureau Bouwkunde; 1991), 25, 27.
9. These 'twin pavilions' and the Transatlantic Pavilion (Antonio Flórez Urdapilleta, 1913-1915) formed part of the Residencia de Estudiantes (Antonio Flórez Urdapilleta (1913-1915) and Francisco Javier de Luque (1915-1923)) in Madrid, see also the Planning Documentation elsewhere in this issue of *DASH*.
10. Van Duin and Engel, *Architectuurfragmenten 1*, op. cit. (note 8), 37. For this quote, they refer to Adolf Max Vogt, *Russische und Französische Revolutions-Architektur 1917 1789* (Cologne: M. DuMont Schauberg, 1974), 28-33 and 141-182.
11. Ibid., 37-38.
12. Also known as *Shabolovka communal student house* or, more simply, *Nikolaev's House*. http://thecharnelhouse.org/2013/10/10/ivan-nikolaevs-student-housing-commune-in-moscow-1929-1930, accessed on 14 March 2014.
13. Initially Nikolaev designed an even smaller standard: 2 x 2 m, 3.2 m high. In: Lapierre, *18 m²*, op. cit. (note 3), 6.
14. Van Duin and Engel, *Architectuurfragmenten 1*, op. cit. (note 8), 41.
15. Le Corbusier wrote this in an unpublished manuscript from 1930. The passage is probably referring to the project by Nikolaev. In: ibid., 135.
16. With his Pavillon Suisse, Le Corbusier was able for the first time to put into practice his ideas about collective housing for the minimum dwelling, based on the issue of student housing. In: Lapierre, *18 m²*, op. cit. (note 3), 31.
17. This has since been replaced by four patio apartments.
18. Dominique Lyon, *Le Corbusier, leven en werk* (Kerkdriel: Librero, 2001), 79.
19. The *blocs à redents* are long, set-back residential blocks. In: Kenneth Frampton, *Le Corbusier. Architect of the Twentieth Century* (New York: Harry N. Abrams Publishers, 2002), 7.71.
20. Van Duin and Engel, *Architectuurfragmenten 1*, op. cit. (note 8), 14.
21. Ibid., 147. In turn, Le Corbusier and Lucio Costa applied this horizontal functional separation in Maison du Brésil (1953-1959).
22. Göran Schildt, *Alvar Aalto. The Complete Catalogue of Architecture, Design and Art* (London: Academy Editions, 1994), 217-218.
23. As aptly put by Haruki Murakami in a passage from his novel *Norwegian Wood* at the beginning of this essay.
24. 'Students' comments convinced him that the rooms should be "as random as those in an old inn rather than as standardized as those in a modern motel. Instead of building a system and fitting everyone in to it, we should try to start with the idea of diversity – of many different rooms, rooms in towers, rooms of varying shapes and sizes and kinds, with various window and study arrangements."' In: Jayne Merkel, *Eero Saarinen* (London: Phaidon Press Limited, 2005), 144.
25. Lapierre, *18 m²*, op. cit. (note 3), 63.
26. Rooms with their own sanitary facilities.
27. Tietgenkollegiet has functioned (since its completion in 2006 as an iconic example of the New Danish Wave of recently built, high-quality student enclaves) as a reference point for architects as well as clients (whereby the very high Danish construction budgets for Tietgenkollegiet, in comparison with those in the Netherlands, are easily pushed to the background).

Dick van Gameren

College versus campus

Toegangspoort St John's College, Cambridge
Main gate St John's College, Cambridge

In the descriptions and names of many student housing projects that have been completed in the Netherlands over the past few years, the terms 'college' and 'campus' occur quite frequently. Examples include Campus Diemen-Zuid (on an industrial estate in Diemen), the Anna van Buren University College Leiden (sandwiched between Central Station in The Hague and the Royal Library), and the Amsterdam University College Campus (part of the Science Park campus in Amsterdam). The word 'campus' is no longer confined to the academic world.[1] It seems as if every group of buildings that is used for a specific purpose is called a campus, varying from a single building to the entire city: the University of Amsterdam's motto is 'the City is our Campus'. And does 'college' stand for a form of housing, an educational building, or a combination of the two?

The concepts of campus and college seem to be used indiscriminately when it comes to student housing, rendering these terms meaningless. What distinguishes these two ideas? Do they represent a specific spatial model, a way that buildings and student residences are involved in the university and the city? By tracing the origins and developments of the college and the campus, we can examine whether these concepts still have any meaning for the commissioned student housing projects that are currently underway.

The College Town

The English term 'college' is inseparably linked to the two historical university towns of Oxford and Cambridge. The college is a specific form of housing that was developed from the thirteenth century onwards; it was initially used for housing the teachers associated with the university, and then later came to include the students as well. These are residential communities with shared facilities, founded by noble or clerical benefactors. Lessons were not held in these buildings, they took place in what were called the University Buildings.

These colleges mirrored the design of other forms of collective living that were equally common at the time, for example monasteries and manors: unfortified manor-houses inhabited by the landlord together with his staff and guests. Another example is the Inns of Court in London, which were complexes where lawyers lived and worked. The model of construction was unfailingly a courtyard building facing inward, which could be closed off from the outside world. The building and its residents formed a recognizable community, an enclave, either inside or outside the city. The colleges of Oxford and Cambridge were mainly built on the outskirts of what was then the city, where space was still available. In Cambridge, a non-walled city that was surrounded by natural and manmade waterways, many colleges were concentrated along a strip of land between the southern exit road and the River Cam. In Oxford, many of the colleges were located in the city, along the city walls. These distinct positions resulted in different spatial patterns.

Trinity College and St John's College in Cambridge are among the largest college complexes in the city.[2] These two adjacent colleges originally consisted of a single courtyard building along the old exit road to the south. The colleges gradually expanded by the addition of new courtyards facing the river. Gateways and passages connect the courts with each other and with the city, and also form a connection to the river. Between the colleges are streets that are bordered by the backs of the inward-facing courtyard buildings. These public streets thus became 'backsides', characterized by long inaccessible street walls, and articulated by the repetitive windows and high-rising chimneys of the dwellings that were only accessible via the courtyard. Trinity Lane, located between Trinity College and Gonville and Caius College, is a splendid

Fragment van Cambridge tussen Magdalene College en Trinity College
Fragment of Cambridge between Magdalene College and Trinity College

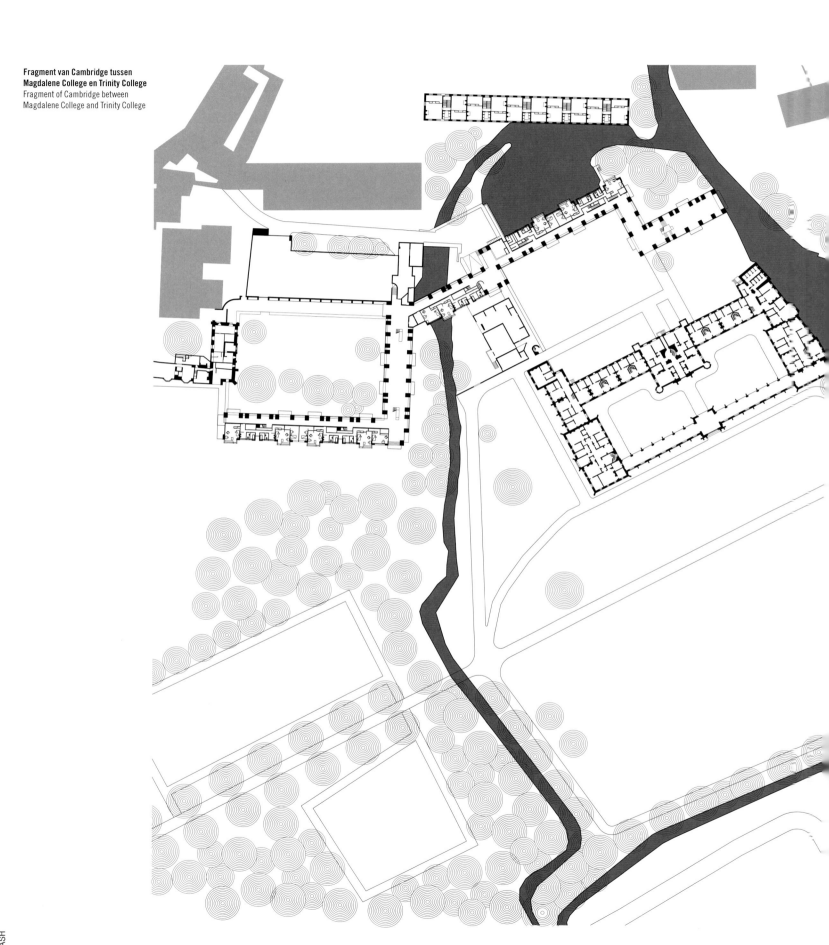

College versus campus

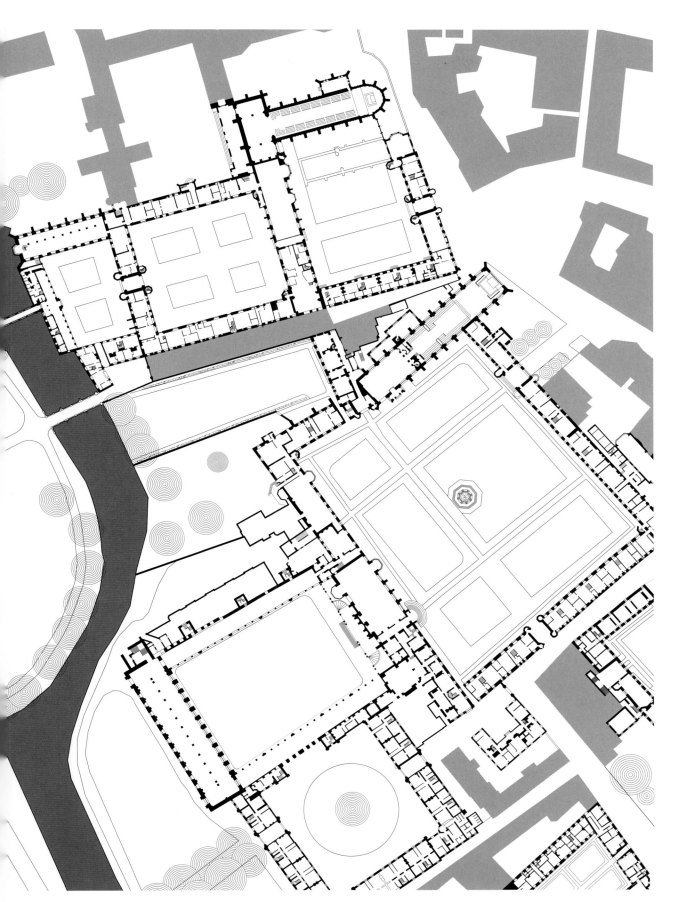

0 5   25m

a	Trinity Street	a	Trinity Street
b	Trinity Lane	b	Trinity Lane
c	St John's College, eerste hof	c	St John's College, first courtyard
d	St John's College, screens passage tussen eerste en tweede hof	d	St John's College, screens in the passage between the first and second courtyard
e	St John's College, tweede hof	e	St John's College, second courtyard
f	St John's College, arcade in derde hof	f	St John's College, arcade in the third courtyard
g	St John's College, brug tussen derde hof en New Court	g	St John's College, bridge between the third courtyard and New Court
h	St John's College, scherm New Court	h	St John's College, New Court screen
i	St John's College, hof van New Court	i	St John's College, New Court courtyard
j	St John's College, centrale trap New Court	j	St John's College, New Court central staircase
k	St John's College, poort New Court met zicht op de Backs	k	St John's College, New Court gateway with view of the Backs
l	De Backs met King's College	l	The Backs with King's College

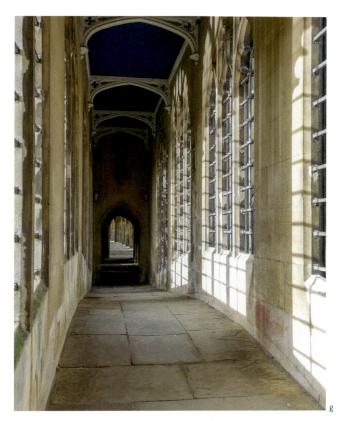
g

h

i

j

k

schoorstenen van de woningen die alleen via de hof bereikbaar zijn. Trinity Lane tussen Trinity College en Gonville and Caius College is hier een schitterend voorbeeld van. De noordelijker gelegen straat tussen Trinity College en St John's College werd zelfs op een gegeven moment afgesloten, en is nu een ontoegankelijke tussenruimte, gevuld met bijgebouwen. De doorverbonden hoven vormden nieuwe, alternatieve verbindingen, maar als onderdeel van de colleges waren ze slechts beperkt publiek toegankelijk.

De rivier zelf werd van eerst een achterkant steeds meer onderdeel van de stad zelf; colleges oriënteerden zich meer en meer op de rivier. Met de parkaanleg in de achttiende eeuw (onder andere naar voorstellen van Capability Brown), de verbetering van de riolering en de aanleg van bruggen werd het open land aan de overzijde van de Cam een verblijfsgebied. Een definitieve stap over de rivier vond in het begin van de negentiende eeuw plaats met de bouw van een vierde hof van St John's College, New Court, aan de overzijde van de Cam. Alleen de naam 'Backs' herinnert nog aan de oorspronkelijke positie als achterkant van de stad. De colleges vormen hier na eeuwen van doorgaande ontwikkeling een gelaagd, doordringbaar scherm tussen stad en landschap.

In Oxford bevindt zich in de noordoostelijke hoek van de stad een eveneens opvallende concentratie van colleges.[3] Een van de oudste, New College, nestelt zich hier tegen de stadsmuren aan. De verscholen liggende toegangspoort van New College is door een achtereenvolgens naar rechts en links afbuigende straat verbonden met Catte Street en het daaraan gelegen ensemble van universiteitsgebouwen. Deze toegangsstraat, New College Lane, snijdt het aan Catte Street gelegen Hertford College in twee delen. Een brug op de eerste verdieping verbindt deze delen. Na het bereiken van de poort van New College buigt New College Lane opnieuw af naar rechts, onder een tweede brug door, die New College met een bijgebouw verbindt. De straat is aan beide zijden begrensd door tuinmuren en gesloten gevels, slechts enkele malen doorbroken door dichte poortjes en deuren. De straat verandert nog enkele malen van richting, en maakt een laatste bocht om de achterzijde van Queen's College heen. Er is opeens zicht op de kerk van St Peter-in-the-East, een van de oudste parochiekerken van Oxford die tussen de steeds verder uitdijende colleges heeft standgehouden. Ten slotte bereikt de straat, inmiddels Queen's Lane geheten, High Street, de van west naar oost lopende hoofdstraat van Oxford waarlangs colleges en andere bebouwing elkaar afwisselen. De colleges vormen een labyrint van enclaves, die zich verschuilen achter muren. Achter deze muren doemen bomen, gevels en torenspitsen op vanuit steeds wisselende perspectieven. De ruimtelijke gelaagdheid is zichtbaar, maar niet bereikbaar.

De ensembles van colleges in Cambridge en Oxford tonen een onuitputtelijke reeks van architectonische oplossingen voor verbindingen en scheidingen tussen gebouwen en de stad: poorten, schermen, muren, galerijen, overbouwingen. De twee beschreven fragmenten tonen daarbij grote contrasten: open doorgangen versus gesloten muren, transparantie versus geslotenheid. Uiteindelijk delen beide steden echter hun meest dominante ruimtelijke karakteristiek: een complexe ruimtelijke opbouw waarin een netwerk van omsloten hoven verweven is met een traditioneel stadspatroon van straten en pleinen.

Het verschil en de overeenkomst tussen de twee beschreven delen van Cambridge en Oxford is ook prachtig zichtbaar in meer recente interventies. In twee projecten van de architecten Philip Powell en Hidalgo Moya, die in de vijftiger en zestiger jaren van de vorige eeuw

example of this. The more northerly street between Trinity and St John's College was closed off at a certain point, and is now an inaccessible cavity filled with outbuildings. The linked courtyards formed new, alternative connections, but as part of the colleges, they were only accessible to the public in a limited way.

The river itself, initially only a backside, increasingly became part of the city; colleges began to be oriented more and more towards the river. With the construction of a park in the eighteenth century (based in part on the proposals by Capability Brown), as well as the improvement of the sewer system and the construction of bridges, the open landscape on the other side of the Cam became a park-like public space in the city. A definitive step across the river took place in the early nineteenth century with the construction of a fourth courtyard for St John's College, namely New Court, on the other side of the Cam. Only the name Backs still recalls its original position as the backside of the city. After centuries of continuous development, the colleges here now form a layered, permeable screen between city and landscape.

The north-eastern corner of Oxford also houses a notable concentration of colleges.[3] One of the oldest, New College, is nestled here against the city walls. The hidden entryway of New College is connected to Catte Street and its adjacent ensemble of university buildings by a street that bends to the right and then to the left. This access road, called New College Lane, cuts Hertford College (which is located on Catte Street) into two parts. A bridge on the first floor connects these two parts. The road again bends to the right after reaching the gateway to New College, under a second bridge that connects New College to an outbuilding. New College Lane is a street of garden walls and closed façades, which is only occasionally interrupted by closed gateways and doors. The street changes direction a few more times and then makes a final turn around the back of Queen's College. There is suddenly a view of the church of St Peter-in-the-East, one of Oxford's oldest parish churches, still here among the ever-burgeoning colleges. Eventually the road, at this point called Queen's Lane, reaches High Street, Oxford's main street that runs from west to east, along which colleges alternate with other buildings. The colleges here form a labyrinth of enclaves that are hidden behind walls. Behind these walls loom trees, façades and spires from ever-changing perspectives. The spatial layering is visible, but not accessible.

Together, these ensembles of colleges in Cambridge and Oxford show an inexhaustible range of architectural solutions for connections and separations between buildings and the city: gateways, screens, walls, galleries and overbuildings. The two described fragments display considerable contrasts: open passages versus closed walls, transparency versus secrecy. But ultimately, the two cities share their most dominant physical characteristic: a complex spatial structure in which a network of enclosed courtyards is intertwined with a traditional pattern of city streets and squares.

The differences and similarities between the two described sections of Cambridge and Oxford are also strikingly visible in more recent interventions. In two projects by architects Philip Powell and Hidalgo Moya, who were very active in both Cambridge and Oxford during the 1950s and 1960s, the characteristic distinction between the two cities is clearly expressed.[4] With its meandering shape, the Cripps Building, an extension of St John's College in Cambridge, connects to the existing college buildings that surround it. It forms a series of new courtyards that are connected via various routes over land and water, continuing uninterrupted underneath the building, constructed on an open colonnade. In contrast, Blue Boar Squad, an extension of Christ Church

actief waren in zowel Cambridge als Oxford, wordt het karakteristieke onderscheid tussen beide steden helder uitgedrukt.[4] Cripps Building, een uitbreiding van St John's College in Cambridge, legt met zijn meanderende vorm een verbinding met de omringende bestaande oude collegegebouwen en vormt een reeks nieuwe hoven, die zijn verbonden met routes over land en water die onderbroken doorlopen onder het op een open colonnade geplaatste bouwvolume. Blue Boar Quad daartegen, een uitbreiding van Christ Church College in Oxford, rijst op achter een gesloten muur die de reeks hoven van het college afschermt van de stad.

Nieuwe composities

De continuïteit in de ontwikkeling van Cambridge en Oxford is zonder meer opvallend, nieuwe bebouwing bouwt voort op het bestaande.[5] De projecten van Powell en Moya slaagden er op intelligente wijze in een modernistisch architectonisch idioom aan te laten sluiten op de bestaande oude bebouwing. In een verder verleden, bij de uitbreiding van colleges in de zeventiende, achttiende en negentiende eeuw, werd in de regel vastgehouden aan de 'oude vormen' – het oorspronkelijke gotische architectonische idioom – maar werd tegelijkertijd wel een meer eigentijdse ruimtelijke opzet voor de gebouwen geïntroduceerd.

In het hiervoor besproken fragment van Oxford wordt dit zichtbaar in de later toegevoegde tweede hof van All Souls College, rond 1720 gebouwd, en ontworpen door Nicholas Hawksmoor. Het is een nieuwe hof, in een eigentijdse, barokke compositie, maar in gotische stijl uitgewerkt. Eenzelfde vorm is gekozen voor de uitbreiding van het aangrenzende Queen's College, in dezelfde periode gebouwd, en deels toegeschreven aan dezelfde architect. De hoven, ingesloten door de U-vormige composities van de gebouwen, openen zich naar de stad. Op de overgang tussen hof en stad is echter een gesloten scherm of muur geplaatst, met een toegangspoort in het midden. Hierdoor blijft het traditionele, naar binnen gekeerde karakter van het college alsnog behouden.

In Cambridge wordt hetzelfde zichtbaar. New Court, de vroeg-negentiende-eeuwse uitbreiding van St John's College, ontworpen door Rickman & Hutchinson, is uitgewerkt in een gotische vormentaal. De opzet van het gebouw volgt echter niet het gotische, alzijdig ombouwde hofmodel. New Court is een symmetrische compositie bestaande uit een hoofdgebouw met twee zijvleugels. Het hierdoor gevormde voorplein richt zich op het open landschap. Dit voorplein is eveneens afgesloten, niet zoals in de voorbeelden uit Oxford door een gesloten muur, maar nu door een opengewerkte colonnade die zicht biedt op de buitenwereld. De colonnade ligt in het verlengde van het pad dat de drie eerdere hoven van St John's verbindt. Een overdekte brug over de Cam verbindt pad en poorten met deze colonnade.

Gelijktijdig werd elders in Cambridge een eveneens transparant scherm toegevoegd aan King's College, bekend door de hoog boven de stad uittorende, laatgotische kapel. Het neogotische scherm met open venstertraceringen en een opvallende middenpoort sluit de hof van King's College af van de ervoor gelegen, zich tot een plein verbredende straat King's Parade.

Dit scherm is een ontwerp uit 1827 van de in Cambridge opgeleide architect William Wilkins. Deze architect had twintig jaar eerder al een revolutionair ontwerp gemaakt voor het geheel nieuwe Downing College.[6] Aan de zuidrand van het toenmalige Cambridge was een terrein beschikbaar voor de bouw van een nieuw college. Eerdere ont-

College in Oxford, rises up behind a closed wall that shields the College's series of courtyards from the city.

New Compositions

The continuity in the development of Cambridge and Oxford is certainly noteworthy, with new development expanding upon the existing.[5] The projects by Powell and Moya intelligently managed to align a modernist architectural idiom with the existing old buildings. In the more distant past, during the extension of the colleges in the seventeenth, eighteenth and nineteenth centuries, the general rule that was followed was to stick to the 'old forms', namely the original Gothic architectural idiom. Yet at the same time, a more contemporary spatial structure for the buildings was also being introduced.

In the fragment of Oxford that is discussed above, this new spatial structure can be seen in the second courtyard of All Souls College that was added later; it was built around 1720, and was designed by Nicholas Hawksmoor. It is a new courtyard in a contemporary baroque composition, but was carried out in the Gothic style. The same form was chosen for the expansion of the adjacent Queen's College, built during the same period, and partly attributed to the same architect. The courtyards, enclosed by the U-shaped compositions of the buildings, open up towards the city. Yet at the transition point between the courtyard and the city there is a closed screen or wall, with a gateway in the middle. This allows the traditional inward-looking nature of the college to be retained.

This can also be seen in Cambridge. New Court, the early nineteenth-century expansion of St John's College that was designed by Rickman and Hutchinson, was executed in a Gothic idiom. Yet the design of the building does not follow the model of the Gothic courtyard that is surrounded by buildings on all sides. New Court is a symmetrical composition consisting of a main building with two wings. The forecourt that this design creates is oriented towards the open landscape. This forecourt is also closed: not in the same way as the examples from Oxford, that is by a closed wall, but rather by an openwork colonnade that offers a view of the outside world. The Colonnade is an extension of the path that connects the three previous courtyards of St John's. A covered bridge across the Cam connects the pathways and gateways to this colonnade.

Elsewhere in Cambridge, an equally transparent screen was added at around the same time to King's College, known for its Late Gothic chapel, which towers high above the city. The neo-Gothic screen, with open window traceries and a striking centre gateway, closes off the courtyard of King's College from King's Parade, a street located in front of the college that expands into a square.

This screen is a design from 1827 by Cambridge-educated architect William Wilkins. Twenty years earlier, this architect had already created a revolutionary design for the entirely new Downing College.[6] Along what was then the southern border of Cambridge, land was available for the construction of a new college. Earlier designs by other architects were rejected for being too Palladian and not classical enough. But with his 1805 plan, Wilkins managed to translate the renewed interest in 'pure' classical Greek architecture into a design. He proposed the construction of several freestanding pavilions around a large central lawn, fully laid out with grass and trees. The pavilions were only connected via a series of columns that together form a screen. The central axis was directed towards the city, and was connected to it by a freestanding complex of gateways, known as the Propylaeum. Although only the side pavilions of the college were built initially, and later expansions in the nineteenth

Fragment van Oxford tussen Catte Street and High Street
Fragment of Oxford between Catte Street and High Street

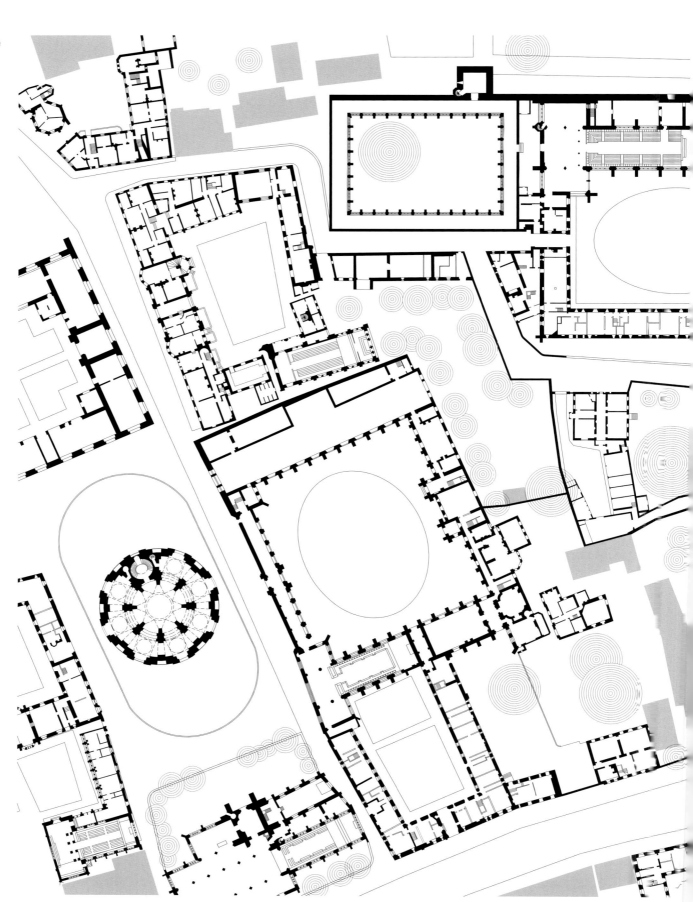

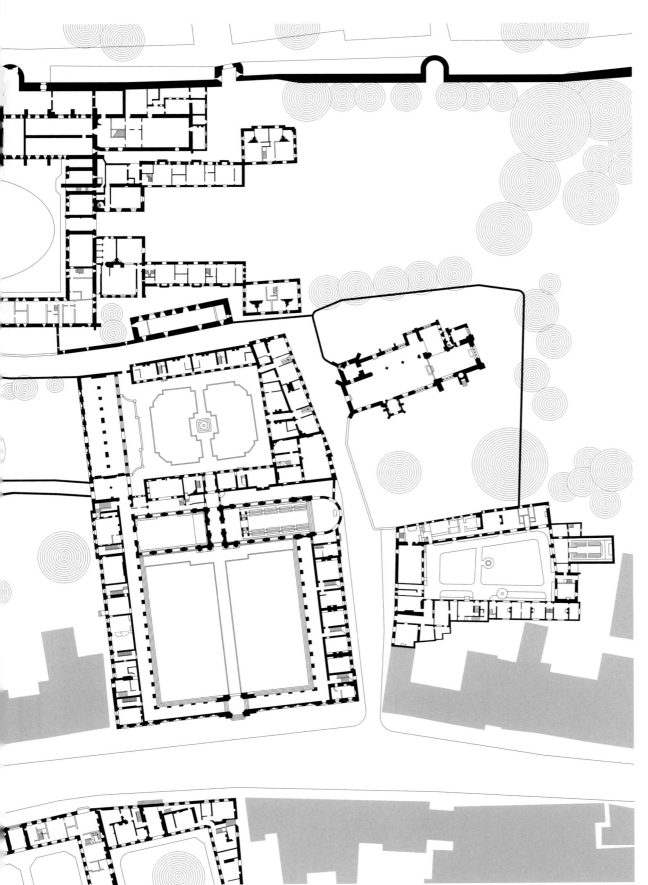
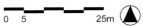

a	Catte Street met All Souls College	a	Catte Street with All Souls College
b	Hertford College doorsneden door New College Lane	b	Hertford College cut through by New College Lane
c	New College Lane	c	New College Lane
d	Poort New College vanaf New College Lane	d	New College gateway seen from New College Lane
e	Brug van New College	e	New College bridge
f	Aan linkerzijde New College, rechts Provost's Lodgings Queen's College	f	At the left side New College, to the right Provost's Lodgings Queen's College
g	Terugkijkend naar All Souls College	g	Looking back towards All Souls College
h	Queen's Lane met in de verte tuin van New College	h	Queen's Lane with the garden of New College in the distance
i	St Peter-in-the-East	i	St Peter-in-the-East
j	High Street met Queen's College	j	High Street with Queen's College

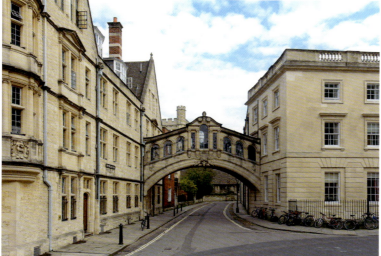

f

i

g

h

j

werpen van andere architecten waren afgewezen als te Palladiaans en niet klassiek genoeg. Wilkins wist met zijn plan uit 1805 wel de hernieuwde interesse in de 'zuivere' klassieke Griekse architectuur in een ontwerp te vertalen. Hij stelde voor een aantal vrijstaande paviljoens te bouwen rond een groot middenveld, geheel met gras en bomen ingericht. De paviljoens werden alleen door open zuilenschermen met elkaar verbonden. De middenas richtte zich op de stad, daarmee verbonden door een vrijstaand poortcomplex, het Propylaeum. Hoewel in eerste instantie slechts de zijpaviljoens van het college werden uitgevoerd, en latere uitbreidingen in de negentiende en twintigste eeuw de oorspronkelijke opzet negeerden, blijft het college herkenbaar als een radicale breuk met de op middeleeuwse tradities gebaseerde hofvormen van de oudere colleges.

De verschillende gebouwen uit de oorspronkelijke opzet stonden als paviljoens in een open groene ruimte, als tempels in een landschap. Het complex is daarmee mogelijk een van de bronnen voor een nieuw model voor universiteitsgebouwen en studentenhuisvesting: de campus.

Campus
Thomas Jefferson, derde president van de Verenigde Staten van Amerika, en opsteller van de Onafhankelijkheidsverklaring, was actief als staatsman, filosoof, kunstenaar en architect. Na zijn presidentschap richtte hij zich op het stichten en ontwerpen van de Universiteit van Virginia in Charlottesville. Zijn ontwerp hiervoor wordt gezien als startpunt in de ontwikkeling van een eigen Amerikaanse architectuur en stedenbouw. Het plan dat rond 1820 ontwikkeld werd, is op te vatten als een dorp; een 'academical village' waarin het ongerepte Amerikaanse landschap in één grandioos gebaar verbonden wordt met de zuivere klassieke bouwkunst van de Romeinen en Grieken.[7] De interpretatie van zijn ontwerp als een antistedelijke, en daarmee anti-Engelse stellingname, wordt vaak verbonden met Jefferson's voorliefde voor de Franse neoclassicistische bouwkunst uit de tweede helft van de achttiende eeuw. In deze periode werd in Frankrijk het klassieke ideaal van het vrijstaande paviljoen (tempel) het uitgangspunt voor zowel land- als stadshuizen. De parallel met ontwikkelingen in Engeland is echter ook onmiskenbaar. Het ontwerp voor Charlottesville vertoont grote gelijkenis met dat voor Downing College, 15 jaar eerder gemaakt.

De universiteit van Virginia was opgezet als een reeks gebouwen rond een open rechthoekig veld, de Lawn genaamd. Aan de lange zijden van het veld staat een aantal huizen, elk verschillend uitgevoerd, als klassieke paviljoens. Deze docentenwoningen worden met elkaar verbonden door colonnades die voor de woonhuizen langs worden doorgezet als steeds verschillend opgezette portico's. De colonnades staan voor eenlaagse bouwvolumes met individuele studentenkamers. Achter deze aaneengesloten bebouwing bevinden zich op de paviljoens aansluitende, ommuurde tuinen, die op hun beurt weer worden beëindigd door een tweede rij woningen en studentenkamers. Deze zijn nu niet meer verbonden door een colonnade, maar als losse paviljoens naast elkaar geplaatst. Hiermee wordt de buitenzijde van het complex geen achterkant, maar opnieuw voorkant. De centrale Lawn wordt aan één zijde afgesloten door het centrale universiteitsgebouw, de bibliotheek, een vrij letterlijke interpretatie van het Pantheon.

De omsluiting van een centrale groene ruimte of veld, de Lawn, of in Latijn de campus, is geen unicum. Het feit echter dat het complex geen achterkant heeft en zich niet afkeert van de omgeving, is wel nieuw. Deze gedachte van verbinding wordt nog sterker uitgedrukt in het openen van het centrale veld naar het omringende landschap door één zijde onbebouwd te laten. Door latere uitbreidingen is het veld

and twentieth centuries ignored the original design, this college can still be recognized as a radical break from the courtyard designs of the older colleges, which were based on medieval traditions.

The various buildings from the original design formed pavilions in an open green space, like temples in a landscape. This complex could therefore be one of the sources behind a new model for university buildings and student housing: the campus.

Campus
Thomas Jefferson, the third president of the USA and an author of the *Declaration of Independence*, was a statesman, philosopher, artist and architect. After his presidency, he focused on the founding and designing of the University of Virginia in Charlottesville. His design for this university is seen as a starting point in the development of a truly American form of architecture and urbanism. The plan, which was developed around 1820, can be interpreted as a village; an 'academical village' where the unspoiled American landscape is connected to the pure classical architecture of the Romans and the Greeks, in a single grandiose gesture.[7] The interpretation of his design as an anti-urban, and thereby an anti-English stance, is often associated with Jefferson's fondness for the French neoclassical architecture of the second half of the eighteenth century. In this period in France, the classical ideal of the freestanding house (temple) became the starting point for both country houses as well as townhouses. But the parallel with the developments in England is still undeniable. The design for Charlottesville is very similar to the design for Downing College, which was made 15 years earlier.

The University of Virginia was designed as a series of buildings surrounding an open rectangular field, called the Lawn. On the long sides of the field are several houses, each designed differently, as classical pavilions. These homes, meant to house the teachers, are connected by colonnades that continue along in front of the houses, each with a different kind of portico. The colonnades are located in front of single-layer buildings with individual rooms for the students. Behind these connected buildings are adjoining walled gardens, which are capped by a second row of homes and student rooms; these are not connected by a colonnade, but are instead positioned next to each other as separate pavilions. This means that the exterior side of the complex is not a backside, but rather another front side. The central Lawn is closed off on one side by the main university building, the library, which is a fairly literal interpretation of the Pantheon.

This enclosure of a central green space or field, the Lawn (or in Latin the 'campus'), is not unique. Yet the fact that the complex has no backside and does not face away from the surrounding environment is indeed new. This idea of connectedness is expressed even more strongly by the way the central field opens onto the surrounding landscape by leaving one side unbuilt. As a result of later expansions, the field eventually was closed off on all sides, meaning that one of the distinguishing aspects of the design has disappeared. After all, the enclosure of the space is a key element of the college model, whereas the hallmark of what would later become known as the American campus is precisely that openness: the boundlessness of the space in which only freestanding objects have been placed. A second distinction with the college model is the fact that the housing and the university itself formed part of a unified composition, whereas these were separate entities in the English tradition.

Fields in the Grid
The boundlessness of the space is captured in the grid of streets and construction fields that, starting in the eighteenth century, would determine the arrangement of urban and rural areas in the USA. Universities were

Cambridge, St John's College,
Cripps Building

Oxford: Christ Church College,
Blue Boar Quad

Oxford: Blue Boar Lane

often built on the outskirts of existing cities and villages, on open fields that were connected to the fields that had already been built upon. The name 'campus' for this kind of university development was first used in the construction of Princeton University at the end of the eighteenth century. And since its foundation in 1701, Yale University was built within the already developed grid structure of New Haven, which had been in place since the seventeenth century. This grid initially consisted of nine construction fields in a three-by-three arrangement; the middle field remained an open, green space, called the Green, and only contained freestanding church buildings.[8]

The buildings on the fields of these two universities followed the Jeffersonian ideal of open construction in a non-urban, more rural kind of layout. Tree-lined roads ('Elm Street') enclose green fields that contain buildings. The buildings are oriented towards the streets, and do not turn away from them. The undeveloped green fields, which often form the heart of a village or campus, were not enclosed by continuous buildings, but were instead connected via the grid of streets to the endless pattern

Cambridge, geopend scherm van King's College naar King's Parade
Cambridge, open screen from King's College to King's Parade

Oxford, gesloten scherm van All Souls College naar Catte Street en Radcliffe Square
Oxford, closed screen from All Souls College to Catte Street and Radcliffe Square

Cambridge, Downing College

alsnog aan alle zijden gesloten, waardoor een van de onderscheidende onderdelen van het ontwerp is verdwenen. De omsluiting van de ruimte hoort immers bij het collegemodel. Het kenmerk van de, wat later de Amerikaanse campus is gaan heten, is juist de openheid: de onbegrensde ruimte waarin alleen vrijstaande objecten geplaatst zijn. Een tweede verschil met het collegemodel is het feit dat huisvesting en universiteit onderdeel zijn geworden van één compositie. Dit waren in de Engelse traditie immers gescheiden entiteiten.

Velden in het grid

De onbegrensde ruimte ligt besloten in het grid van straten en bouwvelden dat vanaf de achttiende eeuw de inrichting van stad en platteland in de Verenigde Staten bepaalde. Universiteiten werden vaak aan de randen van bestaande steden en dorpen aangelegd, op open velden die aansloten op de al bebouwde velden. De naam campus voor zo'n universiteitsontwikkeling werd voor het eerst gebruikt bij de aanleg van Princeton University einde van de achttiende eeuw. Yale University werd vanaf de oprichting in 1701 gebouwd binnen de al in de zeventiende eeuw ontwikkelde gridstructuur van New Haven. Dit grid bestond aanvankelijk uit een raster van drie bij drie bouwvelden, waarbij het middelste veld een open groene ruimte bleef, de Green, met daarin alleen drie vrijstaande kerkgebouwen.[8]

De bebouwing van de velden van genoemde universiteiten volgde het Jeffersoniaanse ideaal van open bebouwing in een niet-stedelijke, landschappelijke opzet. Door bomen omzoomde wegen (de spreekwoordelijke Amerikaanse 'Elm Street') omsluiten groene velden met daarop bebouwing. De bebouwing richt zich naar de straten, en keert zich er niet van af. De onbebouwde groene velden die vaak het hart van een dorp of campus vormen, zijn niet omsloten door doorgaande bebouwing, maar door het raster van straten verbonden met het eindeloze patroon van al of niet bebouwde velden. De studentenwoning kan onderdeel zijn van een *college*, een collectief woongebouw, of van een *dormitory*, zonder collectieve voorzieningen, maar is steeds naar buiten gericht. De ligging van de woningen voor studenten is uitwisselbaar met de woonhuizen van docenten of van bewoners die niet aan de universiteiten verbonden zijn.

De campus is een ruimtelijk principe dat geen vaste grens kent, maar door kan groeien en bestaande bebouwing moeiteloos opneemt. In het vastgelegde grid kan het universiteitscomplex een dorps karakter houden, maar ook meegroeien en opgaan in de stad, zoals de campus op Morningside Heights van Columbia University in New York City. Ooit aan de rand van de stad, nu geheel ingesloten door de bebouwing van Manhattan.

Het uitgangspunt dat stad en land een continue ruimte vormen, in één groot gebaar verenigd, vormt de kern van het werk van de toonaangevende Amerikaanse landschapsontwerpers Frederic Law Olmsted en Calvin Vaux. Zij waren betrokken bij meer dan dertig campusontwikkelingen, waaronder de campus van het Liberal Arts College Bryn Mawr net buiten Philadelphia, gesticht in 1885.[9] Bryn Mawr is een landschappelijke campus par excellence, waar onderwijs- en woongebouwen elkaar afwisselen in een groen landschap waarin het aangrenzende stratenraster op typische Olmsted-wijze is vervormd tot een geheel van slingerende paden en wegen. De gebouwen verschuilen zich in het groen en zijn alleen daar zichtbaar waar open grasvelden aan hen raken. Een groot deel van de woongebouwen voor studenten werd rond 1900 ontworpen door architecten Cope & Stewardson, in een Academic Gothic stijl. Het uiterlijk van de vrijstaande woongebouwen refereert inderdaad aan de colleges van Oxford en Cambridge, maar

of fields, some of which contained buildings. This allowed the student dwelling to form part of a college: a collective residential building, or otherwise part of a dormitory, without communal services but still oriented outwards. The location of the housing for the students is interchangeable with the housing of the teachers or of the local residents unaffiliated with the university.

The campus is a spatial principle that has no fixed borders; it can continue to grow and effortlessly incorporate existing buildings. In the fixed grid, the university complex can retain the character of a village, but can also grow with and into the city, such as the campus of Columbia University in New York City's Morningside Heights. It was once on the outskirts of the city, but has since become completely enclosed by the buildings of Manhattan.

The premise that the city and the countryside can form a continuous space, united in a single grand gesture, forms the core of the work of leading American landscape designers Frederic Law Olmsted and Calvin Vaux. They were involved in the development of more than 30 campuses, including the campus of Bryn Mawr College, a liberal arts college located just outside of Philadelphia that was founded in 1885.[9] Bryn Mawr is a scenic campus par excellence, where educational and residential buildings alternate in a green landscape in which the adjacent grid of streets is transformed into a series of winding paths and roads, in typical Olmsted style. The buildings hide amid the green spaces, and are only visible where they connect with the open lawns. Many of the residential buildings for students were designed in about 1900 by architects Cope and Stewardson, in an 'Academic Gothic' style. The look of these freestanding residential buildings indeed refers to the colleges of Oxford and Cambridge, but the introverted character of the college is reversed, leading to a design with outward-facing rooms along interior corridors. The gatehouses were taken almost verbatim from Cambridge, but here, instead of allowing access to the courtyards, they allow access to the entrance halls and stairwells that lead to the corridors.

This reversal is expressed even more strongly in Eleanor Donneley Erdman Hall on the south side of the campus, designed by Louis Kahn in 1960. The outward-facing student rooms are situated around three large courtyards; the covered courtyards have been transformed into indoor halls replete with fireplaces, stairs and galleries, uniting the domestic with the monumental.[10]

College versus Campus

College and campus can be regarded as two spatial models in which the connection between the private space of the student residences, the collective (intermediate) space, and the public space have been developed in diametrically opposite ways. The college connects the housing units to an introverted, collective space, namely a courtyard, which is then connected to the city via gateways. The growth of the university and the need for more housing can be seen in the clusters of courtyards that seem to take over the city. Alongside the public connecting streets that have sometimes been reduced to a backside, they add to the city a new network of courtyards and connections whose degree of public accessibility is limited. The complexity of the growth patterns within an existing city results in a permanent alternation between buildings, green courtyards, squares and streets.

Within this interweaving of buildings and open space, the spatial characteristics of the city are not determined by the individual buildings, but rather by the combination of consistency and contrast that is created over the course of time. College towns such as Oxford and Cambridge are thus inevitable examples of the protagonists of 'Townscape', the idea

het introverte karakter van het Britse college is omgekeerd naar een opzet met naar buiten gerichte woonvertrekken aan binnencorridors. De vrijwel letterlijk uit Cambridge overgenomen poortgebouwen geven geen toegang meer tot een hof, maar tot entreehallen en trappenhuizen die naar de corridors leiden.

Deze omkering komt nog sterker terug in de in 1960 door Louis Kahn ontworpen Eleanor Donneley Erdman Hall aan de zuidzijde van de campus. De naar buiten gerichte studentenkamers liggen rondom drie grote hoven; de overdekte hoven zijn getransformeerd tot binnenhallen die met hun haarden en omlopen huiselijkheid en monumentaliteit verenigen.[10]

College versus campus

College en campus zijn op te vatten als twee ruimtelijke modellen waarin de verbinding tussen de privéruimte van de studentenwoning, de collectieve (tussen)ruimte en de openbare ruimte op diametraal tegengestelde wijze is uitgewerkt. Het college verbindt de wooneenheid met een introverte, collectieve ruimte, een hof die vervolgens via poorten verbonden is met de stad. De groei van de universiteit en de behoefte aan meer huisvesting manifesteert zich in clusters van hoven die de stad schijnbaar overnemen. Naast de soms tot achterkant gereduceerde, openbare verbindingsstraten voegen deze clusters van hoven een nieuw, slechts beperkt publiek-toegankelijk netwerk van hoven en verbindingen toe aan de stad. De complexiteit van de groeipatronen binnen een reeds bestaande stad resulteert in een permanente afwisseling van gebouwen, groene hoven, tuinen, pleinen en straten.

Binnen deze verweving van bebouwing en open ruimte wordt de ruimtelijke karakteristiek van de stad niet door het individuele gebouw, maar door de in loop der tijd tot stand gekomen combinatie van samenhang en contrast bepaald. Collegesteden als Oxford en Cambridge zijn daarmee de onvermijdelijke voorbeelden van de protagonisten van *Townscape*, de idee van een pittoreske stedenbouw die, als alternatief voor de rationele modernistische stedenbouw, in het naoorlogse Engeland geformuleerd werd.[11] De campus stelt daarentegen het individuele gebouwde object centraal. De campus bakent geen ruimte af, maar positioneert de objecten in een schijnbaar onbegrensde ruimte. Deze meer radicale positie maakt het campusmodel juist geliefd bij de modernisten die uitgaan van het door hen beleden ideaal van een (antistedelijk) doorgaand landschap waarin gewoond en gewerkt wordt.

Illustratief voor deze twee posities is een opmerking in de tekst van de in 1976 in *Architectural Design* gepubliceerde 'Oxford and Cambridge Walks'. Auteur Peter Smithson stelt in zijn inleiding: 'Oxford and Cambridge provide a plethora of object lessons in townscape.'[12] Aangeland bij Downing College tijdens zijn Cambridge-wandeling stelt hij dat je hier je adem inhoudt. Hier is de 'belangrijkste architectonische inventie sinds de Verlichting' te zien. De vernieuwing, zuiverheid en beweging, aldus Smithson, is vergelijkbaar met die van het brutalisme 150 jaar later. Het masker van de townscaper valt hier af, en de modernist-brutalist toont hier zijn ware gezicht.

Campus en college kunnen elkaar naderen, zelfs binnen een enkel project. De in vergelijking met zijn verdere oeuvre, verbijsterend pittoreske Stiles and Morse Colleges van Eero Saarinen introduceren letterlijk een townscape, een fragment van een Europese stad in het grid van New Haven.[13] Harvey Court in Cambridge, ontworpen door Colin St John Wilson en Leslie Martin, probeert het omgekeerde. De introverte hofvorm van het college wordt verplaatst naar de open ruimte aan de westoever van de Cam. De hof opent zich naar de buitenwereld, maar is door de verhoogde ligging toch afgezonderd van het omringende maaiveld. Een grote trap verbindt, als alternatief voor

of a picturesque form of urban planning that was formulated in post-war England as an alternative to the rational, modernist style of urban planning.[11] The campus, by contrast, focuses on the individual built object. The campus does not delineate spaces, but instead positions the objects within a seemingly limitless space. This more radical position makes the campus model all the more favoured by the modernists, based on their professed ideal of an (anti-urban) continuous landscape in which people live and work.

A comment in a text in 'Oxford and Cambridge Walks', published by *Architectural Design* in 1976, illustrates these two positions. In his introduction, author Peter Smithson says that 'Oxford and Cambridge provide a plethora of object lessons in townscape'.[12] Upon arriving at Downing College during his walk though Cambridge, he says this is a spot that takes one's breath away. This is 'the single most important architectural invention of the whole period since the Enlightenment'. As Smithson put it: 'The style of a renewing, purifying, and movement, as is brutalism a century and a half later.' Here the townscaper's mask is removed, and the 'modernist-brutalist' shows his true face.

The campus and the college can move towards each other, even within a single project. The Stiles and Morse Colleges by Eero Saarinen, which are astonishingly picturesque compared to the rest of his oeuvre, literally introduce a townscape, a fragment of a European city, into the grid of New Haven.[13] Harvey Court in Cambridge, designed by Colin St John Wilson and Leslie Martin, attempts to achieve the opposite. The college's introverted courtyard shape is moved to the open space on the west bank of the Cam. The courtyard opens up to the outside world, but its elevated position still separates it from the surrounding grounds. As an alternative to the traditional gateway, a grand staircase connects the courtyard to the outside world. The covered gallery has been moved from the courtyard to the outside. This turns the outside of the college, traditionally dense and impenetrable, into a connection, a threshold.[14]

Other expansions to the colleges at Oxford and Cambridge, both within the existing buildings as well as in the form of new colleges on the open outskirts of the city, show a continuous quest for spatial models that reinterpret and help shape the ideas of openness and closure. The model of Downing College, a composition of pavilions that is permeable from all sides, and of Charlottesville, the courtyard that opens to the outside, are still quite relevant here.

Distinction and Connection

An analysis of the spatial characteristics of the campus and the college shows two contrasting models in terms of how student residences are connected to the university, and to the outside world. The analysis thus also provides insight into the problems and possibilities of today's major building commissions that involve student housing. The openness and boundlessness of the historic campus model clearly expose the shortcomings of many 'campuses' that were built after the Second World War. Many of these post-war university campuses are enclaves outside of the city, characterized not by openness and connection, but rather by isolation and a lack of interplay between the city and the academic world. The large-scale renovation of these campuses that is currently taking place in the Netherlands and abroad will have to respond to these developments. Adding new features, such as 'forgotten' student housing, is not enough. The spatial and programmatic connection to the city is crucial to breathing new life, or at least more life, into these areas.

The challenge of creating more student housing in the existing city also brings other issues to the fore. New concentrations of students are often seen as a threat due to the confrontation between different lifestyles, in addition to the more general fears of local residents about how

de traditionele poort, hof en buitenwereld. De overdekte galerij is verplaatst van de hof naar de buitenzijde. Hiermee wordt de buitenzijde van het college, traditioneel dicht en ondoordringbaar, omgekeerd tot een verbinding, een overgangsgebied.[14]

Andere uitbreidingen van de colleges in Oxford en Cambridge binnen de bestaande bebouwing, en nieuwe colleges in het open buitengebied van de stad, laten een voortdurende zoektocht zien naar ruimtelijke modellen die de idee van openheid en afsluiting opnieuw interpreteren en vorm te geven. De figuur van Downing College, de alzijdig doordringbare compositie van paviljoens, en van Charlottesville, de naar buiten toe geopende hof, zijn hierbij nog immer relevant.

Onderscheid en verbinding

Een analyse van de ruimtelijke kenmerken van de figuur van de campus en het college laat twee contrasterende modellen zien met betrekking tot de wijze waarop de studentenwoningen verbonden zijn met de universiteit en de buitenwereld. De analyse geeft daarmee ook

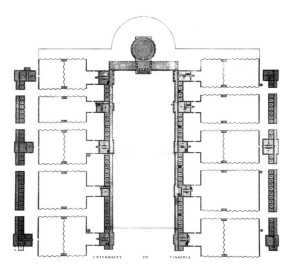

Charlottesville, University of Virginia. Tekening uit 1822 van het uitgevoerde ontwerp van Jefferson

Charlottesville, University of Virginia, 1822, drawing of Jefferson's design that was realized

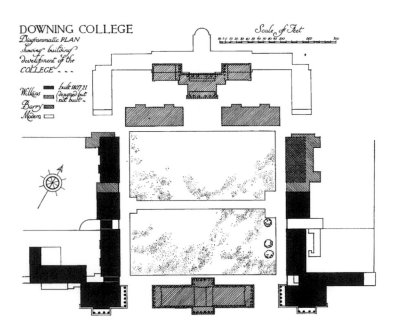

Cambridge, Downing College. Plattegrond met gearceerd het oorspronkelijke plan van Wilkins, in zwart het gerealiseerde deel hiervan. De witte contour geeft de latere aanvullingen weer

Cambridge, Downing College building plan, with the original plan of Wilkins shaded, and the realized section of this plan in black. The white contour indicates the later additions

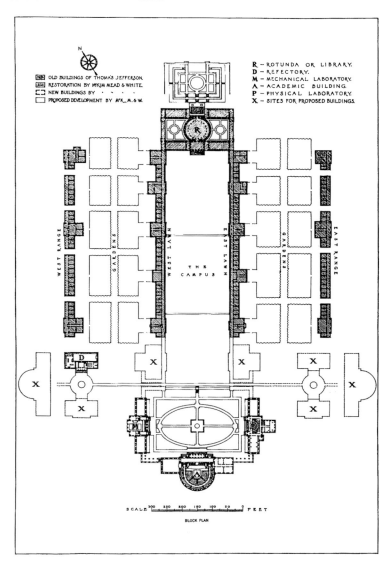

Charlottesville, University of Virginia. Tekening van Mc Kim, Mead and White voor uitbreiding van de universiteit. De Lawn, nu de Campus genoemd, wordt aan de zuidzijde afgesloten door nieuwe bebouwing

Charlottesville, University of Virginia. Drawing by McKim, Mead & White for an expansion of the university. The Lawn, now called the Campus, was closed off on the south side by new buildings

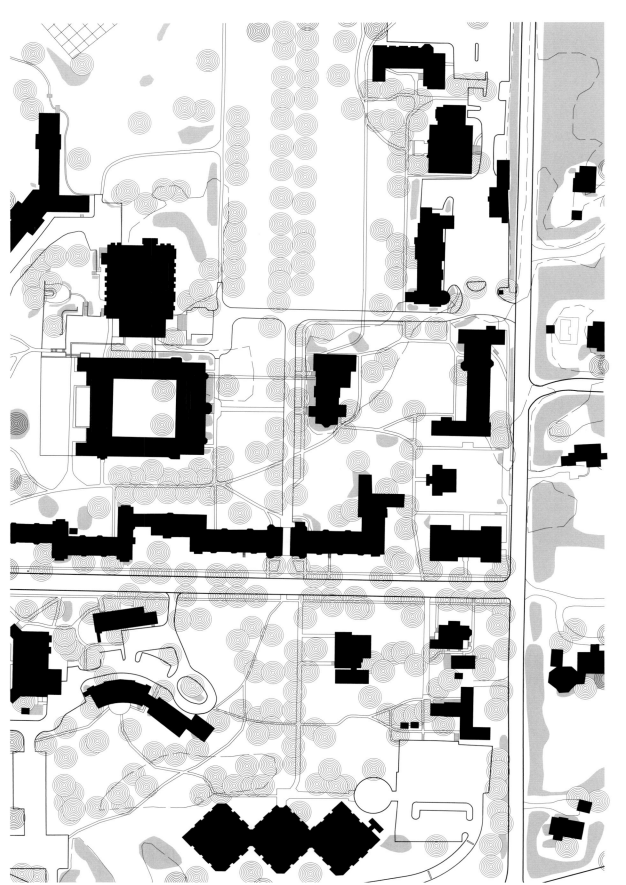

Pennsylvania, fragment van de Bryn Mawr Campus
Bryn Mawr campus between Erdman Hall and Merion Hall

Bryn Mawr Campus tussen Erdman Hall en Merion Hall
Bryn Mawr campus between Erdman Hall and Merion Hall

New Haven, Yale University, Morse and Stiles Colleges

Cambridge, Gonville and Caius College, Harvey Court

inzicht in de problematiek, en in de mogelijkheden van de belangrijke opgaven op dit moment met betrekking tot de huisvesting van studenten. De openheid en onbegrensdheid van het historische campusmodel legt de tekortkomingen van veel na de Tweede Wereldoorlog gebouwde 'campussen' op directe wijze bloot. Veel van deze universiteitscampussen zijn enclaves buiten de stad, niet gekenmerkt door verbinding en openheid, maar door isolement en gebrek aan menging tussen stad en academische wereld. De grootschalige vernieuwing van deze campussen die op dit moment in Nederland en daarbuiten plaatsvindt, zal hier op moeten inspelen. Het toevoegen van nieuwe functies, zoals de bij de aanleg 'vergeten' huisvesting voor studenten, is niet voldoende. De verbinding met de stad in ruimtelijke en programmatische zin is cruciaal om de gebieden nieuw, of op zijn minst meer leven in te blazen.

Bij de opgave om in de bestaande stad meer studentenhuisvesting te maken, komen ook andere vraagstukken naar voren. Nieuwe concentraties van studenten worden vaak gezien als bedreiging door de confrontatie van verschillende leefpatronen, naast de meer algemene vrees van omwonenden voor de gevolgen van verdichting voor gebruik en waarde van de publieke ruimte. Het collegemodel biedt een rijke reeks mogelijkheden om verschillende groepen stadsbewoners, studenten en niet-studenten, in een compacte structuur naast elkaar te laten wonen. Dit model introduceert tussenruimten, die afgesloten, en tegelijkertijd verbonden zijn met de omgeving. Het collegemodel voegt ruimte toe aan de stad en verrijkt haar door het maken van nieuwe verbindingen.

Als oppervlakkig etiket zijn de begrippen campus en college van weinig waarde, als helder beschreven ruimtelijk model en voorbeeld des te meer.

this densification will affect the use and value of public space. The college model provides a rich set of possibilities to allow different groups of city residents – students and non-students – to live alongside each other in a compact structure. This model introduces intermediate spaces, which are at once closed off and yet still connected to the surroundings. The college model adds space to the city, and also enriches it by making new connections.

As superficial labels, the concepts of campus and college are of little value. But as clearly described spatial models and examples, their value is all the greater.

Noten

1 Kerstin Hoeger en Kees Christiaanse (red.), *Campus and the City* (Zurich: GTA Verlag ETH, 2007).
2 Voor de beschrijving en tekeningen is gebruikt gemaakt van: Royal Commission on the historical Monuments of England, *An Inventory of the Historical Monuments in the City of Cambridge*, 2e druk (Londen: Her Majesty's Stationery Office, 1988). Nikolaus Pevsner, *The Buildings of England, Cambridgeshire*, 2e druk (Londen: Penguin Books, 1970).
3 Voor de beschrijving en tekeningen is gebruikt gemaakt van: Royal Commission on the historical Monuments of England, *An Inventory of the Historical Monuments in the City of Oxford* (Londen: Her Majesty's Stationery Office, 1939). Jennifer Sherwood en Nikolaus Pevsner, *The Buildings of England, Oxfordshire*, (Londen: Penguin Books, 1974).
4 Kenneth Powell, *Powell & Moya* (Londen: The Twentieth Century Society, RIBA Publishing, 2009).
5 Elain Harwood, Alan Powers en Otto Saumarez Smith, *Oxford and Cambridge* (Londen: The Twentieth Century Society, 2013).
6 R.W. Liscombe, *William Wilkins 1778-1839* (Cambridge, MA: Cambridge University Press, 1980).
7 Richard Guy Wilson (red.), *Thomas Jefferson's Academical Village* (Charlottesville, VA: University Press of Virginia, 1993).
8 Michael Dennis, *Court & Garden* (Cambridge, MA: MIT Press, 1986).
9 Charles E. Beveridge en Paul Rocheleau, *Frederick Law Olmsted* (New York, NY: Rizzoli, 1995).
10 Joseph Rykwert, *Louis Kahn* (New York, NY: Harry N. Abrams Inc., 2001).
11 In het onvoltooid gebleven manuscript over *Townscape* van Nikolaus Pevsner worden New College Lane en High Street in Oxford uitgebreid beschreven als voorbeeld van *visual planning* en *townscape* avant-la-lettre. Nikolaus Pevsner, *Visual Planning and the Picturesque*, red. Mathew Aitchison (Los Angeles, CA: Getty Publications, 2010).
12 Peter Smithson, 'Oxford and Cambridge Walks', *Architectural Design*, jrg. 46 (1976) nr. 6, 331-355.
13 Antonio Roman, *Eero Saarinen, an Architecture of Multiplicity* (Londen: Laurence King Publishers, 2002).
14 Roger Stonehouse, *Colin St John Wilson, Buildings and Projects* (Londen: Black Dog Publishing, 2007).

Notes

1 Kerstin Hoeger and Kees Christiaanse (eds.), *Campus and the City* (Zurich: GTA Verlag ETH, 2007).
2 For the description and the drawings, use was made of: Royal Commission on the Historical Monuments of England, *An Inventory of the Historical Monuments in the City of Cambridge* (London: Her Majesty's Stationery Office, second impression, 1988). Nikolaus Pevsner, *The Buildings of England, Cambridgeshire*, 2nd edition (London: Penguin Books, 1970).
3 For the description and the drawings, use was made of: Royal Commission on the Historical Monuments of England, *An Inventory of the Historical Monuments in the City of Oxford* (London: Her Majesty's Stationery Office, 1939). Jennifer Sherwood and Nikolaus Pevsner, *The Buildings of England, Oxfordshire* (London: Penguin Books, 1974).
4 Kenneth Powell, *Powell & Moya* (London: The Twentieth Century Society, RIBA Publishing, 2009).
5 Elain Harwood, Alan Powers and Otto Saumarez Smith, *Oxford and Cambridge* (London: The Twentieth Century Society, 2013).
6 R.W. Liscombe, *William Wilkins 1778-1839* (Cambridge, MA: Cambridge University Press, 1980).
7 Richard Guy Wilson (ed.), *Thomas Jefferson's Academical Village* (Charlottesville, VA: University Press of Virginia, 1993).
8 Michael Dennis, *Court & Garden* (Cambridge, MA: MIT Press, 1986).
9 Charles E. Beveridge and Paul Rocheleau, *Frederick Law Olmsted* (New York: Rizzoli, 1995).
10 Joseph Rykwert, *Louis Kahn* (New York: Harry N. Abrams Inc., 2001).
11 In Nikalaus Pevsner's uncompleted manuscript about townscape, New College Lane and High Street in Oxford were extensively described as examples of visual planning and townscape avant la lettre. Nikolaus Pevsner, *Visual Planning and the Picturesque*, ed. Mathew Aitchison (Los Angeles: Getty Publications, 2010).
12 Peter Smithson, 'Oxford and Cambridge Walks', *Architectural Design*, vol. XLVI (1976) no. 6, 331-355.
13 Antonio Roman, *Eero Saarinen, an Architecture of Multiplicity* (London: Laurence King Publishers, 2002).
14 Roger Stonehouse, *Colin St John Wilson, Buildings and Projects* (London: Black Dog Publishing, 2007).

'Op naar de generieke opgave'
'On to the Generic Assignment'

Pierijn van der Putt

Interview met/with **Niek Verdonk** en/and **Marlies Rohmer**

Studeren in Groningen. Studentenhuis: Luca Ronner (18), student communicatie
Studying in Groningen. Shared student's home: Luca Ronner (18), communications student

Studentenhuis: Tim Bronsveld (24), student grafische vormgeving
Shared student's home: Tim Bronsveld (24), graphic design student

Gedeelde benedenwoning: Gerben Scharft (22), student sociologie
Shared ground-floor dwelling: Gerben Scharft (22), sociology student

Wooncontainer: Sythe Veenje (21), student grafische vormgeving
Container dwelling: Sythe Veenje (21), graphic design student

A number of cities in the Netherlands are struggling with a shortage of housing for students. As a result, student housing is one of the few residential building assignments still being taken on in the present economic climate. This is also the case with Groningen, where in 2010 an ambitious programme was started for the development of 4,500 student units by the year 2015. Called bouw*j*ong!, the programme has been underway for some years now and it offers insight into the possibilities and impossibilities of carrying out such an assignment at the present juncture. In a compilation of two separate interviews, one with Groningen City Architect Niek Verdonk, initiator of bouw*j*ong!, and one with architect Marlies Rohmer, who is both a curator and an inspirational guide for the project, Verdonk and Rohmer shed light on the strong points of the assignment, the importance of young people's housing for the city and the effect that the present crisis has on the issue of housing for young people.[1]

Why is the young people's housing assignment especially relevant for Groningen?

Niek Verdonk: Our young people's housing problem is in fact a student-housing problem. The number of students at both the Rijksuniversiteit Groningen and the Hanzehogeschool and several large regional training centres is growing every year. Out of the city's 200,000 inhabitants, more than 50,000 are students, in other words, over a quarter. You'd think this group would largely determine the look of Groningen, but that has not actually been the case until just recently. The University of Groningen does not have dormitories on its campus and there are hardly any blocks of student flats in town.

Traditionally, students in Groningen have been housed in the pre-war neighbourhoods of the city. That led to the typical Groningen situation that students and 'city folk' simply live next to each other in the inner city.

So what's the problem, then?

NV: Recently, students have also started living in the post-war districts and this creates quite a bit of tension in these typically family neighbourhoods: living on the same street as students is often nice, but it can also be detrimental to an area's liveability. In the pre-war neighbourhoods, for example, the great pressure on housing has led to high rents and increasing annoyance.

It is also difficult for the city to exert control over the quality of what is on offer. Some of the rental housing is in the hands of private slumlords. They have done a lot of converting and altering of the existing housing stock in order to be able to accommodate such a large number of students in the city. The quality is not always very high, as we can see by the fact that the students themselves are saying they want something better.

Incidentally, because more and more foreign students are coming to Groningen, a cultural shift is also beginning to take place in the student housing problem. Foreign students like to live on a campus, preferably in independent residential units. So there is also a demand for a change in the supply.

The bouwjong! manifestation was started for just such reasons. What does it entail?

NV: We have tried to stimulate the construction of special housing in Groningen more often through a process we call a 'manifestation'. It's a way of putting a topic on the agenda and generating ideas. Under the guidance of an 'inspirator', a person who provides leadership and inspiration, we formulate starting points, select architectural firms and choose locations, for which we then develop plans. The idea is that some of this will also actually be built. The first manifesta-

Dick van Gameren – red.]. Die gingen over woningbouw binnen de grenzen van de stad, want in Groningen gebeurt alles ín de stad. Dat is bij bouwjong! ook zo, al gaat het hier specifiek om jongeren- en studentenhuisvesting. Bijna 5.000 eenheden, waarvoor 30 ontwerpen zijn gemaakt, verspreid over 22 locaties.

Om die nieuwe woningen buiten de binnenstad aantrekkelijk te maken, moeten ze meer kwaliteit bieden dan de huidige studentenkamers. Ze moeten groter zijn en meer comfort bieden. Bovendien moeten het vooral zelfstandige eenheden zijn, want alleen daarvoor kan een student of jongere volgens de huidige regelgeving huurtoeslag krijgen.

Zoals gebruikelijk bij de Groninger woningbouwmanifestaties is er een inspirator aangewezen, een architect die de opgave verder aanscherpt en die thema's aan de orde kan stellen. In het geval van bouwjong! is dat Marlies Rohmer, die als architect al had bijgedragen aan De Intense Stad en die in 2007 het boek *Bouwen voor de Next Generation* publiceerde.[2]

Welke uitgangspunten hanteerde je voor bouwjong!*?*
Marlies Rohmer: Het laatste wat de projecten van bouwjong! moeten zijn, is een afgezonderde wereld. Ik heb het altijd als een belangrijke kwaliteit van gebouwen gezien dat ze een bijdrage leveren aan de stad, aan de plek waar ze staan. Dat geldt zeker ook voor studentenhuisvesting, omdat studenten veel gebruik maken van de stad. Toen ik in Delft studeerde, vond daar een concert van The Nits plaats op de binnenhof van het studentencomplex 'De Krakeelhof'. Toeschouwers gebruikten de buitentrappen als tribune. Ik vind het een grote kwaliteit als een gebouw, op verschillende schaalniveaus, iets terug geeft aan de stad. Dat kan variëren van extra programma tot een plek voor een popconcert.

Hoe ensceneer je zoiets?
MR: We hebben voor bouwjong! de schaalniveaus *Small*, *Medium* en *Large* geïntroduceerd. *Large* gaat over de rol van het gebouw in de stad als geheel, *Medium* gaat over de verbinding met de buurt en *Small* over het gebouw in zijn directe omgeving.
NV: Op het schaalniveau *Medium* komt het typisch Groningse begrip 'parochiale ruimte' terug, die tussen de privésfeer en de openbare ruimte in ligt en functioneert als een 'warmtewisselaar' tussen gebouw en stad.[3]
MR: Een exemplarisch voorbeeld van een gebouw dat zo'n soort ruimte geeft aan de stad is Tietgenkollegiet in Kopenhagen van Lundgaard & Tranberg Arkitekter. Je ziet een dergelijke verankering ook in de typologie van de Engelse colleges.

Het gebouw moet in verbinding staan met het maaiveld, zodat er ontmoetingen kunnen plaatsvinden tussen bewoners onderling, maar ook tussen bewoners en omwonenden. Dat betekent dat er woningen op de begane grond moeten zijn én dat er geen gesloten borstweringen rond de buitenruimte mogen worden gemaakt: vanuit deze woningen moet je de collectieve buitenruimte direct kunnen betreden. Dat is ook het probleem met veel van die opportunistische drielaagse containerprojecten die je tegenwoordig veel ziet. Daar wordt nauwelijks stedenbouw mee bedreven.

Je had al ervaring met het maken van studentenhuisvesting. Welke eerder opgedane kennis kon je toepassen bij bouwjong!*?*
MR: Het gebouw van binnen, daar heb je niet zoveel vat op. Door de strenge eisen die beheerders opleggen aan de nieuwe generatie studentenwoongebouwen wordt de spontane 'studentikoze rotzooi' belet en wordt bezuinigd op vierkante meters gang en collectieve ruimte. De overmaat is weg. Het

tions were called 'De Intense Stad' (The Intense City) [2003-2004, inspirator: Winy Maas – ed.] and 'Intense Laagbouw' (Intense Low-Rise) [2008-2009, inspirator: Dick van Gameren – ed.]. They focussed on housing within the city limits, because in Groningen everything happens inside the city. That's also true of bouwjong!, although this programme specifically focuses on housing for young people and students: almost 5,000 units, for which 30 designs have been made, spread out over 22 locations.

In order for this new housing outside the inner city to be attractive, it has to be of a better quality than the present student rooms. It has to be bigger and be more comfortable. Moreover, most of the units have to be independent, because that's the only type of housing for which a student or young person can receive a rent subsidy under the current regulations.

The customary practice for Groningen housing manifestations is to designate an inspirator, an architect who sharpens the assignment further and who can present certain themes. In the case of bouwjong! this was Marlies Rohmer, who had already contributed to The Intense City manifestation as an architect and who had published the book *Building for the Next Generation* in 2007.[2]

Marlies, what were your points of departure for bouwjong!?
Marlies Rohmer: An isolated world is the last thing that any bouwjong! project should turn into. I have always felt that one of the important qualities of buildings is that they contribute to the city, to the place where they are located. That certainly also applies to student housing, because students take great advantage of what the city has to offer. When I was studying in Delft, The Nits gave a concert in the courtyard of the 'Krakeelhof' student complex. Spectators used the external stairwells as a grandstand. I think it's great when a building can give something back to the city on a variety of levels. This can be anything from extra facilities to a place for a pop concert.

How do you set up something like that?
MR: For bouwjong! we introduced three levels of scale: Small, Medium and Large. 'Large' is about the building's role in the city as a whole, 'Medium' is about its connection with the neighbourhood and 'Small' is about the building in its immediate surroundings.
NV: On the Medium Scale, you have the typical Groningen concept of 'parochial space', which lies between the private sphere and public space and functions as a 'heat exchanger' between the building and the city.[3]
MR: A good example of a structure that gives that kind of space to the city is the Tietgenkollegiet building in Copenhagen by Lundgaard & Tranberg Arkitekter. You see a similar rootedness in the typology of the English college.

A building should have a connection with the ground level, so that encounters can take place not only between the residents but also between the residents and the people who live around them. This means that there should be dwellings on the ground floor but also that the outdoor space should not be surrounded by a closed balustrade: from these dwellings, you should be able to walk directly into the communal outdoor space. That's the problem with many of the opportunistic three-level container projects that you see a lot of nowadays. There's almost no question of urban design with such projects.

You had already had experience with making student housing. What previously gained knowledge were you able to apply to bouwjong!?

Publicatie *bouwjong! woningbouw voor jongeren*

bouwjong! woningbouw voor jongeren Publication on housing for young people

Tietgenkollegiet, Kopenhagen; collectieve binnenhof, door poorten verbonden met de stad (Lundgaard & Tranberg Arkitekter, 2006)

Tietgenkollegiet, Copenhagen; communal courtyard with gateways opening onto the city (Lundgaard & Tranberg Arkitekter, 2006)

Smarties ('Casa Confetti'), De Uithof, Utrecht; op een schommel wachten op de bus in collectief entreegebied (architectenbureau Marlies Rohmer, 2009)

Smarties ('Casa Confetti'), De Uithof, Utrecht; sitting on a swing in the communal entrance area, waiting for the bus (architectenbureau Marlies Rohmer, 2009)

Westereindflat, Amsterdam-West (Jan Rietveld, 1957)

Standaardverdieping met brede, ondiepe appartementen, variërend van 30 (standaard, midden) tot 48 m² (op koppen en naast kop links)

Typical floor with wide, shallow apartments, varying from 30 m² (standard, centre of plan) to 48 m² (rear ends and adjacent to left rear end)

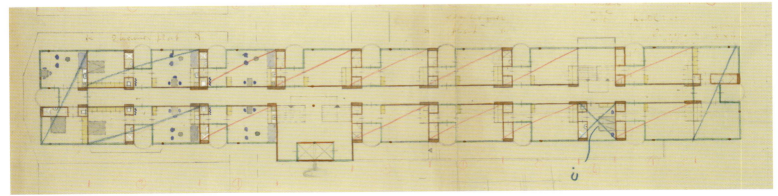

zit 'm nu dus heel erg in de details die het ontwerp, ondanks de opgelegde beheer- en onderhoudseisen, tóch nog aantrekkelijk kunnen maken.

Als ik nu in Utrecht mijn project 'Smarties' bezoek [door studenten 'Casa Confetti' genoemd – red.] dan vind ik mezelf behoorlijk naïef. De schommelbank bij de hoofdingang wordt veel gebruikt, maar de collectieve ruimten zoals de brede gangen in het gebouw veel minder. Dat komt doordat het beheer van het gebouw heel andere wetten kent dan die van de architectuur. Bewoners hebben zo'n key card waarmee ze naar binnen kunnen, maar dan alleen naar hun eigen verdieping. Glazen vloerplaten maken het wel mogelijk om dwars door het gebouw te kijken, maar even een praatje maken met de bovenbuurman is dus niet mogelijk. Zo zie je dat beheer en onderhoud in belangrijke mate bepalen wat er mogelijk en onmogelijk is.

Over regelgeving gesproken: Niek Verdonk gaf aan dat de huurtoeslagregels er toe leiden dat er voornamelijk zelfstandige wooneenheden worden gevraagd, dus woningen met een eigen keuken en badkamer. In de drie schaalniveaus van bouwjong! *(Large, Medium, Small) komt de individuele woningplattegrond – schaalniveau Micro zeg maar – echter niet terug. Waarom niet?*

MR: Het gaat bij studentenhuisvesting meer om de aansluiting met de stad dan om de afzonderlijke wooneenheden. De typologie van de studentenkamer is feitelijk die van de hotelkamer: een kern op regelmatige afstanden, geen dragende tussenwanden. Het zijn cellen en daar is niets mis mee! Als je cellen slim schakelt, kun je heel bruikbare en flexibele woningen realiseren. Kijk maar naar het appartementencomplex 'Westereind' van Jan Rietveld in Amsterdam-West [uit 1957 – red.]. Die flat heeft een middengang met daaraan geschakeld kleine appartementen van iets meer dan 30 m². De cellen zijn 90 graden gedraaid ten opzichte van de gangbare 'diepe' wooneenheden, waardoor de bruto/netto verhouding niet zo gunstig is, maar er in die langsgeoriënteerde appartementen wel ruimte is voor dat extra kamertje.

Eerdere manifestaties hebben de nodige bouwactiviteit gegenereerd. Is dat bij bouwjong! *ook het geval?*

NV: Er zijn nu 1.600 woningen gerealiseerd van de beoogde 4.500. Bouwjong! is in het mes van de crisis gevallen. Corporaties zijn in Groningen traditioneel heel actief, maar ze kunnen op dit moment door de economische malaise geen grootschalige projecten meer ontwikkelen. Een project als dat van DAAD wordt wel uitgevoerd, maar in afgeslankte vorm vergeleken met het oorspronkelijke ontwerp.[4]

Maar we zien wel een nieuwe, onverwachte ontwikkeling, namelijk dat er zich particulieren melden die wel in het gat willen springen dat de corporaties laten vallen. Het zijn particulieren die geld hebben verdiend in andere sectoren en die naar nieuwe investeringsmogelijkheden op zoek zijn.

MR: Dat sluit ook aan bij het gegeven dat jongerenhuisvesting ook heel geschikt is voor kleine open gaten in het stedelijk weefsel.

NV: Ik kijk met grote interesse naar deze ontwikkelingen, maar ook met de nodige bezorgdheid. In het begin dacht ik wel: moeten we dat wel doen? Wij hebben met bouwjong! veel ambities op het niveau van stedenbouw en de corporaties waren daarin een soort bondgenoten. Dat ligt met die nieuwe ontwikkelaars natuurlijk veel moeilijker. Zij brengen hun eigen architecten mee – degelijke architecten hoor, maar wel onervaren – die dan plotseling hoogbouw gaan maken. We zullen dus flink ons best moeten doen om de uitgangspunten van bouwjong! overeind te houden.

MR: You don't have that much control over the interior of the building. As a result of the strict requirements that lawmakers have imposed on the new generation of student residential buildings in order to prevent spontaneous 'student hell raising', the number of square metres allotted to hallways and communal space is lower. The excess is gone. So now, it very much comes down to how the details can make the design attractive, despite all the administrative and maintenance requirements that have been imposed.

When I look back at my project in Utrecht, 'Smarties' [called 'Casa Confetti' by the students – ed.] I consider myself pretty naïve. The bench swing at the main entrance is used a lot, but the communal spaces in the building, like the wide corridors, are used much less. That's because the building administrators maintain a totally different set of rules than architects do. The residents each have a key card that gives them access only to their own floor. It is possible to look straight through the building by means of the glass floor plates, but having a chat with the upstairs neighbour is not. So you can see that administration and maintenance have a major influence on determining what is possible and impossible.

Speaking of regulations: Niek Verdonk declared that current rent subsidy regulations have led to a demand for mainly independent residential units, in other words units with a self-contained kitchen and bathroom. In bouwjong!'s *three levels of scale (Large, Medium, Small), however, there is no individual housing plan – the Micro level, let's say. Why not?*

MR: With student housing, the connection with the city is more important than the individual residential units. The typology of the student room is in fact the same as that of the hotel room: a core unit at regular intervals, no supporting partition walls. They are cells, and there's nothing wrong with that! If you link cells cleverly, you can make very usable and flexible dwellings. Just look at the 'Westereind' apartment complex by Jan Rietveld in Amsterdam-West [from 1957 – eds.]. That has a central corridor with small apartments of a little over 30 m² linked along it. The cells are turned 90° compared to the usual 'deep' residential units, so that the gross/net ratio is not so favourable, but in these lengthwise-oriented apartments, there is space for a small additional room.

Previous manifestations have generated the requisite construction activity. Is that also the case with bouwjong!?

NV: Of the proposed 4,500 units, 1,600 have now been completed. Bouwjong! has felt the effect of cutbacks due to the crisis. The housing corporations have traditionally been very active in Groningen, but right now, they can't develop any more large-scale projects because of the economic malaise. A project like the one by DAAD can still be carried out, but in a trimmed-down form compared to the original design.[4]

However, we do see a new, unexpected development, namely the advent of private parties who want to jump into the gap left by the corporations. These are people who have earned money in other sectors and are looking for new investment possibilities.

MR: That also ties in with the fact that housing for young people is also very suitable for small open holes in the urban fabric.

NV: I have been following these developments with great interest but also due concern. I must admit that at first I thought: 'Should we really be doing this?' We have a lot of ambitions for bouwjong! on the urban design level, and the corporations were a kind of ally in that regard. That's much

Los van bouwjong! *en de crisis: wat is de toekomst van de studentenhuisvestingsopgave?*

MR: We gaan weer terug naar de HAT-eenheden.[5] Of beter nog: een generiek casco waarin verschillende typen mogelijk zijn. Dat casco kan op sommige plekken ook juist specifiek zijn, waardoor het identiteit krijgt. In de projecten van bouw*jong!* hebben we dat geprobeerd. Ze moeten allerlei gebruikspatronen kunnen verdragen, zodat je er bijvoorbeeld kunt blijven wonen als je afgestudeerd bent of zodat je er een bedrijfsruimte in kunt onderbrengen, als je tijdens je studie een onderneming begint. Denk aan vrij indeelbare plattegronden door een kolommenstructuur of dragende gevels. Ik vind trouwens dat elke woning ten minste een Frans balkon of een 'tea for two-balkonnetje' moet hebben, als individuele buitenruimte.

De vraag is niet alleen wat het gebouw met de context doet, maar ook wat de context met het gebouw doet. Die 'old school' collectiviteit van gemeenschappelijke ruimten, brede gangen en andere ontmoetingsplekken wordt vervangen door de 'digitale collectiviteit' van de 'next generation': bewoners van het GAK-gebouw in Amsterdam-West gebruiken een wasmachine-app om te kijken of er een wasmachine vrij is. Je ziet daar ook dat de 'volgende generatie' veel breder is in leeftijdsopbouw dan voorheen. Het GAK-gebouw wordt gezien als 'jongerenhuisvesting' met eenheden van 28 m², maar behalve studenten en werkende jongeren vinden ook alleenstaande veertigers hier hun plek. 'Pied à terre'-achtige woningen vormen een kwaliteit! Ook Living Apart Together is mogelijk, en bij twee eenheden naast elkaar kun je de tussenwand eruit halen of er een deur inzetten. Op naar de generieke opgave dus!

Marlies, apart from bouwjong! and the crisis, what is the future of the student housing assignment?

MR: We are going back to the so-called HAT-units.[5] Or better yet, a generic semi-finished dwelling in which various types are possible. At some spots, this semi-finished framework can also be specific, so that it gains an identity. We have tried this in the bouwjong! projects. They have to be able to support all sorts of user patterns, so that you can for instance keep living there after you have graduated or so that you can accommodate a business space in your home if you start an enterprise during your studies. Think of freely divisible floor plans thanks to a column structure or supporting outer walls. For that matter, I also think that each dwelling should have at least a French balcony or a 'tea for two' balcony as an individual outdoor space.

The question is not only what the building does with the context but also what the context does with the building. The 'old school' collectiveness of communal spaces and wide corridors and other meeting places is being replaced by the 'digital' collectiveness of the next generation: residents of the GAK-building in Amsterdam-West use a washing machine app to see if a machine is available. There, you also see that the 'next generation' is much broader in terms of age than previously. With units of 28 m², the GAK-building is considered 'housing for young people', but besides students and working youths, single people in their forties also call it home. *Pied á terre*-like housing has a certain quality! 'Living apart together' is also possible, and with two adjoining units, you can break out the separating wall or put a door in it. So, on to the generic assignment!

Noten

1
Marlies Rohmer en de Leerstoel Architectuur en Woningontwerp van de faculteit Bouwkunde, TU Delft hebben in opdracht van de gemeente Groningen, dienst RO/EZ, voor bouw*jong!* in 2010 een inspiratieboek gemaakt voor architecten, opdrachtgevers en initiatiefnemers. Na afloop van de manifestatie zijn de inhoud van dit boek en de resultaten van bouw*jong!* gebundeld in de publicatie bouw*jong!* Zie: René Asschert et al., *bouwjong! woningbouw voor jongeren* (Groningen: Platform G.R.A.S., 2012).
2
Marlies Rohmer, *Bouwen voor de Next Generation* (Rotterdam: NAi Uitgevers, 2007).
3
Geïntroduceerd door voormalig stadsarchitect Maarten Schmitt (1973-1998).
4
Als onderdeel van de manifestatie bouw*jong!* heeft DAAD Architecten uit Beilen een studie verricht naar negen modulaire bouwsystemen: DAAD Architecten, 'Een onderzoek naar modulaire bouwsystemen' in: René Asschert et al., *bouwjong! woningbouw voor jongeren* (Groningen: Platform G.R.A.S., 2012), 175-187. Vervolgens heeft DAAD i.s.m. Hibex, prefabbeton producent, in opdracht van woningcorporatie De Huismeesters, een ontwerp ('de Blok) gemaakt voor de locatie binnenterrein-KPN aan het Hoendiep. Onderzocht werd hoe met modulaire elementen interessante stedenbouwkundige ruimtes gemaakt kunnen worden. Dit project zal in de loop van 2014 worden uitgevoerd.
5
HAT-eenheid: woning met een woonkamer, kleine slaapkamer en badkamer met ruimte voor een wasmachine. Genoemd in de nota 'Huisvesting voor Alleenstaanden en Tweepersoonshuishoudens', in 1975 gelanceerd door staatssecretaris van Volkshuisvesting Marcel van Dam. Ook Van Dam-eenheid genoemd. Op basis van een subsidieregeling zijn er tussen 1975-1985 in Nederland ca. 77.000 HAT-eenheden gebouwd.

Notes

1
In 2010, on commission from the Department of City Planning and Economic Affairs (dienst RO/EZ) of the City of Groningen, Marlies Rohmer and the Chair of Architecture and Dwelling at the Faculty of Architecture, Delft University of Technology, made an inspirational book within the framework of bouwjong! for architects, clients and initiators. After the manifestation was over, the contents of this book and the results of bouwjong! were combined in the publication *bouwjong! woningbouw voor jongeren* (bouwjong! Housing for Young People), René Asschert, Erik Dorsman, Dick van Gameren, Paul Kuitenbrouwer, Marlies Rohmer, Peter Michiel Schaap and Niek Verdonk (Groningen: Platform G.R.A.S., 2012).
2
Marlies Rohmer, *Building for the Next Generation* (Rotterdam: NAi Publishers, 2007).
3
Introduced by former City Architect Maarten Schmitt (1973-1998).
4
As part of the bouwjong! manifestation, DAAD Architecten from Beilen did a study on nine modular building systems: DAAD Architecten, 'Een onderzoek naar modulaire bouwsystemen' in: Asschert et. al, *bouwjong!*, op. cit. (note 1), 175-187. After that, DAAD was commissioned by the Huismeesters housing corporation to make a design called 'de Blok' (in collaboration with Hibex, producer of prefab concrete) for the inner courtyard of the site formerly owned by KPN at Hoendiep, in which they investigated how interesting urban design spaces can be made with modular elements. This project will be carried out in the course of 2014.
5
HAT unit: dwelling with a living room, a small bedroom and a bathroom with space for a washing machine. Named after the memorandum 'Huisvesting voor Alleenstaanden en Tweepersoonshuishoudens' (Housing for Single- and Two-Person Households) launched in 1975 by Minister for Housing Marcel van Dam. Also called a 'Van Dam unit'. Between 1975 and 1985, approximately 77,000 HAT units were built in the Netherlands on the basis of a subsidy scheme.

'Een campus is: waar alles wat je nodig hebt aanwezig is'
'A Campus is: a Place Where Everything You Need is at Hand'

Harald Mooij

Interview met/with André Snippe, ontwikkelaar/developer Campus Diemen Zuid

Campus Diemen Zuid

Wie vóór 2011 vanaf station Diemen-Zuid de wijk Bergwijkpark inliep, net buiten de ring in de zuid-oostelijke agglomeratie van groot-Amsterdam, zag daar de economische crisis ten voeten uit: kantoorgebouwen niet ouder dan 10 tot 40 jaar met meer dan 45 procent leegstand, in een troosteloze omgeving van hekken en lege parkeerplaatsen. Hier opende in september 2013 Campus Diemen Zuid, een studentencampus met 936 appartementen en eigen voorzieningen naar Amerikaans voorbeeld, waarvan het succes nu al een positieve impuls betekent voor de rest van de wijk. Initiatiefnemer is André Snippe, die op een steenworp afstand kantoor houdt. Op het moment van dit gesprek wonen er zo'n 500 studenten op de campus en worden nog elke week nieuwe voorzieningen opgeleverd.

Campus Diemen Zuid is de eerste ontwikkeling van Snippe Projecten ten behoeve van studentenhuisvesting en één van de weinige particuliere initiatieven op dit gebied. Kunt u iets vertellen over uw bedrijf en de motivatie om deze weg in te slaan?
Ik ben in 1989 gestart met bemiddeling en ontwikkeling van vastgoed in Amsterdam. Dat was de tijd dat als je over de grachtengordel liep er 30 tot 40 procent leegstond en stond te verouderen, omdat er al zolang niets meer mee was gedaan. Dat gaf mij de nodige inspiratie om te kijken: wat kunnen we ermee? Ik was een van de eersten die in een oud pakhuis of schoolgebouw woningen begon te maken. Dat is altijd de basis geweest: binnenstedelijke ontwikkeling, complexe zaken.

En ik ging bouwen waar de markt om vraagt: er is sindsdien eigenlijk niets veranderd, want vanaf 1990 tot vandaag aan toe is er in Amsterdam een groot probleem voor starters, mensen die afgestudeerd zijn en tweeverdieners die voor het eerst in hun leven een huis willen kopen. Voor deze groep gingen wij bouwen, kleine betaalbare appartementen vanaf zo'n 50 m². Dat was tegen de stroom in, maar op mijn advertentie in de woonkrant van de Telegraaf kwamen in één weekend 600 reacties. Vanaf dat moment ben ik me gaan concentreren op locatie (het allerbelangrijkste) en daarnaast bereikbaarheid, leuke buurt, openbaar vervoer, de basiswaarden voor prettig wonen. Ik ben architecten opdrachten gaan geven om kleine appartementen te tekenen, met een of maximaal twee slaapkamers, eigen badkamer, open keuken… We zijn klein begonnen, met een gebouw voor 20, 25 appartementen, later ook groter. In de grachtengordel, in de Jordaan, maar ook in De Pijp, waar destijds niemand wilde wonen. De term *Quartier Latin* hebben wij daar geïntroduceerd. En moet je de grachtengordel nu eens zien, een museum! Daar hebben wij ook aan mogen bijdragen.

Binnenstedelijke ontwikkeling voor de particuliere woningmarkt, het klinkt als een succesvolle formule. Waarom bent u daarmee gestopt?
Eind jaren 1990 veranderde de gemeente Amsterdam haar politiek. Wethouder Duco Stadig bedacht dat het Amsterdamse centrum geen 'slaapstad' mocht worden. Gebouwen boven een bepaalde maat mochten niet meer tot woningen verbouwd worden. Ook kregen de gemeente en corporaties voorrang bij de verwerving van school- en universiteitsgebouwen. Die politiek was de nekslag voor projectontwikkelaars, en een flinke dreun voor het particuliere initiatief. Ik ben in Brussel een tweede vestiging begonnen en heb daar een goed bedrijf opgebouwd. Maar mijn hart ligt in Amsterdam.

Hoe komt iemand uit de particuliere koopsector erbij om ineens studentenhuisvester te worden?
De locatie. En de markt. In 2011 kwam ik terug naar

Before 2011, anyone walking from the Diemen-Zuid station into the Bergwijkpark district, just outside the ring road in the south-eastern section of the greater metropolis area of Amsterdam, could clearly see the impact of the economic crisis: office buildings no older than 10 to 40 years that were over 45 per cent vacant, drearily surrounded by barriers and empty parking lots. In September 2013, Campus Diemen Zuid opened here, a student campus in American fashion with 936 apartments and facilities of its own, the success of which is already having a positive influence on the rest of the district. Its initiator is André Snippe, whose office is a stone's throw away. As we speak, some 500 students are already living here on campus and new facilities are being completed every week.

Campus Diemen Zuid is not only Snippe Projecten's first foray into the development of student housing, it is one of the few private initiatives in this sphere. Can you say something about your company and your reasons for going down this road?
I started working as a real estate agent and developer in Amsterdam in 1989. Back then, you could walk around the canal belt and see 30 to 40 per cent of the buildings vacant and becoming run-down because they hadn't been kept up for such a long time. That got me thinking: What can we do with them? I was one of the first to start creating homes in an old warehouse or a school building.

That has always been the basis: inner-city development, complex matters. And I started building what the market was calling for. Nothing has actually changed since then, because from 1990 until this very day Amsterdam has presented a big problem for starters (mostly recent graduates and double-income households), who want to buy a house for the first time in their lives. We began building small, affordable apartments from around 50 m² and up for this group. That was going against the stream, but my ad in the housing section of the *Telegraaf* newspaper got 600 reactions in one weekend. From then on, I concentrated on location – the most important thing of all – and after that accessibility, nice neighbourhood, public transport: the basic values for pleasant living. I commissioned architects to draw up plans for small apartments, one or at most two bedrooms with a private bath, open kitchen. We started out on a small scale, with a building for some 20 to 25 apartments, later we did bigger projects – on the canal belt, in the Jordaan, but also in the De Pijp district, where nobody wanted to live at the time. We introduced the term *Quartier Latin* there. And just look at the canal belt now, it's a museum! I'm happy to say we played a part in that.

Inner-city development for the private housing market sounds like a successful formula. Why did you stop?
In the late 1990s, the City of Amsterdam changed its policy. City Councillor Duco Stadig decided that the centre of Amsterdam should not become a 'bedroom town'. From then on, buildings above a certain size could no longer be turned into residential housing. The municipal government and housing corporations were also given priority when it came to acquiring school and university buildings. That policy was the deathblow for project developers, and a hard knock for private initiative. I began a second office in Brussels and have built up a good business there. But my heart lies in Amsterdam.

How does somebody with a private sector housing background come up with the idea of suddenly becoming a student accommodator
The location. And the market. In 2011, I returned to this country and told my business contacts that I was interested

Nederland en ik informeerde mijn relaties dat ik weer openstond voor projectontwikkeling in Nederland. Ik werd gevraagd om eens mee te kijken naar kantorencomplex 'Diemervijver, en wist niet wat ik zag: vijf-tig-dui-zend vierkante meter leegstaande kantoren, waar nooit meer iemand zou gaan werken. Maar wèl met een treinstation op 10 minuten van Amsterdam, een metroverbinding langs de Wibautstraat met veel universiteitsgebouwen, aan een groen park en met gebouwen die als een campus gegroepeerd stonden; plus 12.000 kamerzoekende studenten. Ik liep daar op een zondagmiddag rond en dacht: dit kan een studentencampus worden.

In 2011 had u de visie, amper twee jaar later gaat de campus open voor studenten. Hoe heeft u dat zo snel voor elkaar gekregen?

Iedereen zag het plan zitten. Als je in deze moeilijke tijd 50.000 m² leegstand uit de markt haalt, dan wordt het iets maatschappelijks. En als je daar een bestemming aan weet te koppelen, die zo'n schot in de roos is… Wat een lef, zei iedereen, maar ook: we doen mee. Aannemer Van Wijnen doet mee als bouwer-ontwikkelaar, de bank wilde graag meedoen om te laten zien dat er ondanks de economische crisis wel degelijk positieve dingen voor de maatschappij gedaan kunnen worden, en de gemeente Diemen had er natuurlijk zelf alle belang bij en heeft vanaf het begin ongelooflijk meegewerkt in het vergunningentraject: in februari 2012 zijn we begonnen, in juni dienden we de plannen in, in december hadden we alle vergunningen en in september 2013 woonden er al meer dan 500 studenten. Dat heb ik nooit eerder meegemaakt.

Studentenkamers in kantoorgebouwen: een gelukkige combinatie?

Het zijn standaard kantoren met modules van 5,4 x 5,4 m aan een middengang. Je kunt er een hotel van maken, of woningen voor senioren, maar ook studentenhuisvesting. In dit geval hebben wij gekozen voor studentenwoningen. Het zijn luxe uitgevoerde appartementen van 27 tot 45 m² met alles erop en eraan: eigen badkamer, eigen keuken, ruime kamer, televisie en internet aansluitingen. We hebben de gebouwen van binnen helemaal gestript en opnieuw ingericht. Ook de gangen zijn strak afgewerkt, met een eigen kleur per verdieping en deuren met een keycard; net als in een hotel.

Heeft die luxe van eigen voorzieningen niet ook een keerzijde? Er zijn geen gezamenlijke keukens of sociale ruimten op de verdiepingen, studenten doen alles achter hun elektronisch vergrendelde deur. Hoort samen eten, tv kijken en feestjes geven niet ook bij het studentenleven?

Dat gebeurt allemaal beneden. De hele plint van alle gebouwen is gevuld met gemeenschappelijke voorzieningen: een koffiezaak, self-service-restaurant, een pizzeria, een wijnbar, een club waar feesten worden georganiseerd… Als je elkaar wilt zien, spreek je daar af. Dat gebeurt in de stad toch ook? Dat is wat ik bedoel met een campus: een plek waar je als student woont en niet meer vandaan hoeft, omdat alles wat je nodig hebt aanwezig is. Er is een volwaardig filiaal van de Albert Heijn, met een op studenten gericht assortiment; een postkantoor waar internetbestellingen worden afgeleverd als je niet thuis bent; een sport- en fitnessruimte, tennisbaan, kapsalon, wasserette… maar ook een politiebureau, een fulltime hospitality desk, een studentenuitzendbureau en een bedrijf voor afstudeerondersteuning. Bij de verkiezingen komt hier zelfs een stembureau. Als je het doet, moet je het wel helemaal doen. Een Amerikaanse campus met alles erop en eraan. In Nederland bestaat zoiets nog niet.

Wat voor studenten kiezen ervoor om hier te gaan wonen?

in developing projects in the Netherlands again. One day I was asked to come along and take a look at Diemervijver, and I couldn't believe my eyes: *50,000 m² of vacant offices that nobody would ever work in again*. But there *was* a train station a ten minutes' ride from Amsterdam, a metro connection to the Wibautstraat where there are many university buildings, a green park and buildings that were grouped like they are on a campus, plus 12,000 students looking for rooms. I walked around there on a Sunday afternoon and thought: This can become a student campus.

You had the idea in 2011 and barely two years later, the campus opened for students. How did you manage to get all of this done so quickly?

Everybody liked the plan. If you take 50,000 m² off the market in these difficult times, it becomes a social thing. And if you combine that with an allocation that is so dead on . . . Everybody said: 'What a lot of guts.' But also: 'Count us in.' The Van Wijnen contractors joined us as builder-developer, the bank was glad to show its willingness to become involved in positive things for society despite the economic crisis, and of course this was in the best interests of the city of Diemen itself, which from the very beginning was incredibly helpful in getting us the permits. We started in February 2012, submitted the plans in June, had all the permits by December, and in September 2013 over 500 students were already living there. I have never experienced anything like it before.

Student rooms in office buildings: A happy combination?

They are standard offices with modules of 5.4 x 5.4 m along a central corridor. You could make a hotel there or homes for the elderly, but also student housing. In this case, we went with student housing. These are luxuriously designed apartments of anywhere from 27 to 45 m² with the whole works: private bathroom, private kitchen, a large room with television and Internet connections. We completely stripped the interiors of the buildings and gave them a new layout. We also streamlined the corridors, with a different colour for each floor and doors with a key card, just like in a hotel.

Isn't there a flipside to the luxury of private kitchen and bathroom facilities? There are no communal kitchens or social rooms on any of the floors; students do everything behind their electronically locked doors. Isn't eating together, watching TV and going to parties also a part of student life?

All of that happens downstairs. The entire plinth of every building is filled with communal facilities: a coffee shop, self-service restaurant, pizzeria, wine bar, a club where parties are thrown . . . When you want to see each other, you meet there. It's what happens in the city too, isn't it? That's what I mean by calling it a campus: a place where you live as a student and don't have to leave anymore, because everything you need is already there. It has a full-sized Albert Heijn supermarket, with an assortment geared to students, a post office where Internet orders are delivered when you are not at home, a sports and fitness hall, tennis court, hairdressing salon, Laundromat . . . but also a police station, a full-time hospitality desk, a student employment agency and a company that helps you graduate. During elections, there is even a polling station here. Everything that goes with an American campus. There hasn't been anything like this before in the Netherlands.

What kind of students choose to live here?

We carried out a classic advertising campaign throughout the country, putting big ads in the regional papers. Everybody said that with this age group you have to attract customers

Plattegronden tweede verdieping en begane grond van gebouw 1 (Vijverstede)
Second floor and ground floor plans of building 1 (Vijverstede)

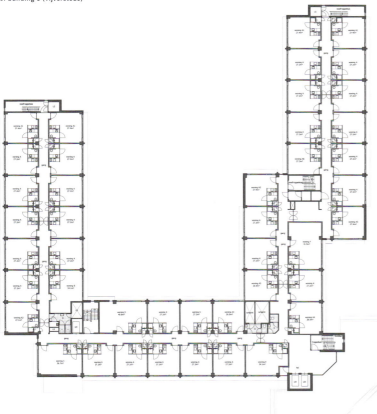

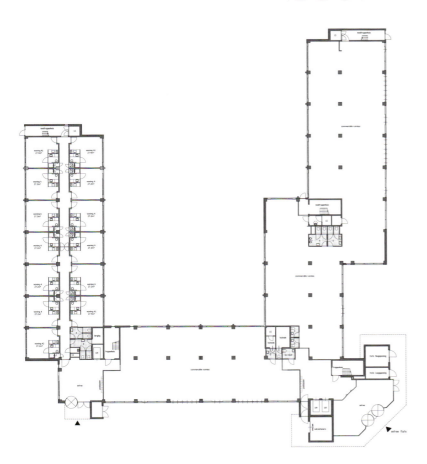

Interieur van een modelwoning, met André Snippe
Interior of a model home, with André Snippe

Gang op een verdieping
Corridor on a floor

Maquettefoto van de campus, gezien naar het noorden
Model of the campus, looking north

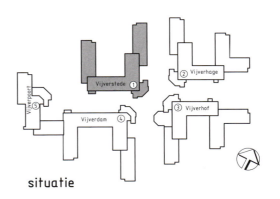

situatie

Grand Café Berlin

Grand Café Together

Fitness Centrum met zicht op de wijnbar
Fitness centre, looking out onto the wine bar

Louffee Coffee & campus-wasserette
Louffee Coffee & campus Laundromat

Kapsalon The Graduates
The Graduates hairdresser

Hospitality desk en politie wijkpost
Hospitality desk and local police station

We hebben door het hele land een klassieke campagne gevoerd, met grote advertenties in de regionale kranten. Iedereen zei dat je voor deze leeftijd via internet zou moeten werven, maar ik wilde juist ook de ouders bereiken. Als hun kind vanuit de provincie in de stad Amsterdam gaat studeren, maken de ouders zich best zorgen. En dan zien ze onze campus, met 24-uurs-bewaking, waar hun kind alles ter beschikking heeft, maar zich ook aan de regels dient te houden: geen vuilnis op de gang, geen overlast. Veiligheid en discipline. Dan zie je die kinderen zelf nog twijfelen, maar zeggen hun ouders: jij gaat hier wonen!

De studenten zelf twijfelen?
Ja, discipline, daar schrikken ze even voor terug. Maar dan zien ze de voordelen en willen ze hier zelf ook wonen. De bewoners krijgen allemaal een campuskaart waarmee ze van alle voorzieningen gebruik kunnen maken. En een campus-app informeert de studenten wanneer er ergens een feestje is, of een aanbieding voor pizza of koffie. Zo hebben we net alle studenten een tegoedbon van 5 euro gegeven, te besteden in de nieuwe koffiebar: want je moet ook de ondernemers hier helpen om iets op te bouwen, zeker in het begin. Zij hebben overigens ook allemaal studenten in dienst, achter de bars en balies en achter de kassa van de Albert Heijn zitten studenten die hier wonen. Voor en door studenten, anders werkt het niet.

In het verleden is in Nederland wel kritiek geweest op grootschalige studentenprojecten aan de rand van de stad, omdat dit studenten te veel zou afzonderen van de maatschappij, in plaats van hen er deel van te laten worden. Dreigt dat gevaar voor deze campus?
Nee, zeker niet. Misschien is dat het geval bij verafgelegen en slecht bereikbare gebieden buiten de stad, waar niets te beleven is. Maar deze campus is met zijn vele voorzieningen en goede trein- en metroverbindingen zelf de maatschappij. Je ziet dat nu ook mensen van omliggende wijken hier beginnen te komen om boodschappen te doen. De winkeliers kunnen de drukte al bijna niet meer aan.

Van oudsher wordt studentenhuisvesting meestal gebouwd en beheerd door woningcorporaties, die vaak ook nog een geschiedenis hebben als Stichting Studentenhuisvesting. U stapt er nieuw in. Waarin verschilt uw aanpak van die van de corporaties?
Het enige wat zij momenteel doen, is het opvullen van gaten met tijdelijke oplossingen. Hier even verderop staat bijvoorbeeld een project, gebouwd met containers. En heb je die gestapelde containerflats naast de Bijlmerbajes gezien: dat is toch geen omgeving voor mensen om te wonen? Het gaat mij, net als bij mijn eerdere projecten, om het maken van iets dat goed is, met kwaliteit, warmte en sfeer. Daarom hebben we ook de openbare ruimte helemaal opnieuw laten inrichten, met nieuwe bestrating, meubilair en groen; inclusief het deel onder het station, terwijl wij geen eigenaar zijn van dit terrein. Maar het maakt het geheel wel af. Zodat een student uit de trein stapt en het gevoel heeft: ik ben weer thuis.

U bent groot geworden met de transformatie van gebouwen en verkoop van woningen. Als de campus straks af is, wilt u deze dan ook in zijn geheel weer verkopen?
Nee, dat is niet het plan. We hebben een afdeling opgezet die de campus beheert, en de administratie en incasso organiseert. Maar ik ben er ook zelf nog elke dag mee bezig, elke dag loop ik hier rond en kijk ik wat er werkt en wat nog beter kan. Dat is zo motiverend. Het is m'n eigen kind geworden.

through the Internet, but I especially wanted to reach the parents too. When their child from the province is going to be studying in the big city of Amsterdam, parents are naturally a little concerned. And then they see an ad for our campus, with its 24-hour security, where their child has everything at hand but also has to abide by the rules: no trash in the corridor, no nuisance. Safety and discipline. The kids themselves will still hesitate, but their parents will say: This is where you're going to live!

The students themselves hesitate?
Yes, the idea of discipline puts them off at first. But then they see the advantages and want to live here themselves. Each resident gets a campus card that enables them to use all of the facilities. And a campus app lets students know when there's a party somewhere, or a special offer for pizza or coffee. For instance, we just gave each student a coupon worth 5 euros that can be redeemed at the new coffee bar, because you also have to help the entrepreneurs here build something up, certainly in the beginning. They all employ students, by the way. Students work behind the bars and counters and at the cash registers in the supermarket – for students and by students, otherwise it doesn't work.

In the past, there has been criticism in the Netherlands about large-scale student projects on the outskirts of the city because this segregates students too much from society instead of allowing them to be a part of it. Isn't there the same danger with this campus?
No, certainly not. That might be true for remote, poorly accessible areas outside the city where nothing goes on, but what with all of its facilities and its good train and metro connections, this campus is actually society itself. You can see that by the way people from the surrounding areas are beginning to come here to do their shopping. It's getting so busy, retailers can barely keep up with it.

Traditionally, student housing has been built and run by housing corporations, which often have a history of operating separate branches specifically for student housing, known as 'Student Housing Foundations'. You are a newcomer to this business. How does your approach differ from that of the corporations?
All they are doing nowadays is filling up holes with temporary solutions. Just a short distance from here, for example, they did a project with containers. And have you seen the stacked container flats next to the Bijlmerbajes prison? Would you call that an environment for people to live in? The main idea for me, just like with my previous projects, is to make something that's good, something with quality, warmth and atmosphere. That's why we also totally refurbished the public space, with new paving, street furniture and greenery, including the part beneath the station, even though we do not own this terrain. But it completes the whole, so that when a student steps off the train, he gets the feeling: 'I'm home.'

You have become big by transforming buildings and selling housing. Once the campus is finished, which it soon will be, do you plan to sell the whole thing?
No, that's not the plan. We have set up a department that runs the campus, collects the money and does the administration. But I am still involved with it myself on a daily basis, I walk around here every day and see what works and what can be improved. It's so motivating. It has become my baby.

Harald Mooij

Vorm vinden voor een vrije geest
Finding Form for a Free Spirit

De Nederlandse studentenhuisvesting als ontwerpopgave
Dutch Student Housing as a Design Brief

Academische boekhandel onder studentenhuis in de Weesperstraat – Amsterdam. H. Hertzberger b.i., architect. Oktober 1961
Academic bookshop under student hall of residence in the Weesperstraat – Amsterdam. H. Hertzberger CE, architect. October 1961

Ondanks de economische crisis tekent zich de afgelopen jaren in Nederland een opvallende stijging af in de nieuwbouw van studentenwoningen. Deze toename wordt allereerst gevoed door de vraag vanuit onder meer het Landelijk Actieplan Studentenhuisvesting, dat in de periode 2011-2016 16.000 nieuwe onderkomens voor studenten wil realiseren.[1] Ook gaan universiteiten door de internationalisering van het hoger onderwijs met elkaar concurreren om met goede faciliteiten en aantrekkelijke huisvesting de beste studenten en onderzoekers aan te trekken. Ten slotte legt juist de crisis de bouw op veel andere terreinen stil, waardoor ook niet eerder betrokken partijen hun oog laten vallen op de nog lucratieve markt voor studentenhuisvesting.

De gerealiseerde complexen ogen van buiten fraai, met aandacht voor materiaalgebruik en detaillering: een groot verschil met de vaak grauwe betonnen kolossen waarmee in de jaren 1970 de kamernood werd bedwongen. Ook binnen is het verschil in materiële luxe opvallend: in plaats van eenvoudige slaapkamers met gedeelde voorzieningen, zijn het nu vooral zelfstandige wooneenheden met eigen keukentje, badkamer en toilet. Deze ontwikkeling sluit aan bij de internationalisering, met vraag naar (en budget voor) zelfstandige en vaak gemeubileerde wooneenheden. Dat het ook *en masse* voor Nederlandse studentenbudgetten financieel mogelijk is, wordt in de hand gewerkt door het systeem van huursubsidie dat wel zelfstandige, maar geen onzelfstandige wooneenheden subsidieert. Kort gezegd: door duurder te bouwen, kan er meer verdiend worden, terwijl de student meer 'luxe' krijgt.

Deze individualisering van de voorzieningen leidt ook tot het verdwijnen van het daarmee verbonden gezamenlijke programma: vervalt de noodzaak tot delen, dan is er vanuit economisch perspectief geen reden om bovendien vaak lastig beheerbare gezamenlijke ruimten te bouwen. Het resultaat is een stapeling van galerijen of gangen met daaraan een eenvoudige repetitie van dezelfde, eencellige wooneenheden. Een gedachte over het sociale leven dat zich in zo'n gebouw zou kunnen ontwikkelen, lijkt soms ver te zoeken.

Dit is misschien wel het grootste verschil met de eerdere projecten uit de Nederlandse traditie, waarin het begrip 'studentenhuis' synoniem stond voor het wonen in kleine woongemeenschappen, met ruimten en faciliteiten waar het dagelijks leven met huisgenoten gedeeld werd. Dit essay gaat terug naar het ontstaan van de studentenhuisvesting als opgave in Nederland en verkent het gedachtegoed dat ten grondslag ligt aan enkele vroege projecten, om daarmee de huidige productie en opgave te belichten.

Uit nood geboren

Een zoektocht naar de oorsprong van de Nederlandse studentenhuisvesting voert terug naar de stad Delft in de jaren vlak na de Tweede Wereldoorlog. Vóór de oorlog woonden studenten in de Nederlandse universiteitssteden veelal 'op kamers' bij een hospita, die kamers van reguliere woningen verhuurden in een gangbare bedrijfstak die 'ploerterij' werd genoemd. Ook werden in enkele gevallen, en vaak in verenigingsverband, hele binnenstadspanden door een groep studenten bewoond, waar de eerste woongemeenschappen van studenten ontstonden.[2]

Omdat veel studenten en docenten in de oorlog weigerden de 'ariërverklaring' te ondertekenen, kwam het universitaire leven tot stilstand en lieten studenten hun kamers onbewoond achter. Toen na de oorlog zowel deze studenten als de jongere generatie de universiteiten weer opzochten, was de bestaande kamervoorraad niet langer toereikend en moest voor het eerst worden nagedacht over andere oplossingen.[3] Vanaf 1945 werden in diverse steden stichtingen ten behoeve

Despite the economic crisis, the past few years have seen a surprising increase in the construction of new student housing in the Netherlands. This has been prompted, first and foremost, by demand from the National Campaign for Student Housing, which wants to realize 16,000 new living units for students in the period 2011-2016.[1] And as a result of the ongoing internationalization of higher education, universities are competing to attract the best students and researchers with high-quality facilities and attractive housing. Finally, the crisis has stopped construction work in many other areas, so that even parties that were not previously involved are now turning towards the still lucrative market for student housing.

The completed developments look nice on the outside, with attention to material and detail – a huge departure from the often grey, concrete hulks built to combat the student housing shortage in the 1970s. The material luxury inside is equally conspicuous: instead of simple bedrooms with shared facilities, most of the units are independently equipped with individual kitchens, bathrooms and toilets. This ties in with the internationalization, with demand (and a corresponding budget) for independent and often furnished units. That these are also within most Dutch student budgets is facilitated by the system of housing allowance that subsidizes independent, but not shared accommodation. In short: by building more expensive accommodation more money can be made while students get more 'luxury'.

This individualization of facilities also leads to the loss of the associated communal programme: as soon as the need for sharing disappears, there is no longer any economic incentive for building communal spaces, which are often difficult to manage. The result is a stack of galleries or corridors with a simple repetition of identical, single-cell living units. Any thoughts about the social life that might be cultivated in such a building are often conspicuously absent.

This may be the biggest difference with the earlier projects in the Dutch tradition, in which the concept of 'student accommodation' was synonymous with living in small communities, where rooms and facilities were shared with housemates. This essay traces the origins of student housing as a design brief in the Netherlands and explores the principles underlying some early projects, in order to throw light on today's design briefs and output.

Born of Necessity

A search for the origins of Dutch student housing takes us to the city of Delft in the immediate post-Second World War years. Prior to the war, students in Dutch university towns tended to board with landladies who rented out rooms in regular dwellings in a line of business commonly known as *ploerterij*. In some cases, especially where student associations were involved, large houses in the centre of town were occupied by groups of students, giving rise to the first residential student communities.[2]

Because many students and lecturers refused to sign the 'Aryan Declaration', university life came to a standstill during the war, with students leaving their rooms unoccupied. When both these students and the younger generation returned to the universities after the war, the existing stock of rooms no longer sufficed, prompting the need for other solutions.[3] From 1945, various cities established student housing associations, which pursued an active policy of fundraising and acquisition of existing large houses to accommodate groups of students.

In Delft, which was already housing the victims of the bombing of Rotterdam in 1940 and those of a major fire in The Hague in 1944, the problem was a lot more acute.[4] Dormitories in university buildings and

van studentenhuisvesting opgericht, die met actief beleid en fondsenwerving bestaande panden aankochten om studenten in groepen tegelijk te huisvesten.

In Delft, dat al opvang verleende aan slachtoffers van het bombardement op Rotterdam in 1940 en van een grote stadsbrand in Den Haag in 1944, was het probleem direct veel groter.[4] Slaapzalen ingericht in universiteitsgebouwen en een actief beroep op de burgerbevolking lenigden de eerste nood, tot in 1949 een meer structurele oplossing werd gevonden in de bouw van een tijdelijk 'studentendorp' aan de Tweemolentjeskade, gebouwd met barakken uit de werkkampen van de Nederlandse Arbeids Dienst, die door het Rijk ter beschikking werden gesteld.

Het 'Duyvelsgat' – genoemd naar een voormalig waterpoortje in de stadswallen van Delft, maar al gauw de geuzennaam van deze nieuwe studentensamenleving – werd een groot succes en een waar laboratorium voor de ontwikkeling van ideeën over studentenhuisvesting. De 11 'paviljoens' van verschillende grootte met in totaal 196 kamers werden in navolging van de traditie van de ploerterij als aparte woonhuizen beschouwd en gesitueerd rond een gezamenlijk veld. Daarnaast waren er vier woningen voor gehuwde studenten, twee beheerderswoningen en een woning voor de conciërge, die tevens een winkeltje met levensmiddelen van winkeliers uit de binnenstad beheerde.

De paviljoens hadden 15 tot 18 kamers aan weerszijden van een middengang met verlaagd plafond, waarboven een bergruimte via luiken vanuit alle kamers toegankelijk was.[5] Bij de entree was een gedeeld toilet, een badkamer met douche, een gemeenschappelijke 'clubkamer' en een klein keukentje voor ontbijt en lunch. Men ging ervan uit dat de avondmaaltijden '(...) zoveel mogelijk in de stad, op de Sociëteiten of in een Mensa gebruikt worden, aangezien een zich opsluiten in eigen huis en een daar samenhokken als een ongezonde toestand moet worden gezien'.[6]

Gestreefd werd naar een variatie aan kamergrootte en type om aan verschillende wensen te voldoen. Ook was het mogelijk om als groep een aantal kamers te huren. Hoewel tijdelijk van aard, werd elke 'woning' voorzien van centrale verwarming en telefoon met aparte bemetering, zodat de verantwoordelijkheid voor beheer en kosten zoveel mogelijk bij de studenten zelf zou liggen. Een vertegenwoordiger per paviljoen onderhield contact met twee oudere student-beheerders, die op hun beurt verantwoording aflegden aan een beheerder van de stichting.[7]

Formulering van de opgave

Ondertussen groeide ondanks de voortschrijdende inspanningen van de diverse lokale stichtingen de kamernood onder studenten, die in steeds grotere getale thuis bleven wonen en 'spoorstudent' werden. Met snel toenemende studentenaantallen in alle universiteitssteden rees het inzicht dat ook permanente nieuwbouw specifiek voor 'de hope des vaderlands' een noodzakelijke opgave werd.[8] De vraag wat voor soort bebouwing daarvoor het meest geschikt was, diende zich steeds dringender aan.

Op basis van de ervaringen met het Duyvelsgat kwam men tot de conclusies dat een student liever geen eigen wastafel op zijn kamer wilde, geen bezwaar had tegen het delen van badkamer en toilet met huisgenoten, liever in gezelschap van anderen zijn ontbijt at dan alleen en dus '(...) een studentenhuis geen flatgebouw moet zijn voor een aantal individuele vrijgezellen maar ingericht dient te worden voor groepsbewoning'.[9] De beoogde groepsgrootte varieerde tussen de tien en achttien studenten per wooneenheid.

Een ander vraagstuk was de financiering, aangezien van meet af

appeals to the civilian population provided some relief until, in 1949, a more structural solution was found in the construction of a temporary 'student village' on Tweemolentjeskade, built with barracks from old labour camps provided by the Dutch state.

'Duyvelsgat' (which translates literally as 'devil's hole') – named after a former water gate in Delft's city walls, but soon the proud nickname of this new student community – was a great success and a veritable laboratory for the development of ideas about student housing. Following the tradition of private lodging, the 11, different-sized 'pavilions' with a total of 196 rooms were conceived of as separate houses and situated around a common. In addition there were four dwellings for married students, two warden's houses and a house for the concierge, who also managed a small shop with food supplied by inner-city shopkeepers.

The pavilions contained 15 to 18 rooms on either side of a central corridor with a lowered ceiling, above which a storage space could be accessed via hatches from all the rooms.[5] Beside the entrance was a shared toilet, a bathroom with shower, a common 'club room' and a small kitchen for breakfast and lunch. It was assumed that evening meals 'will be consumed, where possible, in town, at student societies or in a student canteen, since locking oneself away in one's own home together with others should be seen as an unhealthy situation'.[6]

The aim was to have variation in room size and type to meet individual needs. It was also possible to rent a number of rooms as a group. Although a temporary measure, each 'dwelling' was fitted with central heating and a telephone with a separate meter, so the students themselves would bear most of the responsibility for management and costs. A representative for each pavilion maintained contact with two older student-managers, who in turn were accountable to an association administrator.[7]

Formulating the Brief

Meanwhile, despite the ongoing efforts of various local associations, the student housing shortage worsened, with more and more students living at home and becoming 'commuter students'. With student numbers increasing rapidly in all university towns, the realization grew that permanent new developments aimed specifically at 'the nation's hope' were now needed.[8] The question of what kind of building might be most suitable for this purpose became more and more urgent.

Based on the experiences with Duyvelsgat, it was concluded that a student would rather not have a washbasin in his room, did not object to sharing a bathroom and toilet with housemates, preferred to eat breakfast in the company of others rather than alone and that therefore 'a student house should not be a block of flats for a number of individual bachelors, but ought to be designed for group living'.[9] The intended group size varied from 10 to 18 students per unit.

Another question was financing, because it was clear from the start that given the envisaged low rents the development of student housing would not produce a balanced budget. As such, the first realized project came about as a gift from the state and Delft to mark the fiftieth anniversary of the city's Institute of Technology in 1955. It was initially made up of three blocks of four storeys on Oudraadtweg (1958).[10] A fourth building followed after a generous contribution from Dutch industry, which, through the especially established Central Student Housing Association, was to invest a total of more than 3 million guilders à fond perdu in student housing across the whole of the Netherlands, with money earmarked for both new developments and the acquisition and redesign of existing buildings. They also committed to a 50-50 finance initiative with the government for the so-called 'high up-front costs' of investments in the first newly built student accommodation in Leiden (the

Vorm vinden voor een vrije geest
Finding Form for a Free Spirit

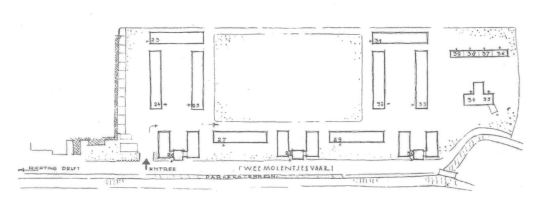

't Duyvelsgat, schets van de stedenbouwkundige opzet in verschillende paviljoens en woningen
't Duyvelsgat, sketch of the urban design plan incorporating various pavilions and houses

't Duyvelsgat, vogelvlucht begin jaren '50; links achterin nr. 31. Het open veld is later volgebouwd met een uitbreiding.
't Duyvelsgat, aerial view early 1950s; behind left nr. 31. The open field was later built over with an extension.

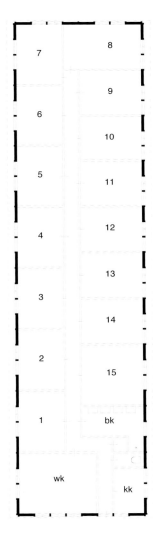

Interieur van een kamer, ca. 1965
Room interior, ca. 1965

Kaft van een brochure over het Duyvelsgat, ca. 1955
Cover of a brochure about Duyvelsgat, ca. 1955

Plattegrond en doorsnede van Duyvelsgat nr. 31, getekend naar memorie door oud-bewoner Chris Scheen en oud-huisgenoten
Floor plan and section of Duyvelsgat nr. 31, drawn from memory by former resident Chris Scheen and former housemates

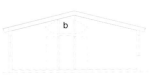

Studenten buiten aan de lunch, ca. 1960
Students having lunch outdoors, ca. 1960

Studentenflats Oudraadtweg (Delft 1958), ontwerp: A.S. Galis, dienst openbare werken gemeente Delft, foto ca. 1960

Student flats Oudraadtweg (Delft 1958), design: A.S. Galis, Public Works office, Delft local authority, photo ca. 1960

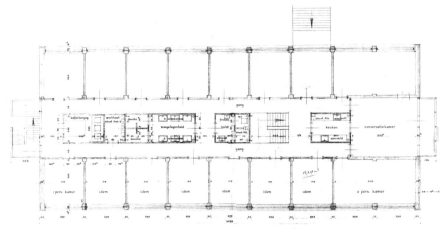

Studentenflats Oudraadtweg (Delft 1958), plattegrond van een verdieping

Student flats Oudraadtweg (Delft 1958), plan of one floor

Sterflat (Leiden 1959), ontwerp: H. Postel, foto ca. 1964
Op de achtergrond drie gebouwen van het eveneens in dit ensemble door Postel ontworpen 2e Haagwegplan (1962)

Sterflat (Leiden 1959), design: H. Postel, photo ca. 1964
In the backround three buildings from this ensemble that were also designed by Postel 2e Haagwegplan (1962)

Sterflat (Leiden 1959)
Plattegrond van een verdieping
Plan of one floor
1 studentenkamer
   student room
2 ontbijtkamer
   breakfast room
3 balkon balcony
4 keuken kitchen
5 wasruimte, douche, wc
   washroom, shower, toilet

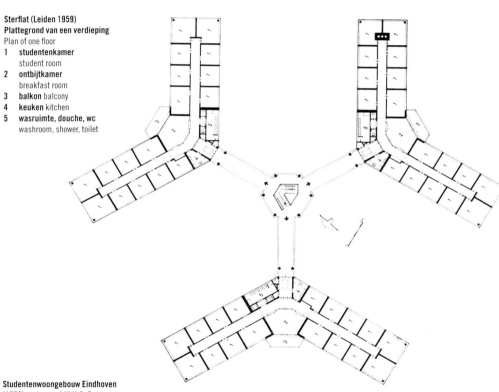

Studentenwoongebouw Eindhoven (1959) Plattegrond van een verdieping

Student hall of residence Eindhoven (1959) Plan of one floor

Studentenwoongebouw Eindhoven (1959), ontwerp: J.W.H.C. Pot en J.F. Pot- Keegstra, foto ca. 1960

Student hall of residence Eindhoven (1959), design: J.W.H.C. Pot and J.F. Pot- Keegstra, photo ca. 1960

aan duidelijk was dat met de beoogde lage huurprijs de ontwikkeling van studentenhuisvesting geen sluitende begroting zou opleveren. Het eerste gerealiseerde project kwam dan ook tot stand als geschenk van de gemeente Delft en de rijksoverheid bij het 50-jarig jubileum van de Technische Hogeschool in 1955, en bestond uit aanvankelijk drie flatgebouwen van vier woonlagen aan de Oudraadtweg (1958).[10] Een vierde gebouw in dezelfde reeks werd mogelijk dankzij een gulle bijdrage van het Nederlandse bedrijfsleven, dat via de daartoe opgerichte Centrale Stichting Studentenhuisvesting in totaal ruim 3 miljoen gulden 'à fonds perdu' zou investeren in de huisvesting van studenten in heel Nederland, zowel voor nieuwbouw als voor verwerving en herinrichting van bestaande panden. Zo financierden zij op 50-50-basis met de rijksoverheid ook de zogenaamde 'onrendabele top' van de investeringen voor de eerste nieuwbouw van studentenwoningen in Leiden (de 'Sterflat', 1959) en Eindhoven (Boutenslaan, 1959).[11]

De plattegronden van de Oudraadtweg, de Sterflat en de Boutenslaan zijn direct terug te voeren op de indeling van de barakken van het Duyvelsgat.[12] We zien een horizontale ordening van eenvoudige zit-slaapkamers aan weerszijden van een middengang, met nabij de entrees een gezamenlijke woonruimte en keuken, gedeelde badkamers en toiletten. De wooneenheden bieden plaats aan respectievelijk 18, 17 en 15 studenten.

Nieuw in alle drie de plannen was de stapeling van deze ordening in verdiepingen, met bijkomende gevolgen voor ontsluiting en entree. Aan de Oudraadtweg in Delft zijn de vier woonlagen per flatgebouw aan elkaar geregen door een inpandig trappenhuis, dat tussen de kamers uitkomt in een verbrede middenzone. Deze biedt over de lengte van de verdieping plaats aan een scala aan gemeenschappelijke voorzieningen met aan weerszijden een gang. Een gemeenschappelijke 'conversatiekamer' is op de kop geplaatst, met een keukentje aan de gangzijde bij de entree en buiten een gezamenlijk balkon. De laatste beuk van de flat is door de conversatiekamer niet vanuit de gang toegankelijk, zodat de naastgelegen hoekkamers met dubbele grootte voor twee personen bedoeld zijn.

Bij de Sterflat in Leiden worden drie gebouwen van elk vijf lagen ontsloten via bruggen van ruim 10 m lengte door één vrijstaand trappenhuis in de open lucht. Ter plaatse van de entrees zijn de gebouwen 60 graden geknikt, zodat de wooneenheid verdeeld wordt in twee kortere gangen van respectievelijk acht en negen kamers. In het midden liggen aan weerszijden van de entreehal een keukentje en wasgelegenheid, in het verlengde van de entree de gemeenschappelijke 'ontbijtkamer' met gedeeld balkon, in de beschutting van de knik naar buiten gericht. De bruggen en trapbordessen aan de binnenzijde zijn royaal van afmeting en dienen ter compensatie van de door stapeling verloren gegane buitenruimte.

In het 'Studentenhuis' aan de Boutenslaan in Eindhoven worden twee afzonderlijke wooneenheden per verdieping gekoppeld door een gezamenlijk trappenhuis met lift, in een gebouw van zes woonlagen met een draaisymmetrische opzet. Direct tegenover de entree ligt fraai overhoeks de gezamenlijke 'ontbijtkeuken', voorbij de middengang waar dankzij een verspringing in het gebouw volop daglicht en uitzicht is. Tussen gang en afzonderlijke kamers bieden inbouwkasten enige privacy. Het verlies aan buitenruimte is hier per afzonderlijke studentenkamer gecompenseerd door kamerbrede loggia's.[13] De gang eindigt in een kleine gemeenschappelijke loggia tussen de besloten slaapvertrekken van twee tweepersoonskamers.

'Sterflat' or 'star flat', 1959) and in Eindhoven (Boutenslaan, 1959).[11]

The plans of Oudraadtweg, the Sterflat and Boutenslaan can be traced back to the layout of the Duyvelsgat barracks.[12] We see a horizontal arrangement of simple study bedrooms on either side of a central corridor, with a communal living room and kitchen as well as shared bathrooms and toilets near the entrance. The units house 18, 17 and 15 students respectively.

New to all three plans was the stacking of this arrangement on several floors, with knock-on effects for access and the entrance zone. At Oudraadtweg in Delft the four storeys of each flat are strung together by an internal stairwell, which opens out onto a widened central zone between the rooms. This central zone accommodates a range of shared facilities across the entire length of the floor with a corridor on either side. A communal 'conversation room' is situated at the head of the building, with a small kitchen beside the corridor by the entrance and a shared balcony outside. Because of the conversation room, the flat's final bay is not accessible from the corridor, so the adjacent double-sized corner rooms are reserved for two roommates.

In the Sterflat in Leiden three buildings of five storeys each can be accessed via bridges of over 10 m long from a single stand-alone open-air stairwell. Right by the entrances the buildings are angled at 60°, so the units are divided into two shorter corridors containing eight and nine rooms respectively. In the middle, on either side of the entrance hall, are a small kitchen and washing facilities, and, straight on from the entrance, the communal 'breakfast room' with its shared balcony sheltered by the angled wings. The generously proportioned bridges and landings on the inside compensate for the outside space lost as a result of the stacking.

In the 'Student House' on Boutenslaan in Eindhoven, a symmetrical six-storey building, two separate group arrangements per floor are linked by a communal stairway with lift. Immediately opposite the entrance and just beyond the central corridor, the communal 'breakfast kitchen' spans the corner and boasts a view and plenty of daylight thanks to the building's staggered design. Built-in wardrobes between the corridor and the individual rooms offer some privacy. Loggias across the entire width of each individual student room compensate for the loss of outside space.[13] The corridor culminates in a small communal loggia between the bedrooms of two double rooms.

Theoretical and Cultural Embeddedness

In the late 1950s, with the first new-build projects recently completed, the debate about the right form of student housing is starting to get serious. Just how active the part played by the student and university community is, is demonstrated by the Netherlands' first international conference on the subject, organized in 1959 by a collective of Delft student associations in collaboration with, among others, the Netherlands Student Council, the Central Student Housing Association and the Ministry of Education, Culture and Science. During an eight-day (!) programme that took place at the student associations in Delft and conference centre Woudenberg in Zeist, contributions from countries including Finland, Sweden, Switzerland, Poland, Germany, France and England helped place the Dutch developments in an international perspective.

It is interesting to see the link established between the approach to housing in the various countries and the historic relationship between student, university and society. The Dutch situation is compared to the one in England where the concept of 'education' not only covers the teaching of scientific disciplines, but also has the connotations of upbringing and character building. This manifests itself in the attention

Theoretische en culturele verankering

Met de net opgeleverde eerste nieuwbouwprojecten barst het debat over de juiste vorm van studentenhuisvesting eind jaren 1950 pas goed los. Hoe actief de studenten- en universitaire gemeenschap daar een rol in spelen, blijkt onder meer uit het eerste internationale seminar over dit onderwerp in Nederland, dat door de gezamenlijke Delftse studentenverenigingen in samenwerking met onder andere de Nederlandse Studenten Raad, de Centrale Stichting Studentenhuisvesting en het ministerie van Onderwijs, Kunsten en Wetenschappen (OKW) in 1959 wordt georganiseerd. In een programma van acht (!) dagen, verdeeld over de studentensociëteiten in Delft en congrescentrum Woudenberg te Zeist, zetten bijdragen uit onder meer Finland, Zweden, Zwitserland, Polen, Duitsland, Frankrijk en Engeland de Nederlandse ontwikkelingen in internationaal perspectief.

Interessant is het verband dat wordt gelegd tussen de manier van huisvesten in de verschillende landen en de historisch gegroeide relatie tussen student, universiteit en maatschappij. Zo wordt de Nederlandse situatie afgezet tegen de Engelse, waar in het begrip *education* niet alleen het onderricht in de wetenschappelijke disciplines, maar ook connotaties van opvoeding en karaktervorming besloten liggen. Dit vertaalt zich in de aandacht voor ook deze aspecten van de academische opleiding, die in het wonen in de Engelse *colleges* gestalte krijgen. In Nederland heeft de student van oudsher een onafhankelijker positie en beperkt de universiteit zich tot een louter wetenschappelijke leermeester; de eveneens belangrijk geachte algemene ontwikkeling wordt aan de student zelf overgelaten.[14] Dat deze vorming wel degelijk ook in Nederland plaatsvindt '(...) moet voor een niet gering deel toegeschreven worden aan dat merkwaardige systeem van zelfopvoeding, dat bij ons het studentenleven heet'.[15]

De vrije en onafhankelijke positie van de student, nog niet gebonden aan de maatschappelijke verantwoordelijkheid van iemand met een baan of gezin, zou de noodzakelijke ruimte bieden om een eigen positie en kritisch beoordelingsvermogen geleidelijk te ontwikkelen, in actief contact met medestudenten en maatschappij.[16] Het is '(...) in deze warwinkel van corpora, met jaarclubs en onderverenigingen, van faculteits- en vakverenigingen, van disputen, studiegezelschappen, -groepen, en –excursies, van besturen en commissies, van vriendschappen, vijandschappen en verzoeningen, van ruzies en feesten, hier is het dat de karakters gesterkt en de geesten geslepen worden, hier groeit begrip en respect voor andermans mening'.[17]

In het verlengde hiervan wordt de Nederlandse studentenhuisvesting voorgesteld als een belangrijke schakel in de bevordering van het studentenleven en de academische vorming: '(…) het [zijn] de kleinere groeperingen, met hun directe, intermenselijke contacten en relaties, die van beslissende invloed zijn op de persoonlijke ontwikkeling en die geestelijk het diepst kunnen boren'.[18] Het onderbrengen van studenten in een gezamenlijk huis wordt gezien als middel tegen vereenzaming, om nieuwe studenten op te vangen in een sociaal vangnet en – ook als zij daar aanvankelijk zelf niet bekend mee waren – te betrekken bij het studentenleven.[19]

Dit zijn breed gedragen overtuigingen in die tijd. Zo wordt ook de royale financiële bijdrage van het bedrijfsleven aan de studentenhuisvesting als volgt gemotiveerd:

Voor vele functies in het bedrijfsleven wordt van de academicus niet in de eerste plaats verlangd dat hij over veel feitenkennis en geleerdheid beschikt, doch dat hij zich van de feitenmassa kan distantiëren, de kern van een probleem kan doorzien en het gezonde

paid to these aspects of the academic degree, which is given concrete shape in life in the English colleges. In the Netherlands students have traditionally been more independent, with the role of universities limited to a purely scholarly one; the students themselves are expected to take care of the equally important general development.[14] This form of education does take place in the Netherlands, which 'can be attributed in no small measure to the peculiar system of self-education known as student life'.[15]

The student's position of freedom and independence, without the social responsibility that comes with a job or family, was thought to offer the necessary scope for the gradual development of both individuality and critical judgement, alongside active engagement with fellow students and society.[16] It is 'in this jumble of student bodies, with fraternities and the like, of faculty and professional associations, debating societies, study groups and excursions, councils and commissions, friendships, hostilities and reconciliations, fights and parties – it is here that characters are strengthened and minds sharpened, that understanding and respect for other people's opinions are fostered'.[17]

Subsequently, Dutch student housing is presented as an important link in the advancement of student life and academic training: 'The smaller groups, with their direct, human contact and relationships have a decisive influence on personal development and tend to have the greatest psychological impact.'[18] Housing students in shared accommodation is seen as an effective remedy against isolation, a way of providing a social safety net for new students and – if they had not been familiar with it before – involving them in student life.[19]

These ideas enjoyed broad support in those days. In fact, industry's generous financial contribution to student housing is motivated as follows:

'For many functions in industry the academic is not expected to have a great deal of factual knowledge and erudition, but the ability to step away from the mass of facts, to recognize the crux of the problem and to let common sense prevail over book learning. Above all, he is expected to organize and manage, to work independently and in a team with others, to express himself properly, both orally and in writing, and to have a degree of *"savoir vivre"*. . . . One of the main conditions for this is that the student lives in the city where he studies so he can participate in what is commonly known as student life.'[20]

A Bigger Scale

In the early 1960s, J.F. Berghoef, professor of architecture at the Delft Institute of Technology, observes that the social cohesion in the stacked developments on Oudraadtweg is not as good as it is in the society houses in the old city centre or in the Duyvelsgat barracks. He blames this in part on the layout of detached flats and proffers some architectural and planning suggestions for the large-scale student housing of the future. He believes that in keeping with the social function of the unit's kitchen-diner, meeting spaces should be included on the level of the building as a whole, which, like the structures of student society, promote social cohesion on a bigger scale. They might include 'a chapel . . . society rooms, space for indoor sports, a canteen and other social spaces'.[21] The buildings should also be situated in such a way as to create locally bounded spaces, with their own streets and courtyards, in which 'cohesion' is 'architecturally determined'.[22] Without wanting to emulate the Anglo-Saxon educational system, he cites the example of the spatial organization of the English colleges in

verstand kan laten prevaleren boven boekenwijsheid. En bovenal dat hij kan organiseren en leiding geven, dat hij zelfstandig kan optreden en met anderen samenwerken, dat hij zich behoorlijk mondeling en schriftelijk weet uit te drukken en over een zekere mate van 'savoir vivre' beschikt. (...) Eén van de belangrijkste voorwaarden hiervoor is dat de student in de stad van zijn studie moet kunnen wonen en moet kunnen deelnemen aan wat men het studentenleven pleegt te noemen.'[20]

De grotere schaal
Prof. ir. J.F. Berghoef, hoogleraar Architectuur aan de TH Delft, ziet begin jaren 1960 dat de sociale binding in de gestapelde complexen aan de Oudraadtweg minder is dan in de dispuutshuizen in de oude binnenstad of de barakken van het Duyvelsgat. Hij wijt dit mede aan de opzet in vrijstaande flats en geeft een aantal architectonische en stedenbouwkundige wenken voor de op handen zijnde grootschalige woningbouw voor studenten. Zo zouden er, in overeenstemming met de bindende functie van de eetkeuken binnen de wooneenheid, ook op de schaal van het wooncomplex ontmoetingsruimten kunnen worden opgenomen, die net als de gelede structuren van de studentensamenleving op een grotere schaal sociale verbinding bevorderen. Te denken valt aan 'een kapel, (...) dispuutskamers, ruimten voor binnenhuissport, een cantine, een mensa, verdere gezelligheidsruimten'.[21] Ook zouden de gebouwen zo moeten worden geplaatst dat stedenbouwkundig begrensde ruimten ontstaan, met eigen straten en hoven, waarin de 'saamhorigheid (...) architectonisch bepaald' is.[22] Zonder het Angelsaksische onderwijssysteem te willen navolgen, stelt hij de ruimtelijke opzet van de Engelse *colleges* in Oxford en Cambridge – geïntegreerd in de stad, maar met afgebakende, eigen domeinen en karakters – tot voorbeeld.[23]

De grote verschillen tussen de Nederlandse steden en universiteiten maken algemeen geldende voorschriften in Berghoefs ogen onmogelijk; Hij adviseert elke instelling daarom zelf af te wegen welk soort gebouwen en inrichting het beste bij hen passen, maar wel met inachtneming van 'één grondregel: men streve naar een zo intensief en actief mogelijk studentenleven. Want daaruit moet de vrije academische mens geboren worden!'[24]

Terwijl Berghoef dit schreef lagen de plannen voor een nieuw studentencomplex voor 569 studenten – het grootste tot dan toe in Nederland – aan de Jacoba van Beierenlaan te Delft al op tafel. Uitgangspunt van dit ontwerp van Hendrik Postel is een wooneenheid van 16 tot 18 studenten in een T-vormige opzet, waarbij in elke poot van de T groepjes van vier, zes of acht kamers aan een korte middengang geplaatst zijn. Het hart van de wooneenheid is de 'ontmoetingsruimte' met keuken, waarachter in een gesloten kern een kooknis, gezamenlijke wasgelegenheid, toilet en telefooncel zijn ondergebracht.

De wooneenheden zijn gestapeld in vier lagen boven de begane grond en geschakeld tot langgerekte gebouwen, die samen een gemeenschappelijke hof omsluiten. Net als bij de Sterflat zijn de trappen ter beperking van geluidsoverlast buiten de gebouwen geplaatst. Ze markeren de afzonderlijke eenheden en dragen met de brede balkons en uitstekende keerbordessen sterk bij aan het gemeenschappelijke karakter van 'de Krakeelhof'. Het complex is door middel van een gracht met maar één brug bewust geïsoleerd van de omliggende woonwijken, om botsingen tussen studenten en de omwonende straatjeugd '(...) die al zo dikwijls aanleiding zijn geweest tot onvriendelijke stukjes in de krant' te vermijden.[25]

Op het middenterrein waren oorspronkelijk een sportveld en een tennisbaan voorzien; een mensa, winkel, werkplaats, magazijnen en

Oxford and Cambridge – integrated within the city, but with clearly demarcated private property and their own distinct character.[23]

The huge differences between Dutch cities and universities make it impossible in Berghoef's eyes to prescribe general rules. He therefore advises each institution to make its own comparative assessment to arrive at the buildings and layout most suited to its needs, while taking into account 'one basic rule: aim for the most active and intensive student life as possible. It is from this that the free academic spirit is born!'[24]

When Berghoef wrote this, the plans for a new development on Jacoba van Beierenlaan in Delft were already on the table. Housing 569 students, it was the biggest to date in the Netherlands. The design by Hendrik Postel is based on units of 16 to 18 students in a T-shape, with small groups of 4, 6 or 8 rooms in each of the T's legs situated along a short central corridor. The heart of each unit is a 'meeting space' with kitchen, with an enclosed core containing a cooking alcove, communal washing facilities, toilet and phone booth.

The units are stacked in four storeys on top of the ground floor and linked into elongated buildings, which together enclose a communal courtyard. As in the Sterflat, the staircases have been placed on the outside to minimize noise pollution. They mark the individual units and make a major contribution to the communal character of 'de Krakeelhof' with their wide balconies and projecting half-space landings. The complex is quite deliberately isolated from the surrounding residential neighbourhoods by a canal with only a single bridge, in order to avoid conflicts between students and local youths 'which have prompted unfriendly newspaper headlines on so many occasions'.[25]

Plans for the central courtyard originally envisaged a sports field and a tennis court, while a canteen, shop, workshop, store rooms and two staff residences were situated in a lower building which enclosed the north-eastern side. The canteen has gone and the courtyard is now mainly used as a car park, but the 'architecturally determined cohesion' remains quite palpable even today.

Variation and Development
Those years also saw criticism of the one-sided focus on communal living units of more or less the same size with their compulsory social character. The small rooms were thought to provide too little privacy, while the communal space was seen to promote superficial group behaviour rather than personal growth.[26] In many new developments, the relationships between residents were less tight than in the old inner-city buildings, which may have had something to do with the composition of the group: people tend to form into tighter groups when they share a connection outside the home, such as attending the same degree course or student society. Another complaint is the small variation in room size to meet different needs. Similarly, a large city such as Amsterdam demands other solutions compared with, say, Delft, Leiden or Wageningen, where the balance between student numbers and the rest of the population is different and students tend to be more organized.[27] It was noted with astonishment that students themselves are barely involved in plans for student housing.[28]

An umpteenth conference on standards for ideal student housing prompts a visiting architect to utter the following:

'There is no such thing as the average student. There are many kinds of students: male and female, young and old, beginning and graduating students, the homesick and the egocentric, students from all manner of backgrounds, with many wanting a room without, others a room with washbasin, and yet others, those prepared to pay

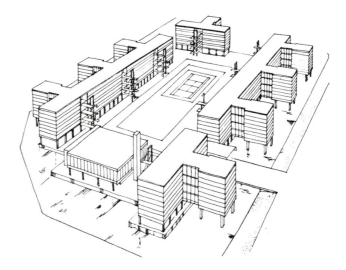

De Krakeelhof, Jacoba van Beierenlaan (Delft 1966) ontwerp: Hendrik Postel
Gezien vanuit het zuidwesten richting de oude binnenstad

De Krakeelhof, Jacoba van Beierenlaan (Delft 1966), design: Hendrik Postel
Seen from the south-west looking towards the old city centre

Perspectieftekening van de architect, ca. 1964
Architect's perspective drawing, ca. 1964

De Krakeelhof, Jacoba van Beierenlaan (Delft 1966)
Plattegrond van een verdieping
1 **studentenkamer** student room
2 **ontmoetingsruimte** meeting area
3 **balkon** balcony
4 **kern met wasgelegenheid, douches, wc's, werkkast, telefooncel, kooknis, enz** core with washing facilities, showers, toilets, broom cupboard, phone booth, kitchenette etc.
5 **dienstwoning** service flat
6 **mensa met keukens, buffetten, garderobe, toiletten enz.** dining hall with kitchens, refreshment bars, cloakroom, toilets etc.
7 **toegangsbrug** access bridge
8 **sportveld** sports field
9 **tennisbaan** tennis court

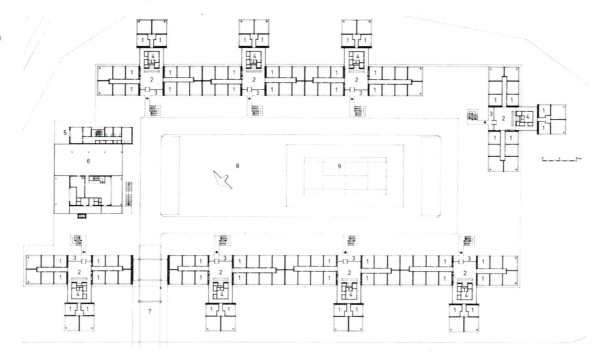

Plattegrond van een wooneenheid
1 **studentenkamer** student room
2 **ontmoetingsruimte** meeting area
3 **balkon** balcony
4 **wasruimte en douches** washroom and showers
5 **wc** toilet
6 **werkkast** broom cupboard
7 **telefooncel** phone booth
8 **kooknis** kitchenette

De Krakeelhof, gezien vanuit het noordwesten. Links op de voorgrond de laagbouw. Rechts aan de horizon de Elviraflat (1964) van Van den Broek en Bakema (zie ook DASH De woningplattegrond)

De Krakeelhof, seen from the north-west. Left in the foreground the low-rise. Right on the horizon the Elviraflat (1964) by Van den Broek en Bakema (see also DASH The Residential Floor Plan)

twee dienstwoningen kregen plaats in een lager gebouw dat de noordoostelijke zijde afsluit. De mensa is er niet meer en de hof is nu vooral in gebruik als parkeerplaats, maar de 'architectonisch bepaalde saamhorigheid' is ook heden ten dage nog sterk voelbaar.

Variatie en verdieping

Tegelijkertijd is er in die jaren ook kritiek op de eenzijdige gerichtheid op gemeenschappelijke wooneenheden van min of meer dezelfde grootte, met hun verplichtende sociale karakter. Er zou door de kleine kamers te weinig gelegenheid zijn voor privacy, terwijl de gemeenschappelijke ruimte eerder oppervlakkig groepsgedrag dan persoonlijke verdieping zou bevorderen.[26] De onderlinge band tussen bewoners is in veel nieuwe complexen minder hecht dan in de oude binnenstadspanden, wat ook verband lijkt te houden met de samenstelling van de groep: bestaat er buitenshuis een binding door bijvoorbeeld een zelfde studie of vereniging, dan is de groepsvorming over het algemeen beter dan bij een samenstelling van grotere diversiteit. Een andere klacht is de geringe variatie in kamergrootte om aan verschillende woonwensen te voldoen. Ook zou een grote stad als Amsterdam om andere oplossingen vragen dan bijvoorbeeld Delft, Leiden of Wageningen, waar de verhouding tussen aantal studenten en burgerbevolking anders ligt en studenten over het algemeen sterker georganiseerd zijn.[27] Met verbazing wordt geconstateerd dat studenten zelf nauwelijks betrokken worden bij de plannen voor studentenhuisvesting.[28]

Een zoveelste congres over de na te streven normen voor de ideale studentenhuisvesting leidt bij een bezoekende architect tot de verzuchting:

> (…) dat de gemiddelde student niet bestaat, maar dat er vele soorten van studenten bestaan, mannelijke en vrouwelijke, jonge en oude, nuldejaars en oudstejaars, familie-zieke en egocentrische, uit allerlei milieus waarvan vele een kamer begeren zònder, andere een kamer mèt wastafel, weer andere een met een kleine wascel en bereid een hogere huur te betalen. Kamers van allerlei soort en vorm, met of zonder loggia's, want de ene student zal tevreden zijn met een typische slaapcel, de andere (...) zal van zijn kamer zijn domein, zijn 'thuis' willen maken. En die studenten zullen dan weer groepen vormen, groepen van 3 tot bijvoorbeeld 17. Waarvan het gemiddelde dan weer niet 10 is, maar een trits van diverse groepsgrootten, groepen van 12, van 14, enkele van 18 andere van 7, 5 òf 3. Laat ons vooral niet vergeten dat we met levende mensen te maken hebben en niet met sinaasappelen, die op gelijke grootte gesorteerd in een kistje worden getimmerd.[29]

In 1957 schreef de senaat van het Amsterdamse studentencorps in samenwerking met de universiteit en de Academie voor bouwkunst een prijsvraag uit voor studentenhuisvesting in Amsterdam.[30] Deze werd in 1958 gewonnen door de Delftse studenten Herman Hertzberger, Tjakko Hazewinkel en Henk Dicke, met een ontwerp waarin wooneenheden van diverse grootte en samenstelling verenigd werden met een uitgebreid gemeenschappelijk en zelfs openbaar toegankelijk programma. De gewonnen prijsvraag leidde in 1959 tot de start van Hertzberger's eigen bureau en in 1966 tot de realisatie van het 'Studentenhuis' aan de Weesperstraat.[31]

Hierin zijn 250 studenten verdeeld over 12 wooneenheden van 18; drie wooneenheden van zes en acht woningen voor getrouwde studenten. De grote wooneenheden zijn twee aan twee ontsloten door

a higher rent, a room with a small shower cell. Rooms in all shapes and sizes, with or without loggias, because one student will be happy with a typical bedroom unit, while another . . . will want to turn his room into his castle, his "home". And those students will form into groups; groups of 3 to, say, 17. And the average group size is not 10, but a range of diverse group sizes, of 12, 14, some of 18 and others of 7, 5 or 3. Let us not forget that we are dealing with human beings here and not with oranges sorted according to size and then boxed into a crate.'[29]

In 1957 the senate of the main Amsterdam student society organized a competition for student housing in Amsterdam in conjunction with the University and the Academy of Architecture.[30] It was won in 1958 by three students from Delft, Herman Hertzberger, Tjacko Hazewinkel and Henk Dicke, with a design combining units of different sizes and layouts with an extensive communal and even publicly accessible programme. Winning the competition inspired Hertzberger to start his own practice in 1959,[31] and led to the realization of the 'Student House' on Weesperstraat in 1966.

It houses 250 students across 12 units of 18, three units of six and eight homes for married students. A central stairwell gives access to two large units at a time, with a layout which is largely similar to Oudraadtweg in Delft: rooms on either side of a double central corridor flanking the shared facilities. However, the communal 'lunch room' at the head is bigger, featuring an open kitchen and facing the long side, where a tall sliding glass panel opens out onto a loggia across the entire width of the room. The bottom three storeys on the south-side contain the six-student units, causing this part of the building to jut out further than the higher floors and connect with the canal-side houses on Nieuwe Keizersgracht. The roof of this part of the building, the fourth floor, boasts a large patio with a meeting and common room, originally intended for all residents and accessible via the adjacent 'street in the sky', a wide, covered gallery along which the homes for student couples are situated. This 'street' had been conceived as a space in front of the house, for eating and lounging, where children could play safely and students from the rest of the building could meet. The rooms for student couples were prototypes, exploring the borderline between student room and regular apartment.

The most daring innovation was the open relationship between the building's lower floors and the city. Public facilities including a student restaurant with a capacity of 3 x 250 meals a day, a student café with outdoor seating, a bookshop and a branch of the general student association of Amsterdam (ASVA) were meant to make the building a centre for all of Amsterdam's students. With the help of staircases and staggered floor levels, the public space was extended well into the building. The base formed 'the link between the student house in the narrower sense and the city. . . . Such a convergence of activities at such a convenient location is a condition for a true student house.'[32]

Since its inception, the 'Weesperflat' has had a turbulent history, but students continue to live in it to this day. The 'street' and the fourth-floor patio are no longer accessible to all residents, and on the lower floors the distinction between inside and outside is now very clearly defined by glass walls. In its current incarnation, the building is not the bustling heart that the designers had in mind and the connection between residents and base is all but absent. Nonetheless, the building, which won the city award for architecture in 1968, is an inspirational model for thinking about communal life in a residential building and its embeddedness in the city.

Studentenhuis Weesperstraat (Amsterdam 1966)
Ontwerp: H. Hertzberger (ism T. Hazewinkel en H.A. Dicke)
Student hall of residence Weesperstraat (Amsterdam 1966)
Design: H. Hertzberger (in collaboration with T. Hazewinkel and H.A. Dicke)

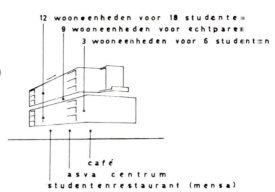

De 'straat in de lucht' ca 1966
The 'street in the air' ca. 1966

De 'straat in de lucht' in 2014
The 'street in the air' in 2014

Studentenhuis Weesperstraat (Amsterdam 1966)
Plattegronden van de verschillende woonlagen
1. toegangstrap
2. gang
3. studentenkamer
4. lunchkamer
5. loggia
6. telefoonnis
7. natte cel
8. toiletten
9. werkkast
10. berging
11. noodtrap
12. logeerkamer
13. woning studentenechtpaar
14. woning beheerder
15. vergaderzaal
16. zandbak

Studentenhuis Weesperstraat (Amsterdam 1966)
Plans of the various floors
1. access stairs
2. corridor
3. student room
4. lunch room
5. loggia
6. telephone recess
7. wet area
8. toilets
9. broom cupboard
10. storage
11. fire-escape stairs
12. guest room
13. flat for student couple
14. warden's flat
15. conference room
16. sandpit

Vorm vinden voor een vrije geest
Finding Form for a Free Spirit

Terras met vergaderruimte ca 1966
Terrace with meeting area ca. 1966

Terras met vergaderrruimte in 2014
Terrace with meeting area in 2014

Het studentenrestaurant in gebruik, ca. 1966
The student dining hall in use, ca. 1966

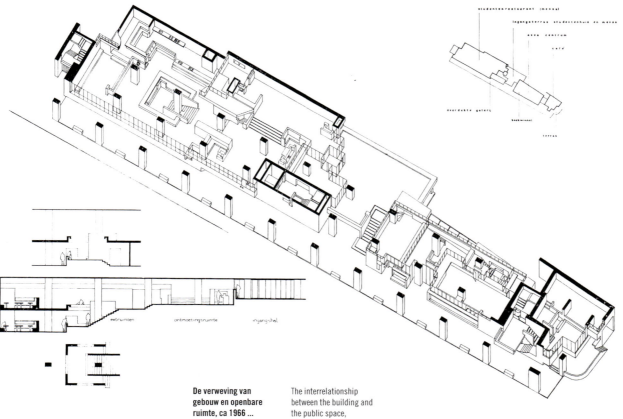

Schema, axonometrie en doorsnede van de onderste gebouwlagen tonen de onderlinge relaties tussen de entree, het studentenrestaurant, de boekwinkel, het asva-centrum, het café en de openbare ruimte.
Outline, axonometric view and section of the lower building levels show the relationship between the entrance, dining hall, bookshop, ASVA centre and café and the public space.

De verweving van gebouw en openbare ruimte, ca 1966 ...
The interrelationship between the building and the public space, ca. 1966 ...

... en anno 2014
... and in 2014

een centraal trappenhuis en kennen een indeling die in grote lijn overeenkomt met die van de Oudraadtweg in Delft: kamers aan weerszijden van een dubbele middengang met daartussen de gedeelde voorzieningen. De gemeenschappelijke 'lunchkamer' aan de kop is hier echter groter, heeft een open keuken en ligt gericht naar de langsgevel, waar een hoge schuifpui toegang geeft tot een kamerbrede loggia. Op de onderste drie woonlagen zijn aan de zuidzijde de wooneenheden van zes studenten toegevoegd, waardoor het gebouw hier verder uitsteekt dan de hoger gelegen verdiepingen en aansluit bij de grachtenhuizen aan de Nieuwe Keizersgracht. Op het dak hiervan bevindt zich op de vierde woonlaag een groot terras met een vergader/bijeenkomstruimte, oorspronkelijk voor alle bewoners bedoeld en bereikbaar via de aansluitende 'straat in de lucht', een brede overdekte galerij waaraan tevens de woningen voor student-echtparen gelegen zijn. Deze 'straat' moest letterlijk fungeren als ruimte vóór het huis, waar gezeten en gegeten kon worden, eventuele kinderen veilig konden spelen en studenten uit de rest van het gebouw elkaar ontmoeten. De kamers voor student-echtparen waren bedoeld als prototypische verkenning op de grens tussen studentenkamer en volwaardig appartement.

Het meest gedurfd was de open relatie die het gebouw op de onderste lagen aanging met de stad. Publieke voorzieningen als een studentenrestaurant (mensa) met capaciteit voor 3x250 maaltijden per dag, een studentencafé met terras, een boekwinkel en een vestiging van de algemene studentenvereniging van Amsterdam (ASVA) moesten het gebouw tot een centrum voor alle Amsterdamse studenten maken. Met trappen en verspringende vloerniveaus werd de openbare ruimte tot ver in het gebouw doorgetrokken. De onderbouw vormde 'de schakel tussen het studentenhuis in engere zin en de stad. (...) Een dergelijke samenbundeling van aktiviteiten op een zo gunstig gelegen punt is voorwaarde voor een werkelijk studentenhuis'.[32]

De 'Weesperflat' kent sinds zijn bestaan een bewogen geschiedenis en wordt nog altijd door studenten bewoond. De 'straat' en het terras op de vierde verdieping zijn niet langer voor alle bewoners toegankelijk, en de grens tussen binnen en buiten is op de onderste lagen door later aangebrachte glazen puien volstrekt helder gedefinieerd. Het gebouw is in zijn huidige situatie niet het bruisende centrum dat de ontwerpers voor ogen hadden en de verbinding tussen bewoners en onderbouw is nauwelijks meer aanwezig. Niettemin blijft het gebouw, dat in 1968 nog de stadsprijs voor architectuur won, een inspirerend voorbeeld van hoe er over het gezamenlijk leven in een woongebouw en zijn verankering in de stad kan worden nagedacht.

Een eigen opgave
De hierboven beschreven voorbeelden geven een beeld van de ontwikkeling van het gedachtegoed over studentenhuisvesting als ontwerpopgave in Nederland gedurende de jaren 1950 en 1960. Ondertussen zijn de omstandigheden in veel opzichten veranderd. Zo is de relatie tussen student, universiteit en maatschappij veelzijdiger geworden: studeren is minder exclusief, studenten studeren doelgerichter en korter, zijn minder vrij en onafhankelijk van de universiteiten, die op hun beurt meer doen aan begeleidende programma's ter ondersteuning van het wetenschappelijke onderwijs. Sinds de jaren 1980 is 'studentenhuisvesting' in het overheidsbeleid opgegaan in de algemenere 'jongerenhuisvesting', wat de opgave breder en daarmee minder specifiek maakt. Die trend zet door: in de recente praktijk en ook elders in deze publicatie wordt het woonprogramma van kleine (semi-) zelfstandige cellen typologisch vergeleken met bijvoorbeeld seniorenhuisvesting en hotels. Deze generalisering van de opgave is met het oog op zekerheid van investeringen begrijpelijk, maar leidt er gemakkelijk toe

A Specific Brief
The examples described above give a sense of the development of thinking about the design of student housing in the Netherlands during the 1950s and 1960s. Meanwhile, circumstances have changed in many ways. The relationship between student, university and society has become more multifaceted, for example: studying has become less exclusive, students are more focused and finish their degrees faster, and they are also less free and independent of the universities, while the institutions themselves provide more programmes in support of their academic teaching. Since the 1980s 'student housing' has been subsumed under the government's more general 'young adult housing' policy, which makes the design brief broader and less specific. This trend is continuing: in recent practice and elsewhere in this publication the programme of small (semi-)independent cells is compared to, for example, accommodation for the elderly and hotels. With a view to the security of investments such a generalization is understandable, but it could easily result in the neglect of those aspects that are specific to student housing.

Dutch students continue to do their degrees during a special phase in their lives when many live independently for the first time and occupy their own distinct position in society, relatively free from social obligations. Likewise, many will embark on an active student life, which caters to plenty of different tastes and interests, and where relationships, experiences, friendships and joint ventures 'strengthen characters and sharpen minds', whether they are aware of it or not.

To fully participate, students have to live in the city where they study. As such, we must welcome every single student room that is built. But how the accommodation itself can contribute to its residents' individual and communal development and how this compares to the other places and structures of student life are questions that appear to be less commonly raised these days.

The answers to these questions will be varied and not the same as they were in the 1950s and 1960s. However, they do offer some guidance for the development of an at first glance very specific brief, which subsequently may well have some similarities with other target groups. At any rate, the explorations of the recent past tell us that accommodating students is not only a quantitative, technical or functional, but above all a cultural assignment.

Studentenkamer, Boutenslaan, Eindhoven ca. 1960
Student room Boutenslaan, Eindhoven ca. 1960

'Ontbijtkeuken', Boutenslaan, Eindhoven ca. 1960
'Breakfast kitchen', Boutenslaan, Eindhoven ca. 1960

dat datgene wat juist specifiek is aan de huisvesting van studenten geen aandacht meer krijgt.

Nog steeds is het zo dat Nederlandse studenten gedurende een bijzondere fase van hun leven en relatief vrij van maatschappelijke verplichtingen een opleiding volgen, waarbij velen voor het eerst op zichzelf gaan wonen en een eigen positie in de samenleving innemen. Ook is er nog altijd sprake van een actief Nederlands studentenleven in zeer uiteenlopende vormen en smaken, waar in de onderlinge contacten, belevenissen, vriendschappen en gezamenlijke ondernemingen al dan niet bewust 'de karakters gesterkt en de geesten geslepen' worden.

Om daaraan deel te nemen, moeten studenten allereerst wonen in de stad van hun studie, waarmee iedere gebouwde studentenkamer toe te juichen is. De vraag die nu echter veel minder aan de orde lijkt te komen, is op welke manier de huisvesting zèlf ook een bijdrage kan leveren aan de individuele en gezamenlijke ontplooiing van haar bewoners, of hoe dit zich verhoudt tot de overige plaatsen en geledingen van het studentenleven.

De antwoorden op deze vragen zullen divers zijn en niet dezelfde als in de jaren 1950 en 1960, maar ze bieden wel handvatten voor de ontwikkeling van een in eerste instantie heel specifieke opgave, die vervolgens best verwantschappen kan blijken te hebben met andere doelgroepen. De verkenningen naar het recente verleden leren in ieder geval dat het onderbrengen van studenten niet alleen een kwantitatieve, technische of functionele, maar voor alles ook een culturele opgave kan zijn.

Oudraadtweg, Delft, datum onbekend
Oudraadtweg, Delft, year unknown

Noten

1. *Landelijk Actieplan Studentenhuisvesting 2011 tot 2016*, overeenkomst getekend in 2011 door de rijksoverheid, universiteiten en hogescholen, kennissteden, studentenhuisvesters en studenten, om de bestaande kamernood in de genoemde periode met 16.000 eenheden studentenhuisvesting terug te dringen.
2. Prof. ir. J.F.Berghoef, 'Studentenhuisvesting', *Universiteit en Hogeschool*, jrg. 7 (december 1960) nr. 2, 106.
3. G. Werkman, 'Bouwen voor studenten', *Bouw* nr. 40 (3 oktober 1964), 1386.
4. Ibid.
5. Gebaseerd op aanwijzingen van Chris Scheen, oud-bewoner van Duyvelsgat nr. 31 (1961-1964).
6. Geciteerd uit: *t Duyvelsgat*, brochure met beschrijving van het Duyvelsgat, auteur, uitgever en datum onbekend, ca. 1959 (Trésor Centrale Bibliotheek TU Delft).
7. H. Postel, 'Het beheer over studentenhuizen', *Universiteit en Hogeschool*, jrg. 8 (mei 1962) nr. 5, 324. Postel was, zoals hij in zijn bijdrage aangeeft, 'mede-oprichter en oud-bestuurslid van de Stichting tot Huisvesting van Studenten der Technische Hogeschool te Delft, alsmede oud-beheerder van het "Duyvelsgat" te Delft'. Ook had hij als architect tijdens dit schrijven al enkele nieuwe studentencomplexen gerealiseerd. In zijn bijdrage aan *U&H* maakt hij zich sterk voor zoveel mogelijk eigen verantwoordelijkheid van studenten, omdat dit in zijn ogen bijdraagt aan hun ontwikkeling als volwaardig mens. Hij verkent de mogelijkheden om dit ook bij grotere studentencomplexen overeind te houden.
8. Werkman, 'Bouwen voor studenten', op. cit. (noot 3), 1386.
9. Ibid., 1387.
10. *Bouw* (1960), 1205
11. Zie ook *Bouw* (1957), 82, 754 en *Bouw* (1960), 1206.
12. In Leiden was al in 1956 opdracht gegeven tot de bouw van zo'n 200 studentenwoningen, maar men durfde nieuwbouw bij nader inzien nog niet aan. Eerst werden zeven semi-permanente paviljoens gebouwd voor ruim 100 studenten, die in opzet overeenkwamen met de barakken van het Duyvelsgat. Pas toen deze gretig aftrek vonden, besloot men de plannen voor de 'Sterflat' verder uit te werken. Zie ook: H. Postel, *Studentenhuisvesting 1949-1964, Bouw*, nr. 40 (3 oktober 1964), 1389.
13. J.W.H.C Pot en J.F.Pot-Keegstra, *Studentenwoongebouw te Eindhoven*, *Bouw* (1960), 1207.
14. Prof. J. Linschoten, hoogleraar algemene en theoretische psychologie aan de Universiteit Utrecht, lezing gehouden tijdens het Internationaal Seminar Studentenhuisvesting van 2 t/m 9 oktober 1959 te Delft en Zeist (Trésor Centrale Bibliotheek TU Delft).
15. Berghoef, 'Studentenhuisvesting', op. cit. (noot 2), 103.
16. Linschoten, op. cit. (noot 14).
17. Berghoef, 'Studentenhuisvesting', op. cit. (noot 2), 104.
18. Ibid.
19. Mr. J. Drijber, 'Studentenhuisvesting: nog een zoeken en tasten', *Universiteit en Hogeschool*, jrg. 8 (mei 1962) nr. 5, 279.
20. Prof. dr. C.J.F. Böttcher, 'Waarom het Nederlandse bedrijfsleven financiële offers voor de studentenhuisvesting heeft gebracht', *Universiteit en Hogeschool*, jrg. 8 (mei 1962) nr. 5, 290.
21. Berghoef, 'Studentenhuisvesting', op. cit. (noot 2), 110.
22. Ibid.
23. Prof. ir. J.F.Berghoef, 'Studentenhuisvesting en gros', *Universiteit en Hogeschool*, jrg. 8 (mei 1962) nr. 5, 309-310.
24. Ibid. 311.
25. H. Postel, 'Studentenhuisvesting 1949-1964', *Bouw*, nr. 40 (3 oktober 1964), 1394.
26. J.J.M de Goeij, P.H. van Wiechen en E.L.E.M. Rijcken, *Rapport studentenflats Delft*, evaluatie van de gebouwen aan de Oudraadtweg te Delft, 13 april 1959 (Trésor Centrale Bibliotheek TU Delft).
27. F.M.M. van Iersel en A.A.J. Pols, resp. student elektrotechniek en student bouwkunde aan de T.H. te Delft, 'Huisvesting van studenten', *Bouw* (1960), 1202-3.
28. F.M.M. van Iersel en A.A.J. Pols, *Beschouwingen over de Nederlandse studentenhuisvesting naar aanleiding van de internationale oriëntering tijdens het seminar te Delft van 2 tot 9 oktober 1959*, Delft, april 1960, 5 (Trésor Centrale Bibliotheek TU Delft).
29. Leo de Jonge, 'Van een congres, een tentoonstelling en een krat sinaasappelen', *Bouw*, nr. 40 (3 oktober 1964), 1405. Nav het congres 'Colloque sur l'habitat de l'étudiant' van september 1963 in Dijon, Frankrijk.
30. *Bouw*, nr. 10 (1957), 228.
31. Herman van Bergeijk, *Herman Hertzberger* (Basel/Boston/Berlijn: Birkhäuser Verlag, 1997), 9.
32. *Forum*, nr. 17 (1967), 19.

Notes

1. The *Landelijk Actieplan Studentenhuisvesting 2011 tot 2016* is an agreement signed in 2011 by the national government, universities and colleges, knowledge-based cities, student housing bodies and students to reduce the existing student housing shortage during this period by 16,000 units.
2. Prof. J.F.Berghoef, 'Studentenhuisvesting', *Universiteit en Hogeschool*, vol. 7 no. 2 (December 1960), 106.
3. G. Werkman, 'Bouwen voor studenten', *Bouw* no. 40 (3 October 1964), 1386.
4. Ibid.
5. Based on descriptions by Mr Chris Scheen, resident at Duyvelsgat no. 31 between 1961 and 1964.
6. Quoted from *'t Duyvelsgat*, a brochure featuring a description of Duyvelsgat, author, publisher and date unknown, ca. 1959, Trésor TU Delft Library.
7. H. Postel, 'Het beheer over studentenhuizen', *Universiteit en Hogeschool*, vol. 8 no. 5 (May 1962), 324. Postel was, as he indicates at the head of his article, 'co-founder and former board member of the Student Housing Association at the Institute of Technology in Delft, as well as a former warden at "Duyvelsgat" in Delft'. At the time he wrote this article, the architect had already realized a number of new student complexes. In his contribution to *U&H* he advocates maximum responsibility for students, believing it contributes to their general development. He explores the possibility of maintaining this in larger student complexes as well.
8. Werkman, 'Bouwen voor studenten', op. cit. (note 3).
9. Ibid., 1387.
10. J.W.H.C Pot and J.F. Pot-Keegstra, 'Studentenwoongebouw te Eindhoven', *Bouw* 1960, 1205.
11. See also *Bouw* 1957, 182 and 754 and Pot and Pot-Keegstra, 'Studentenwoongebouw te Eindhoven', op. cit. (note 10), 1206.
12. In Leiden there had been a commission as early as 1956 for the construction of some 200 student houses, but upon reflection, new-build developments were seen as too risky. To begin with, seven semi-permanent pavilions were built for more than 100 students, in layout matching the barracks of Duyvelsgat. It was not until these proved to be popular that it was decided to further develop the plans for the Sterflat. See also H. Postel, 'Studentenhuisvesting 1949-1964', *Bouw* no. 40 (3 October 1964), 1389.
13. Pot and Pot-Keegstra, 'Studentenwoongebouw te Eindhoven', op. cit. (note 10), 1207.
14. Prof. J. Linschoten, professor of general and theoretical psychology at the University of Utrecht. Paper presented at the International Seminar Student Housing, 2-9 October 1959 in Delft and Zeist, Trésor TU Delft Library.
15. Prof. J.F. Berghoef, 'Studentenhuisvesting', *Universiteit en Hogeschool*, vol. 7 no. 2 (December 1960), 103.
16. Linschoten, Paper, op cit. (note 14).
17. Berghoef, 'Studentenhuisvesting', op. cit. (note 15), 104.
18. Ibid.
19. J. Drijber, 'Studentenhuisvesting: nog een zoeken en tasten', *Universiteit en Hogeschool*, vol. 8 no. 5 (May 1962), 279.
20. Prof. C.J.F. Böttcher, 'Waarom het Nederlandse bedrijfsleven financiële offers voor de studentenhuisvesting heeft gebracht', *Universiteit en Hogeschool*, vol. 8 no. 5 (May 1962), 290.
21. Berghoef, 'Studentenhuisvesting', op. cit. (note 15), 110.
22. Ibid.
23. Prof. J.F. Berghoef, 'Studentenhuisvesting en gros', *Universiteit en Hogeschool*, vol. 8 no. 5 (May 1962), 309-310.
24. Ibid., 311.
25. H. Postel, 'Studentenhuisvesting 1949-1964', *Bouw* no. 40 (3 October 1964), 1394.
26. J.J.M de Goeij, P.H. van Wiechen and E.L.E.M Rijcken, *Rapport studentenflats Delft*, evaluation of the buildings on Oudraadtweg in Delft, 13 April 1959, Trésor TU Delft Library.
27. F.M.M. van Iersel and A.A.J. Pols, students of electrical engineering and architecture respectively at the Institute of Technology in Delft, 'Huisvesting van studenten', *Bouw* 1960, 1202-1203.
28. F.M.M. van Iersel and A.A.J. Pols, 'Beschouwingen over de Nederlandse studentenhuisvesting naar aanleiding van de internationale oriëntering tijdens het seminar te Delft van 2 tot 9 oktober' (Delft, April 1960), 5, Trésor TU Delft Library.
29. Leo de Jonge, 'Van een congres, een tentoonstelling en een krat sinaasappelen', *Bouw* no. 40 (3 October 1964), 1405, on the occasion of the conference 'Colloque sur l'habitat de l'étudiant', September 1963 in Dijon, France.
30. *Bouw* 1957 no. 10, 228.
31. Herman van Bergeijk, *Herman Hertzberger* (Basel/Boston/Berlin: Birkhäuser, 1997) 9.
32. *Forum* no.17 (1967), 19.

Sergio Martín Blas

'Als… je durft te dromen maar je niet door dromen laat leiden…'[1]
'If... You Can Dream and Not Make Dreams Your Master...'[1]

La Residencia de Estudiantes in Madrid

De esplanade op het westen en de paviljoens van de *Residencia de Estudiantes* aan het einde van de jaren 1920
The westward looking esplanade and pavilions of the *Residencia de Estudiantes* in the late 1920s

'The *Residencia* is an acropolis scattered with poplars, where Mr. and Mrs. Jiménez have created a centre for students, school of solidarity, sense of initiative, solid virtue. It's like a monastery – quiet and happy – what luck for students!'[2]
Le Corbusier, 1928

It's no surprise that Corbu would emphatically praise the monastic virtues – those associated with the well-known English college model – of a student residence such as the one built in Madrid between 1913 and 1918. Not for nothing had the committed first director of the *Residencia*, Alberto Jiménez Fraud, visited England in order to study the tutorial model between 1907 and 1909, and one of its tutors, Alfonso Reyes, would refer to the new complex as 'Oxford and Cambridge in Madrid'.[3] But appearances, as well as declarations, may in this case be deceiving.

Planned by architect Antonio Flórez Urdapilleta and later completed by Francisco Javier de Luque, the *Residencia de Estudiantes*, if undoubtedly sharing grounds with the concept of the English college, also embodied a larger number of features in frank opposition to the latter.[4]

First and foremost, its pedagogical approach: the *Institución Libre de Enseñanza*[5] (Free Institute of Education; ILE), which inspired the project, considered direct and personal experience of real life as the main source of knowledge, and architectural enclosure as a temporary and secondary stage in the learning process. One of the programmatic texts of the ILE made it clear, asserting that the pedagogical function of closed rooms 'is analogous to the cabinet of the astronomer or engineer, archaeologist, historian, architect or politician: most of the data are not gathered inside these places, but outdoors, in the museum, in front of the monument, in society, in the archives . . . to sum up, in the midst of the open, varied and inexhaustible reality . . . Life is the first school, and the institution that bears such a high name should, within its limitations, get as close as possible to it'.[6]

Flórez's design for the *Residencia de Estudiantes* can be somehow related to this 'realist' approach. In fact, the open layout of separated pavilions and its prominent location on a hill northeast of the city centre made it more of an observatory and home base for the scrutiny of reality than an enclosed acropolis or monastery. In addition, Flórez combined early modern principles related to rationalism and hygienism with the use of the real technical and material possibilities of his place and time, and more specifically with the living tradition of popular brick and wood architecture.[7]

The realism of the *Residencia*, and in general Flórez's distance from the utopian avant-garde tones that were to permeate architectural culture in the following years, would partially explain the ambiguous and often overlooked role of his work in the history of Spanish architecture. Initially considered a pioneer of modernity, later banned by the modern orthodox for the use of traditional language and materials,[8] Flórez and his *Residencia* can be appreciated now as a part of what Manuel de Solà-Morales called 'another modern tradition'.[9] In Madrid this is linked to the rational understanding and continuous rework of traditional types, building techniques and materials, like brick masonry. His influence can in this sense be traced to the present, through leading figures like Zuazo or Francisco Cabrero, to the 1980s brick housing architecture in Madrid or Rafael Moneo's works in the Paseo de la Castellana.

Despite this remarkable position, a historical reclamation of the *Residencia* as student housing architecture would be pointless without considering its mythical status, which goes far beyond architecture. The

werk. In deze zin loopt zijn invloed door tot op heden: via toonaangevende ontwerpers als Zuazo of Francisco Cabrero, tot de Madrileense woningbouwarchitectuur in baksteen uit de jaren 1980 of het werk van Rafael Moneo aan de Paseo de la Castellana.

Maar ondanks deze opmerkelijke positie zou een historische bezinning op de *Residencia* als studentenhuisvestingsarchitectuur zinloos zijn, zonder daarbij rekening te houden met de mythische status van het gebouw, die zijn architectonische status ver overstijgt. Hier vonden gedurende de jaren 1910 en 1920 de belangrijkste bijeenkomsten over de internationale avant-gardistische tendensen in de wetenschappen en de kunsten plaats: Einstein, Marie Curie, Keynes, Stravinsky, Le Corbusier, Van Doesburg en vele anderen gaven lezingen in haar auditorium. Hier ontwikkelden drie Spaanse Nobelprijswinnaars – Ramón y Cajal, Juan Ramón Jiménez en Severo Ochoa – hun werk, hier zetten filosofen als Ortega y Gasset en Unamuno hun theorieën uiteen en hier vonden vele latere beroemdheden uit de wetenschap, de kunsten, de politiek, enz. onderdak tijdens hun vorming en opleiding.

Onder de vele, aan de geschiedenis van de *Residencia* verbonden mythische gebeurtenissen en prestaties is de meeste roem en media-aandacht ongetwijfeld gegaan naar de katalyserende ontmoeting van drie universele genieën van de contemporaine kunst, vooral met betrekking tot de complexe ontwikkeling van het surrealisme: Luis Buñuel, Federico García Lorca en Salvador Dalí.[11] Zij woonden en studeerden tussen 1917 en 1926 in de *Residencia*. Met elkaar en op die plek ontstond een perfect klankbord voor de basis voor hun opstand tegen de rationele objectiviteit en het realisme, kwesties die Flórez' eigen architectuur op een dubbelzinnige manier vertegenwoordigde. Deze mythische ontmoeting heeft niet alleen de veel bredere culturele betekenis van de *Residencia* overschaduwd, maar heeft er ook toe bijgedragen dat de rol van het gebouw in de architectuurgeschiedenis zo obscuur bleef.

Dit korte essay is een poging om de kloof te overbruggen tussen de mythe en de plaats van de Madrileense *Residencia de Estudiantes*: tussen de buitengewone ontmoeting van Buñuel, Lorca en Dalí, en de architectuur van hun gemeenschappelijke studentenverblijf. Het belangrijkste doel van dit essay is niet zozeer de historische rehabilitatie van Flórez of zijn *Residencia*, maar eerder om op grond van dit bijzondere en mythische geval te komen tot een meer algemeen begrip van zowel de implicaties van de architectuur van studentenhuisvesting, als van de hedendaagse betekenis ervan.

Geëxplodeerd klooster
Voorafgaand aan de bouw van de *Residencia de Estudiantes* werden studenten die door de Madrileense academies en scholen waren aangetrokken en uit heel Spanje naar de stad kwamen, ondergebracht in *casas de huéspedes* of *pensiones*: stadspensions die vaak niet méér waren dan oppervlakkig aangepaste speculatieve woningtypen. Tegen het einde van de negentiende eeuw had dit type studentenhuisvesting een onweerlegbaar slechte reputatie verworven. Krappe, donkere kamers, uitkomend op minuscule binnenplaatsjes die een extreem dicht stadsweefsel doorboorden, smerige voorzieningen, slecht en schaars voedsel verschaft door hebzuchtige verhuurders, te veel afleiding en ongewenste ontmoetingen – uit deze elementen kwam een druilerig beeld naar voren dat hardnekkig bleef opduiken in de Spaanse literatuur, van zestiende-eeuwse schelmenromans[12] tot het succesvolle *La casa de la Troya* uit 1915, waarin een weliswaar vriendelijker, maar niet minder zorgwekkend portret werd geschetst.[13]

De conceptie en geboorte van de *Residencia de Estudiantes* in

place became the main receiver of the international avant-garde tendencies in science and arts during the 1910s and 1920s: Einstein, Marie Curie, Keynes, Stravinsky, Le Corbusier and Van Doesburg among many others lectured in its lecture hall. It was there that three Spanish Nobel prize winners – Ramón y Cajal, Juan Ramón Jiménez and Severo Ochoa – developed their works, that philosophers like Ortega y Gasset and Unamuno explained their theories, and many later celebrated personalities of science, arts, politics, etcetera, were hosted and formed as resident students.[10]

Among the many mythical events and achievements related to the history of the *Residencia*, its most famous and media-exploited output is without doubt the catalysing meeting of three universal geniuses related to contemporary art, in particular to the intricate development of surrealism: Luis Buñuel, Federico García Lorca and Salvador Dalí.[11] They lived as students in the *Residencia* between 1917 and 1926. They found in each other and in the place the perfect support to test the foundations of the revolt against rational objectivity and realism, issues that Flórez's architecture itself ambiguously represented. This mythical meeting has not only eclipsed the much wider cultural significance of the *Residencia*, but has somehow contributed to obscure its abovementioned role in the history of architecture as well.

This short essay will try to bridge the gap between myth and place in the *Residencia de Estudiantes* of Madrid, between the extraordinary meeting of Buñuel, Lorca and Dalí, and the architecture of their common house as students. Its main purpose is not the historical rehabilitation of Flórez or the *Residencia*, but the achievement, from this particular one mythical case, of a more general understanding of the implications of student housing architecture and its contemporary meaning.

Exploded Cloister
Before the *Residencia de Estudiantes* was built, students coming to Madrid from all over Spain, attracted by its academies and schools, were hosted in *casas de huéspedes* or *pensiones*: urban guesthouses that frequently offered no more than the simple adaptation of speculative housing types. By the late nineteenth century, this type of accommodation for students had acquired an undeniably bad reputation. Tight and dark rooms opening onto tiny courtyards piercing an extremely dense city fabric, dirty services, poor and scarce boards provided by greedy landlords, pervasive distractions, inappropriate encounters – these were the elements of a dull picture that has insistently been used by Spanish literature, from the picaresque novels of the sixteenth century[12] to the successful book *La casa de la Troya* of 1915 which provided a kinder but no less worrying portrait.[13]

The conception and birth of the *Residencia de Estudiantes* in Madrid should be understood as a reaction against this situation. Its promoter, the aforementioned ILE, was a pedagogical institute rooted in nineteenth-century liberalism and laicism, which had assimilated the hygienist ideas of the early garden city movement – of which Madrid hosted one of the most remarkable and pioneering examples: Arturo Soria's linear city. In accordance to this background, the institute sought a place where students could be in close contact with nature and its basic gifts (air, light, greenery), far from the congestion of the urban centre. Such distancing from the incipient metropolis into which Madrid was rapidly turning found a suitable, temporary location in an existing mansion close to the Paseo de la Castellana, on Fortuny Street: a big freestanding house in a garden. This first *Residencia de Estudiantes* opened in 1910, and, as its founders acknowledged, the word *residencia* was chosen to avoid the implications of the historical term *colegio*, including its monastic precedents. The place soon proved to be

'Als… je durft te dromen maar je niet door dromen laat leiden…'
'If ... You Can Dream and Don't Make Your Dreams Your Master . . .'

De *Residencia de Estudiantes* op een tekening van Fernando Marco uit de jaren 1920
The *Residencia de Estudiantes* in a 1920s drawing by Fernando Marco

Antonio Flórez, geschilderd door zijn vriend Joaquín Sorolla, 1919
Antonio Flórez in a sketch painted by his friend Joaquín Sorolla, 1919

Locatie en lay-out van de *Residencia de Estudiantes* op de 'windheuvel', stadsplattegrond van Madrid uit de jaren 1930
Location and general layout of the *Residencia de Estudiantes* on the 'wind hill', in a 1930s Madrid city plan

De Spaanse Academie in Rome, het voormalige Franciscaner klooster San Pietro in Montorio op de Janiculum heuvel. Fragment van de Nolli-plattegrond uit 1748
The Spanish Academy in Rome, former Franciscan monastery of San Pietro in Montorio in the Gianicolo Hill. From Nolli's 1748 plan

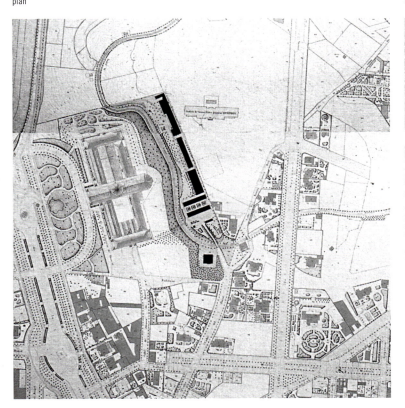

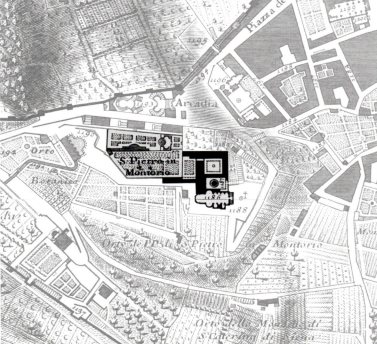

Madrid moet worden begrepen als een reactie op deze situatie. De initiërende partij, de eerder genoemde ILE, was een pedagogische organisatie die wortels had in het negentiende-eeuwse liberalisme, secularisatie voorstond en de hygiënistische ideeën van de vroege tuinstadbeweging had geassimileerd   Madrid beschikte over een van de meest opmerkelijke en baanbrekende voorbeelden van een tuinstad, namelijk de lineaire stad van Arturo Soria. In overeenstemming met deze achtergrond eiste het instituut een gebouw op een plek waar de studenten in nauw contact konden staan met de natuur en haar fundamentele gaven (lucht, licht, groen), ver van de drukte van het stadscentrum. Op enige afstand van de beginnende metropool waarin Madrid in rap tempo aan het veranderen was, vond men een geschikt, tijdelijk onderkomen in een bestaand herenhuis dicht bij de Paseo de la Castellana, in de Calle de Fortuny: een grote vrijstaande villa in een tuin. Deze eerste *Residencia de Estudiantes* opende haar deuren in 1910 en zoals de oprichters toegaven werd voor het woord *residencia* gekozen om associaties met de historische term *colegio* en de bijbehorende kloosterlijke precedenten te vermijden. De villa bleek al snel te klein voor de toenemende vraag, en binnen enkele jaren lagen er plannen voor een nieuwe en ambitieuzere *Residencia*, deze keer als onderdeel van een zuiver stedenbouwkundig en architectonisch project.

Ten noordoosten van het stadscentrum, aan het einde van de Paseo de la Castellana, tegenover de hippodroom en achter het voormalige Paleis van de Industrie en de Kunsten dat in gebruik was als museum voor natuurwetenschappen annex polytechnische school, lag de zogenaamde 'windheuvel' of *Altos del Hipódromo* ('de hippodroomheuvels'), waar het ministerie van Onderwijs een strook land halverwege de op het westen georiënteerde helling bezat. Het ministerie gaf het via de Calle del Pinar toegankelijke terrein aan de Junta de Ampliación de Estudios (Instituut voor de bevordering van wetenschap), een onderdeel van het ministerie dat sterk onder invloed van de ILE stond, om er de nieuwe *Residencia de Estudiantes* te bouwen. Antonio Flórez Urdapilleta, een 36-jarige architect die was opgeleid aan de ILE en intern was geweest aan de Spaanse Academie in Rome, werd al snel aangesteld om de leiding van het hele project op zich te nemen.[14]

In 1913 had Flórez de hoofdopzet van de nieuwe *Residencia*, samen met het ontwerp voor de eerste twee logiesgebouwen ontworpen. Flórez hield vast aan het idee van een eenvoudige kloosterlijke retraite, daartoe kennelijk geïnspireerd door het voorbeeld van de Engelse *colleges*, maar zag in dat de nieuwe, prominente locatie in feite heel andere mogelijkheden bood. Flórez' voorstel positioneerde een groep afzonderlijke gebouwen op het hoogste deel van het terrein; met elkaar definieerden ze een esplanade die was blootgesteld aan de noordenwind, met vrij uitzicht over de vergezichten in het westen: in plaats van een gesloten retraite moest de *Residencia* een open uitkijkpost worden en als zodanig de belichaming van de vrije geest en de experimentele inzet van haar educatieve overtuiging.

Het was een concept waarmee Flórez zelf ervaring had opgedaan. Hij had zes jaar in een ander studentenverblijf op een heuvel gewoond, op de Janiculum in Rome, dat ook niet alleen bedoeld was als een gesloten retraite, maar tevens als thuisbasis voor onderzoek naar de werkelijkheid die het complex omringde. De Spaanse Academie, gevestigd in wat eerder het Franciscaner klooster van San Pietro in Montorio was, belichaamde het oorspronkelijke Latijnse model voor ieder studentenhuisvestingstype, met inbegrip van het Engelse *college*. Nadat de christelijke gemeenschappen zich in de derde eeuw uit de Romeinse steden hadden teruggetrokken, was het klooster ontstaan als een 'bron van orde en rust', 'het hoogtepunt van concentratie en toewijding', in de woorden van Lewis Mumford.[15] De hiërarchie en

too small for the increasing demand, and within a few years a new and more ambitious *Residencia* was conceived, this time including a true urban and architectural project.

Northeast of the city centre, at the end of the Paseo de la Castellana, across from the Hippodrome and behind the former Palace of Arts and Industries (transformed into the Natural Science Museum and School of Industrial Engineering), was the so-called 'wind hill' or 'hippodrome heights', where the Ministry of Public Instruction owned a strip of land halfway up the west-facing slope. The Ministry gave the terrain, connected to Pinar street, to the *Junta de Ampliación de Estudios*, one of its subordinate entities by then deeply influenced by the ILE, to build the new *Residencia de Estudiantes*. Antonio Flórez Urdapilleta, a 36-year-old architect educated at the ILE and a former resident of the Spanish Academy in Rome, was soon appointed to take charge of the whole project.

By 1913, Flórez's general plan for the new *Residencia* was devised, together with the design for the first two dormitory buildings. Apparently insisting on the idea of a simple monastic retreat, consistent with the concept of the English college declared as inspiration for the complex, the new prominent location offered in fact a quite different potential for the complex. Flórez's proposal defined a group of separate buildings placed on the site's highest part, defining the limits of an esplanade open to the north winds and to the far views of the west: the *Residencia* should not be a closed retreat, but an open observatory, thus encapsulating the free spirit and experimental emphasis of its educational project.

Such a concept had a meaningful source in Flórez's own experience. He stayed for six years in another hilltop student residence, the Roman Gianicolo, whose purpose was not to serve as a closed retreat either, but as a home base for the study of the surrounding reality. The Spanish Academy, the former Franciscan Monastery of San Pietro in Montorio, embodied the original Latin model of every student housing type, including the English *college*. The retreat of Christian communities from Roman urbs since the third century had produced the monastery as a 'pool of order and serenity', a 'pitch of concentration and dedication', to use Lewis Mumford's words.[15] The hierarchy and introspectiveness of the monastic model, devoted to the conservation of knowledge, and its typological association of church and cloister, were in clear contradiction not only with the actual mission of the Spanish Academy but with the modern concepts of education through experience of the outside world promoted by the ILE, Flórez's most direct influence.

From this perspective, the general layout of the *Residencia de Estudiantes* can be interpreted as an unfolded or exploded version of the cloister, in which the specific religious space, the church or chapel, has disappeared, thus dismissing the hierarchical order of the monastery.[16] This operation, probably the most crucial contribution of the *Residencia* to the history of student housing, was also its most controversial at the time – a bet for laicism in Spanish education that determined the bad fortune of the *Residencia* after 1936.

An Early Modern Type of Student Housing
Between 1913 and 1914, the two first dormitory buildings of the *Residencia* were built, the so-called 'twin pavilions': two 6-m-wide, three-floor-high parallel wings containing 24 rooms each, all of them oriented to the south, an access gallery along the north façade, common staircases, toilets and storage rooms in the ends. Strict rationality and austerity defined the buildings, only contradictory in the symmetrical composition of the long elevations, which had no correspondence with the interior. Its 43-m-long shape seemed a direct

de introvertheid van het kloostermodel, gewijd aan het behoud van kennis, en de typologische verwijzing naar kerken en kloosters waren duidelijk tegenstrijdig aan zowel de eigenlijke missie van de Spaanse Academie, als aan de moderne onderwijsconcepten van de ILE, Flórez' meest directe invloed, die immers scholing door levenservaring voorstond.

Tegen deze achtergrond kan de hoofdopzet van de *Residencia de Estudiantes* worden begrepen als een opengevouwen of zelfs geëxplodeerde versie van het klooster, waarvan de specifieke religieuze ruimte, de kerk of kapel is verdwenen, zodat ook de kloosterlijke hiërarchie ontbreekt.[16] Deze ingreep, die waarschijnlijk de belangrijkste bijdrage van de *Residencia* aan de geschiedenis van de studentenhuisvesting betekent, was in die tijd meteen ook haar meest controversiële bijdrage, namelijk een poging kerk en staat in het Spaanse onderwijs te scheiden, dat het droeve lot van de *Residencia* na 1936 bezegelde.

Een vroegmodern type studentenhuisvesting
De eerste twee logiesgebouwen van de *Residencia* werden tussen 1913 en 1914 gebouwd, de zogenaamde tweelingpaviljoens: twee 6 m brede, parallelle vleugels van drie verdiepingen met ieder 24 kamers op het zuiden, een ontsluitingsgang langs de noordgevel en gezamenlijke trappenhuizen, toiletten en opslagruimten aan de uiteinden. Het waren strikt rationele, strenge gebouwen met als enige inconsistentie een interieur dat geen enkele overeenkomst vertoonde met de symmetrische compositie van de langsgevels. De 43 m langgerekte vorm van het gebouw leek een directe vertaling van de hygiënistische architectonische voorschriften van de ILE, in de woorden van Giner de los Ríos: 'De beste vorm voor de plattegrond van ieder gebouw (...) is lineair, langgerekt langs een enkele as; dit is de enige indeling die een volledige zuivering van het gebouw door de omringende lucht en licht mogelijk maakt'.[17]

De tweelingpaviljoens vormden in feite een soort manifest van Flórez' hygiënistische opvatting over studentenhuisvesting.[18] Het galerijtype dat symbool stond voor de armoedigste speculatieve woningbouw van Madrid, de *corralas*, was hier op de een of andere manier omgekeerd en het resultaat was precies tegenovergesteld aan het drukke stedelijke weefsel. Lang vóór de moderne woningbouwprojecten van het interbellum, Gropius' strokenbouw uit 1930 en het Charter van Athene hadden hygiënistische en economische overwegingen binnen de utiliteitsbouw en de militaire architectuur vergelijkbare oplossingen opgeleverd.[19] De tweelingpaviljoens flankeerden een open tussentuin die breed genoeg was om te zorgen voor een minimum aan direct invallend zonlicht in elke kamer. Ook de platte daken van de paviljoens wezen Flórez aan als een voorloper van het modernisme: een hygiënistisch kenmerk dat het gebruik van de kroonlijst niet uitsloot – die kroonlijst was het mikpunt van aanvallen van de moderne beweging.[20]

In feite hield Flórez zich verre van de abstracte idealen en utopische retoriek van de volgende generatie orthodox moderne architecten. Zoals ook uit zijn latere werk zou blijken, zocht hij naar een rationeel begrip van de gebouwde werkelijkheid en die leidde tot een pragmatisch gebruik van constructieve tradities en materialen.[21] In de tweelingpaviljoens maakte hij op strenge wijze gebruik van baksteenmetselwerk en de tektoniek van houten galerijen, waarmee hij bouwkundig de toon zette voor het hele *Residencia*-complex.

Zijn volgende en laatste ontwerp voor het terrein, het derde paviljoen dat in 1915 werd gebouwd, ontkende iedere schematische notie van een vooruitgang in de richting van het orthodoxe modernisme. Flórez hield vast aan een langwerpige basisvorm en rekte die zelfs op

transposition of the ILE's hygienic prescriptions for architecture, as Giner de los Ríos put it: 'The best floor plan shape for any building . . . is the linear one, stretched along a single axis; this is the only layout that makes possible its complete sanitation by surrounding air and light.'[17]

In fact, the 'twin pavilions' were a kind of manifesto of Florez's sanitary concept for student housing. The access gallery type, emblem of the poorest speculative housing in Madrid, the 'corralas',[18] was here somehow inverted, producing an exact opposite of the congested urban fabric. Long before the modern housing projects of the interwar period, Gropius's parallel built rows scheme of 1930, or the *Athens Charter*, hygienic and economic concerns had produced similar solutions in sanitary and military architecture.[19] The 'twin pavilions' produced an open intermediate garden wide enough to provide a minimum of direct solar incidence in every room. This modern anticipation was confirmed by the pavilion's flat roof, another hygienist feature that didn't exclude the use of the cornice, one of the targets of Modern Movement attacks.[20]

In fact, Flórez was far from the abstract ideals and utopian rhetoric of the next generation of orthodox modern architects. As his later works confirmed, he searched for a rational understanding of building reality that would lead to the pragmatic use of constructive traditions and materials.[21] Brick masonry and the tectonics of wooden galleries were used in a severe way in the twin pavilions, setting the constructive key for the whole complex of the *Residencia*.

His next and last design for the site, the third pavilion built in 1915, denied any schematic idea of progress towards orthodox modernity. Flórez insisted on the basic elongated shape, and even stretched it to produce a nearly 60-m-long building which was soon called the 'transatlantic pavilion', but every other feature of the new design seemed to contradict the incipient functionalism of the earlier pavilions. The mixed programme of the new building combined laboratories on the ground floor and rooms on the upper levels. It was oriented along a north-south axis, its long fronts facing the slope towards the east and the open view to the west. The access gallery type developed into a more intricate scheme in the upper floors, with internal corridors that led to rooms facing opposite orientations. The volumetric articulation emphasized the building's strict symmetry, with low pavilions and high crowning loggias accentuating its extremes, its west front defined by the delicate serial rhythm of the open galleries. Together with the more prolific use of traditional forms and ornaments, all these features seemed to show a distance to the functional and hygienist premises of the earlier dormitory blocks. In fact, the 'transatlantic pavilion' confirms Flórez's interest for a rational assimilation of popular tradition, a position deeply related to the theories of Ortega and Unamuno and to the ILE's pedagogic approach.[22] Tradition as a process driven by the depuration and perfection of forms, as a source of progress.[23] In this case, the tradition of popular building techniques provided the rational combination of massive brick masonry and wooden structures for eaves and galleries.[24] Flórez's architecture was, again, a combination of rationalism and realism, defined by the use of forms and materials that belonged to the possibilities of his space and time.

Right after the completion of this third building, Flórez resigned as architect of the *Residencia* and Francisco Javier de Luque took over. The first original plan of the *Residencia de Estudiantes* was completed in 1918 with two more buildings that followed the pattern provided by Flórez: the 'central pavilion', also known as 'the house', located between the 'twin' and 'transatlantic' pavilions, and the fifth pavilion, which extended the long sequence of buildings towards the north. In a less interesting manner attributed to De Luque, the central pavilion

Gevelaanzichten van de tweeling-paviljoens van de *Residencia de Estudiantes*, logiesgebouwen ontworpen door Antonio Flórez en gebouwd tussen 1913-1914
Elevations of the 'twin pavilions' of the *Residencia de Estudiantes*, dormitory blocks designed by Antonio Flórez and built between 1913-1914

  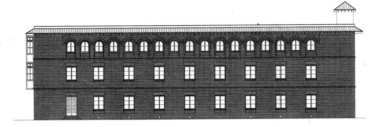

  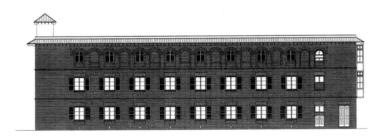

Het oude Madrileense *corrala* woningtype: foto van een galerij aan een smalle binnenplaats, en plattegrond van een 57 m diep voorbeeld aan de Calle del Mesón de Paredes (1915)
The old *corrala* housing type in Madrid: photo from an access gallery in a narrow internal courtyard and plan of a 57-m-deep example in Mesón de Paredes Street, built in 1915

 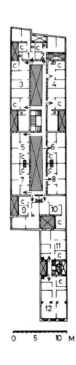

De tweelingpaviljoens van de *Residencia* (rechts) als een omkering van de zogenaamde *corralas*, de speculatieve woningtypen in de opeengepakte binnenstad van Madrid, die worden gekenmerkt door langwerpige, smalle binnenplaatsen voor toetreding van licht en lucht, die ook als entree functioneren (links, Calle de Embajadores)
The 'twin pavilions' of the *Residencia* (right) as a negative of the speculative housing types in the congested city centre of Madrid, the so-called *corralas* with their long and narrow access and ventilation courtyards (left, Calle de Embajadores)

Beeldmerk van de *Residencia de Estudiantes*: hoofd van de 'Blonde Ephebe', een klassieke sculptuur gevonden in 1887 en bewaard in het Acropolismuseum in Athene, geschematiseerd door tekenaar Fernando Marco
Logotype of the *Residencia de Estudiantes*: head of the *Blonde Ephebe*, a classic sculpture found in 1887 and kept in the Museum of the Acropolis in Athens, schematized by the drawer Fernando Marco

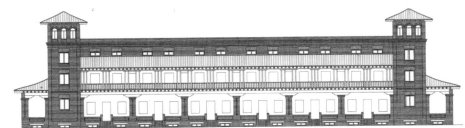
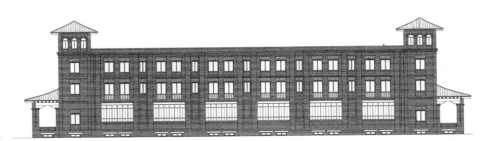

Gevelaanzichten van het Transatlantisch Paviljoen van de *Residencia de Estudiantes*, een blok met een gemengd programma, ontworpen door Antonio Flórez en gebouwd tussen 1914-1915
Elevations of the 'transatlantic pavilion' of the *Residencia de Estudiantes*, a mixed-use block designed by Antonio Flórez and built between 1914-1915

Inwonende studenten poseren voor, bovenop – en zich vastklampend aan – het Transatlantisch Paviljoen van de *Residencia de Estudiantes*
Resident students in front, on top and clung to the 'transatlantic pavilion' of the *Residencia de Estudiantes*

De oostgevel van het Transatlantisch Paviljoen vanaf de weide op het hoogste niveau van de 'windheuvel'
The east façade of the 'transatlantic pavilion' from the meadow on the upper level of the 'wind hill'

om een gebouw van bijna 60 m lang te creëren dat al snel het 'Transatlantisch Paviljoen' werd gedoopt, maar elke andere eigenschap van het nieuwe ontwerp leek erop uit te zijn het prille functionalisme van de vroegere paviljoens tegen te spreken. Het gemengde programma van het nieuwe gebouw combineerde laboratoria op de begane grond met studentenkamers op de verdiepingen. Het paviljoen lag georiënteerd langs de noord-zuidas, de lange voorgevels gericht op de helling aan de oostzijde en het vrije uitzicht aan de westzijde. Het galerijtype met toegangsportiek ontwikkelde zich op de bovenverdiepingen tot een complexere structuur met inpandige corridors waarop kamers uitkwamen met wisselende oriëntaties. De articulatie van de volumes benadrukte de strenge symmetrie van het gebouw; de lage paviljoens werden aan de uiteinden bekroond met hoge loggia's, waarbij de westgevel gedefinieerd werd door het delicate seriële ritme van open galerijen. Samen met een overvloediger gebruik van traditionele vormen en ornamenten leken al deze kenmerken afstand te nemen van de functionele en hygiënistische uitgangspunten van de eerdere logiesgebouwen. In feite bevestigt het Transatlantisch Paviljoen Flórez' belangstelling voor een rationele assimilatie van de volkstraditie, een positie die nauw verwant is met de theorieën van Ortega en Unamuno en met de pedagogische benadering van de ILE.[22] Traditie wordt hier opgevat als een proces dat wordt gedreven door de zuivering en perfectionering van vormen, als een bron van vooruitgang.[23] In dit geval was de rationele combinatie van dragend metselwerk en houtconstructies voor dakranden en galerijen afkomstig uit traditionele bouwtechnieken.[24] Flórez' architectuur was, wederom, een combinatie van rationalisme en realisme die werd bepaald door het gebruik van vormen en materialen die behoorden tot de mogelijkheden van zijn tijdsgewricht.

Vlak na de voltooiing van zijn derde gebouw trok Flórez zich terug als architect van de *Residencia* en Francisco Javier de Luque nam het van hem over. Het eerste, oorspronkelijke plan voor de *Residencia de Estudiantes* werd in 1918 aangevuld met nog twee gebouwen volgens het door Flórez ingezette patroon: het centrale paviljoen, dat ook wel bekend stond als 'het huis', gelegen tussen de tweelingpaviljoens en het Transatlantisch Paviljoen; en het vijfde paviljoen, dat de lange reeks gebouwen in noordelijke richting uitbreidde. In het centrale paviljoen had De Luque, op een wat minder interessante manier, de gemeenschappelijke ruimten voor lezingen, eten, muziek en ontmoeting op de begane grond ondergebracht, met studentenkamers op de twee verdiepingen. Het gemengde programma was gearrangeerd in een driedelige symmetrische compositie met een centraal portiek, een hal en een trap langs de centrale as naar corridors die de kamers ontsluiten. In het laatste paviljoen, dat tegenwoordig ernstig verminkt is, huisde de bibliotheek met daarboven drie verdiepingen met opnieuw kamers.

De totale groep gebouwen deelde een strenge, robuuste uitstraling die de geest van de *Residencia* onderstreepte: een mix van liberalisme en zacht puritanisme waarvan de directeur, Alberto Jimenez Fraud, de verpersoonlijking was. Discipline, rationele orde en traditie werden uitgedragen door een edele architectuur, omgeven door tuinen en sportvelden. Het geheel vertegenwoordigde het ideaal van de geestelijke en lichamelijke vorming van jonge studenten dat op de een of andere manier werd samengebracht in het logo van de Residencia: de 'Blonde Ephebe', het hoofd van een klassiek Grieks beeldhouwwerk, was de ideale student van de *Residencia*.

Buñuel, Lorca en Dalí in de *Residencia*
De studenten die in werkelijkheid op de *Residencia* woonden,

housed the common spaces for lectures, boarding, music and meeting on the ground floor, with rooms on the two upper stories. The mixed-use programme was arranged in a tripartite symmetrical composition, with a central portico, hall and staircase in the entrance axis, leading to internal distribution corridors for the rooms. The last pavilion, today heavily distorted, contained the library and, again, rooms on three stacked levels.

The whole group of buildings shared an austere and robust image that supported the 'spirit' of the *Residencia*, a mix of liberalism and soft puritanism personified by its director, Alberto Jiménez Fraud. Discipline, rational order and tradition were represented by this noble architecture surrounded by gardens and sports fields. As a whole it delivered the ideal of a mental and corporal formation of the young students, something that the *Residencia*'s own logotype somehow synthesized: the *Blonde Ephebe*, head of a classic Greek sculpture, was the ideal student of the *Residencia*.

Buñuel, Lorca and Dalí in the *Residencia*
The real students of the *Residencia* were in general far from the *Blonde Ephebe*. As a matter of fact, they were extraordinarily varied. Beyond the provision of a healthy living and learning environment, the philosophical core of the institution was the integration of diverse students and disciplines as a source of mutual stimulus and innovation. Students of scientific and humanistic careers, arts and engineering, with different backgrounds, lived together to become the future leaders of a cultural regeneration of Spain.[25] The relative success of such a strategy cannot be reduced to a single case, but is evidently epitomized by the most famous group of friends in the history of the *Residencia*: Luis Buñuel, a student of agronomy from Aragon, Federico García Lorca, Andalusian student of law, and Salvador Dalí, who arrived from Catalonia to study at the Academy of Fine Arts.

The catalysing meeting of these extremely diverse students, and later universally known artists, has been widely analysed; but its relation to the architecture they were housed in and the kind of pedagogical message it represented has been overlooked so far.[26] A complete research in this sense has no place in this article, but some points are worth mentioning. First, the mix of rationalism and realism of the *Residencia*, its disciplined and austere architecture, proved to be the perfect milieu for the pre-surrealist experiments of the three students.[27] Lorca's truncated life makes useless any imagination about his later evolutions, but Buñuel and Dalí's careers reveal how such experiments bred the deep revolt against both abstract rationalism and realism that was later integrated into international surrealism. The architecture of the *Residencia* should in this sense be understood not as a neutral background, but as a reality in which the cracks of the rational edifice could manifest. The enigmatic identity duplication of the 'twin pavilions', where the three students were housed, the shifted point of view and dream-like panorama from their flat roofs, or the violent juxtaposition of traditional building techniques in the 'transatlantic pavilion' and the state-of-the-art technology of its laboratories are some possible surrealistic sources that resound in Buñuel and Dalí's later works.[28]

Secondly, Buñuel, Lorca and Dalí's intellectual revolt can be related to the more general reaction against the rational strategies of control and exclusion that developed in the post-war period. The surrealist root of situationism and the ambiguous ideological background of the student revolts of 1968 are well known and need no further comment.[29] In the field of architecture, the repressive power of modern rational planning was stressed and frontally attacked. Student residence architecture was a disciplinary tool of control and exclusion to fight

'Als... je durft te dromen maar je niet door dromen laat leiden...'
'If ... You Can Dream and Don't Make Your Dreams Your Master . . .'

Van links naar rechts: Salvador Dalí, Jose Moreno Villa, Luis Buñuel, Federico García Lorca en Jose Antonio Rubio Sacristán in Madrid, mei 1926. Buñuel, Lorca en Dalí woonden tussen 1922-1925 in de *Residencia*
From left to right: Salvador Dalí, José Moreno Villa, Luis Buñuel, Federico García Lorca and José Antonio Rubio Sacristán in Madrid, May 1926. Buñuel, Lorca and Dalí lived together in the *Residencia* between 1922-1925

Pre-surrealistische training: Luis Buñuel bokst in 1918 op het platte dak van een tweelingpaviljoen; García Lorca gebruikt een microscoop in een laboratorium van het Transatlantisch Paviljoen (rechts)
Pre-surrealist training: Luis Buñuel boxing on the flat roof of a 'twin pavilion' in 1918, García Lorca using the microscope in one of the laboratories of the 'transatlantic pavilion' (right)

De raadselachtige identiteitsverdubbeling van de tweelingpaviljoens van de *Residencia* (tekening van docent José Moreno Villa), en in een film still uit Buñuel en Dalí 's film *Un Chien Andalou* uit 1929 met twee Broeders Maristen (Jaume Miravitlles en Salvador Dalí)
The enigmatic identity duplication of the 'twin pavilions' of the *Residencia* (drawing by the tutor José Moreno Villa), and in a frame of Buñuel and Dalí's 1929 film *Un Chien Andalou*, with two Marist Brothers (Jaume Miravitlles and Salvador Dalí)

waren over het algemeen alles behalve blonde ephebes. Ze vormden feitelijk een buitengewoon gevarieerde groep. Naast het aanbieden van een gezonde leef- en leeromgeving was de filosofische kern van de instelling bedoeld om verschillende studenten en disciplines te integreren, want dat zou een bron van wederzijdse stimulans en innovatie zijn. Studenten in de wetenschappen of in de humaniora, in de kunsten of in de techniek, vanuit verschillende achtergronden, woonden samen en zouden in de toekomst leiding gaan geven aan de culturele regeneratie van Spanje.[25] Het relatieve succes van die strategie kan niet worden teruggebracht tot een enkel geval, maar wordt overduidelijk gepersonifieerd door de bekendste vriendengroep uit de geschiedenis van de *Residencia*: Luis Buñuel, een student landbouwwetenschappen uit Aragon, Federico García Lorca, een student rechtsgeleerdheid uit Andalusië, en Salvador Dalí, die uit Catalonië kwam om aan de Academie voor Schone Kunsten te studeren.

De katalyserende ontmoeting van deze zeer verschillende studenten en later alom bekende kunstenaars is op grote schaal onderzocht, maar tot op heden is hun relatie met de architectuur waarin ze werden ondergebracht en met de pedagogische boodschap die deze architectuur vertegenwoordigde, over het hoofd gezien.[26] Het kader van dit artikel biedt geen ruimte aan een uitvoerig onderzoek, maar sommige punten zijn het vermelden waard. Ten eerste bleken de mix van rationalisme en realisme van de *Residencia* en haar gedisciplineerde en strenge architectuur de perfecte omgeving voor de pre-surrealistische experimenten van de drie studenten.[27] Lorca's afgekapte leven maakt elke fantasie over hoe hij zich later had kunnen ontwikkelen zinloos, maar de levensloop van Buñuel en Dalí laat zien hoe uit dergelijke experimenten een diepe opstandigheid tegenover zowel het abstracte rationalisme als het realisme voortvloeide, die later werd geïntegreerd in het internationale surrealisme. De architectuur van de *Residencia* kan in deze context niet worden opgevat als een neutrale achtergrond: het was de realiteit waarin de barsten in het rationele bouwwerk zich konden manifesteren. De raadselachtige identiteitsverdubbeling van de tweelingpaviljoens waarin de drie studenten woonden, het verschoven gezichtspunt en het dromerige panorama vanaf de platte daken, of het heftige contrast tussen de traditionele bouwtechnieken van het Transatlantisch Paviljoen en de ultramoderne technologie in de laboratoria zijn een aantal mogelijke surrealistische bronnen die weerklinken in het latere werk van Buñuel en Dalí.[28]

Ten tweede kan de intellectuele revolte van Buñuel, Lorca en Dalí in verband worden gebracht met de meer algemene reactie tegen de rationele strategieën van controle en uitsluiting die zich in de naoorlogse periode ontwikkelde. De surrealistische wortels van het situationisme en de dubbelzinnige ideologische achtergrond van de studentenopstanden van 1968 zijn bekend en behoeven geen verdere toelichting.[29] Binnen de architectuur werd de repressieve kracht van de moderne rationele planning benadrukt – en frontaal aangevallen. De architectuur van studentenhuisvesting kon worden beschouwd als een disciplinair middel ter controle en uitsluiting dat bestreden diende te worden, en was niet het product van een vrijwillig en collectief recht zich terug te trekken, om met Robin Evans te spreken.[30] Lindsay Anderson toonde in zijn film *If...* uit 1968 de repressieve kant van de archetypische studentenhuisvesting, het Engelse *college*, en de mate waarin dat geschikt was als doel voor studentengeweld.[31] Minder revolutionair geformuleerd werd studentenhuisvesting gekoppeld aan de sociale woningdifferentiatie zoals de moderne stedenbouw die toepaste: 'speciale' architectuur voor 'speciale' gemeenschappen, zoals geesteszieken (sanatorium), criminelen (gevangenis), of de armen (sociale woningbouw). Jane Jacobs formuleerde het in de vroege jaren

against, not the product of a voluntary and collective right of retreat, using Robin Evans' terms.[30] Lindsay Anderson's 1968 film *If...* summarized the repressive side of the archetypal student housing, the English College, and its suitability as a target for the students' violence.[31] In a less revolutionary formulation, student residences were linked to the social specialization of housing implemented by modern planning: 'special' architecture for 'special' communities, like the mentally ill (sanatorium), the criminal (penitentiary), or the poor (social housing). As Jane Jacobs put it in the early 1960s, this classificatory fixation not only produced segregation, but worked against the feature that most clearly supported the birth of new ideas and knowledge: diversity.[32]

Conclusion

During the late 1950s and 1960s, student residences proliferated in Madrid, usually adopting the name *colegio* and producing some of the most interesting buildings in the city.[33] The ideas of enclosed community and social specialization of housing embodied by them had been largely criticized at the time, as a part of the theoretical erosion of modern planning and social control techniques. Diversification of demands and a generalized weakening of the links in domestic communities seem to validate such criticism today: Why should student housing architecture be 'special'? Furthermore, the monastic virtues of the student residence (retreat, discipline, formative control, conservation and transmission of knowledge) have been apparently superseded by new goals and values like diversity, freedom and choice, inspiration and innovation, calling for the dissolution of student housing in the promiscuity of programmes and types of the city. Should we dismiss the student residence as a contemporary architectural programme?

The case of the *Residencia de Estudiantes* in Madrid, analysed in this article, provides some more subtle arguments about the issue. First, the pedagogical project of the institution assumed that the direct experience of real life is the main source of knowledge and formation for students, but this premise didn't deny the need for a retreat where such experience could be elaborated. Thus the idea of the student residence as an observatory or home base, and the unfolding of the cloister type are key contributions of the *Residencia* to the history of student housing. Second, Flórez's rational and realist architecture proved to be a successful incubator for innovation, even for the intellectual revolt against the rational principles it embodied – as confirmed by the famous case of Buñuel, Lorca and Dalí. The promotion of freedom and diversity in the *Residencia* had a lot to do with those remarkable results, but such philosophy wasn't hosted by a 'free', 'different' or 'playful' architecture but by the disciplined unity and austere patterns defined by Antonio Flórez. Therefore the *Residencia* stands far from both the authoritarian discipline of the archetypal college and the more subtle but stronger repressive power of the 'creative', 'free' and 'stimulating' environments many contemporary architectures for 'the youth' aim to provide. Flórez' architecture seems to aim instead for a moderate order. An order onto or perhaps against which true freedom may be founded.

1960 als volgt: deze fixatie op classificatie produceerde niet alleen segregatie, maar ondermijnde de eigenschap die de geboorte van nieuwe ideeën en kennis het duidelijkst ondersteunde: diversiteit.[32]

Conclusie

Aan het eind van de jaren 1950 en 1960 nam het aantal studentenhuizen in Madrid snel toe, meestal onder de naam *colegio*, en daaronder bevonden zich enkele van de meest interessante architectonische werken van de stad.[33] De in deze gebouwen besloten ideeën over de gesloten gemeenschap en sociaal gedifferentieerde huisvesting werden indertijd sterk bekritiseerd: dat maakte deel uit van de theoretische erosie van de moderne stedenbouw en technieken van sociale controle. De gevarieerde huisvestingsbehoefte en een algemene verslapping van de onderlinge verbanden binnen huishoudens van tegenwoordig lijken die kritiek te rechtvaardigen: waarom zou de architectuur van studentenhuisvesting 'speciaal' zijn? Bovendien zijn de kloosterlijke deugden van het studentenhuis (retraite, discipline, controle gedurende de vorming, behoud en overdracht van kennis) blijkbaar vervangen door nieuwe doelen en waarden als diversiteit, vrijheid en keuzevrijheid, inspiratie en innovatie, wat aanleiding geeft om studentenhuisvesting te laten oplossen binnen de huidige willekeur aan programma's en gebouwtypen in de stad. Is studentenhuisvesting nog wel een eigentijds architectonisch programma?

Aan de in dit artikel geanalyseerde casus van de *Residencia de Estudiantes* in Madrid zijn wat meer subtiele argumenten over de kwestie te ontlenen. Ten eerste ging het pedagogisch project van het instituut er vanuit dat de directe ervaring van het echte leven de belangrijkste bron is voor kennis en vorming van de studenten, maar dit uitgangspunt ontkende niet dat er behoefte was aan een toevluchtsoord waar deze ervaring kan worden uitgewerkt. Daarom zijn de idee van studentenhuisvesting als observatorium of thuisbasis, en het openvouwen van het kloostertype de belangrijkste bijdragen van de *Residencia* aan de geschiedenis van de studentenhuisvesting. Ten tweede bleek de rationele en realistische architectuur van Flórez een succesvolle broedplaats voor innovatie, zelfs voor de intellectuele opstand tegen de rationele principes die het gebouw belichaamde –bevestigd door het beroemde geval van Buñuel, Lorca en Dalí. Die opmerkelijke resultaten hielden weliswaar verband met de bevordering van vrijheid en diversiteit waar de *Residencia* voor stond, maar het was een filosofie die niet werd gefaciliteerd door een 'vrije', 'andere' of 'speelse' architectuur, maar door de gedisciplineerde eenheid en strenge patronen van Antonio Flórez. De *Residencia* staat ver af van de autoritaire discipline van het archetypische *college*, maar ook van de meer subtiele, maar sterker repressieve macht van de 'creatieve', 'vrije' en 'stimulerende' omgevingen die veel hedendaagse architecten denken te moeten ontwerpen voor 'jongeren'. De architectuur van Flórez lijkt in plaats daarvan een gematigde orde voor te staan. Een orde waarop, of misschien waartegen, ware vrijheid kan worden gefundeerd.

Studentenkamer als ontmoetingsplaats en potentieel subversieve baarmoeder: een film still uit Lindsay Anderson's film *If...* uit 1968 met Malcolm McDowell midden op de foto (boven), en studenten in een kamer van de *Residencia de Estudiantes* in 1935.

Student room as meeting place and potential subversive womb: a frame of Lindsay Anderson's 1968 film *If...* with Malcolm McDowell in the centre of the image (above), and students in a room of the *Residencia de Estudiantes* of Madrid in 1935.

Notes

1. From Rudyard Kipling's poem *If . . .*, first published in 1910 and the source of the title of Lindsay Anderson's film (1968).
2. Quote from the conferences delivered by Le Corbusier in the *Residencia de Estudiantes*, 8 and 11 May 1928. From the exh. cat. *Le Corbusier, Madrid 1928. Una casa, un palacio* (Madrid, 2010).
3. Alfonso Reyes, 'La Residencia de Estudiantes', *Residencia,* vol. 1 (1926) no. 2, (quoted in the dossier 'Una habitación histórica de la Residencia de Estudiantes'). See also: Ian Gibson, *Luis Buñuel* (Madrid: Aguilar, 2013), 111 (quote from: John Brande Trend, *A Picture of Modern Spain* [1921]).
4. The main source for Florez's biography and the history of the *Residencia de Estudiantes* is the work of Salvador Guerrero, curator of the exhibition about Flórez held in 2002 in the *Residencia*. See: Salvador Guerrero (ed.), *Antonio Flórez, arquitecto (1877-1941)* (Madrid: Residencia de Estudiantes, 2002).
5. Free Institute for Education. See: Mercedes Montero, 'Spain in the Cultural Memory of Alberto Jiménez Fraud', *Atenea. A Bilingual Journal of Humanities and Social Sciences*, vol. 30 (2010) no. 1-2, 119-136.
6. Francisco Giner de los Ríos, *El edificio de la escuela* (Madrid: Establecimiento tipográfico El Correo, 1884), 5-7. Quoted by Salvador Guerrero in: Guerrero, *Antonio Flórez, arquitecto (1877-1941)*, op. cit. (note 4), 61.
7. The use of tradition in the architecture of Flórez has been frequently analysed in the context of eclecticism, stressing its rational understanding of past forms and materials against the picturesque evocation of many of his contemporaries (See: Carlos Sambricio, 'Flórez a través de su discípulo Torres Balbás: una primera reflexión moderna sobre la arquitectura española', in: Guerrero, *Antonio Flórez*, op. cit. (note 4). The same use of tradition is interpreted here as a result of a 'realist' approach to building techniques, in contrast with the utopian experimentalism and frequent search for an abstract or industrial image of the orthodox modern architects.
8. See *La Revista A.C.*, no. 9 (1933), issue devoted to schools.
9. Manuel de Solà-Morales, 'Un'altra tradizione moderna/Another Modern Tradition', *Lotus International*, no. 64 (1989), 6-32.
10. A general understanding of the cultural relevance of the *Residencia* is provided by: *Poesía*, no. 18-19 (autumn-winter 1989), monographic issue devoted to the *Residencia de Estudiantes*.
11. See among others: Agustín Sánchez Vidal (ed.), *Buñuel, Lorca, Dalí: el enigma sin fin* (Barcelon: Planeta, 1988). Christopher Maurer, Agustín Sánchez Vidal, Román Gubern et al., *Ola Pepín!: Dalí, Lorca y Buñuel en la Residencia de Estudiantes* (Madrid: Residencia de Estudiantes – Fundació Caixa Catalunya, 2007). Carlo Abella, exh. cat. *Dalí, Lorca y la Residencia de Estudiantes* (Madrid: Obra Social 'La Caixa', 2010).
12. Águeda María Rodríguez Cruz, *Vida estudiantil en la Hispanidad de ayer* (Bogotá: Instituto Caro y Cuervo, 1971).
13. Alejandro Pérez Lugín, *La Casa de la Troya* (Santiago de Compostela: Librería 'Gali', 1980 [1915]). The novel was followed by the homonymous 1924 and 1959 films, directed by Pérez Lugín himself and Rafael Gil.
14. Council for the Extension of Studies. See: Antonio Lafuente, José Manuel Sánchez Ron et al., exh. cat. *El laboratorio de España: la Junta de Ampliación de Estudios e Investigaciones Científicas 1907-1939* (Madrid: Sociedad Estatal de Conmemoraciones Culturales/ Residencia de Estudiantes, 2007).
15. Lewis Mumford, *The City in History: Its Origins, Transformations and Its Prospects* (New York: Harcourt, Brace & World. 1961), 246-247.
16. The concept of the unfolded cloister and the Spanish Academy in Rome as a model for the *Residencia* were put forward by José Ramón Alonso Pereira in his contribution to: Guerrero, *Antonio Flórez*, op. cit. (note 4), 241.
17. Giner de los Ríos, *El edificio de la escuela*, op. cit. (note 6), 18. Quoted in: Guerrero, *Antonio Flórez*, op. cit. (note 4), 63.
18. The term *corrala* stems directly from the word with which the utilitarian, subordinate constructions to keep cattle ('corral', in English) and, specially, chicken ('pen') are designated in Spanish. Regarding the architectural type, see: Julio Díaz Palacios, 'Las Corralas de Madrid', *Boden*, no. 13 (1977), 28-49.
19. The 1901 Niño Jesús asylum or the 1906 convalescents' asylum of San Vicente de Paul were known examples in Madrid. The new slaughterhouse complex designed by Luis Bellido (1907-1925) is a close example of *pavilionaire* architecture too. Flórez' design cancelled the link between wings present in most sanitary precedents.
20. Le Corbusier himself attacked the cornice in his conference in the *Residencia*, reproduced in: Salvador Guerrero (ed.), *Maestros de la Arquitectura Moderna en la Residencia de Estudiantes* (Madrid: Residencia de Estudiantes, 2010), 281-283.
21. Florez's claim of a deep knowledge of building reality is explicit in his ideas about the pedagogy of architecture. See: Pedro Navascués Palacio, 'Antonio Flórez: de la Escuela a la Academia', and Javier García-Gutiérrez Mosteiro, 'El periodo de pensionado de Antonio Flórez en Roma y la formación del arquitecto', both in: Guerrero, *Antonio Flórez*, op. cit. (note 4), 34-35, 41.
22. About the concept of 'eternal tradition', see: Miguel de Unamuno, 'En torno al casticismo. La tradición eterna, in: *Tomo I. Ensayos* (Madrid: Residencia de

arquitecto (1877-1941), op. cit. (noot 4), 34-35, 41.
22 Zie voor het concept van 'eeuwige traditie': Miguel de Unamuno, 'En torno al casticismo. La tradición eterna' in: *Tomo I. Ensayos* (Madrid: Residencia de Estudiantes, 1916). Unamuno's concept werd verder ontwikkeld door Fernando Chueca Goitia in: *Invariantes castizos de la arquitectura española; Invariantes en la arquitectura hispanoamericana; Manifiesto de La Alhambra* (Guadalajara: Seminarios y Ediciones, 1971 [1947]), 44-45.
23 'Een constant verbeteringsproces, dat zich generatie op generatie blijft ontwikkelen terwijl bouwmethoden veranderen, resulteert in een lokale bouwstijl die zowel hygiënisch, eenvoudig, solide als economisch is', aldus Flórez. Antonio Flórez, *Proyecto del pabellón escuela de la construcción popular en Madrid* (1924). Archivo General de la Administración del Estado. Citaat uit: Guerrero, *Antonio Flórez, arquitecto (1877-1941)*, op. cit. (noot 4), 66.
24 Zie: Carlos Sambricio, 'Flórez a través de su discípulo Torres Balbás: una primera reflexión moderna sobre la arquitectura española', in: Guerrero, op. cit. (noot 4), 224-225.
25 Vidal, *Buñuel, Lorca, Dalí: el enigma sin fin*, op. cit. (noot 11), 46.
26 Naast de aan hun relatie gewijde werken zijn er basisgegevens over het leven van Buñuel, Lorca en Dalí in Madrid te vinden in: Ian Gibson, *Luis Buñuel: la forja de un cineasta universal 1900-1938* (Madrid: Santillana, 2013). Ian Gibson (red.), *Federico García Lorca* (Barcelona: Crítica, 1994). Rafael Santos Torroella, *Dalí: época de Madrid*, Residencia de Estudiantes and Ayuntamiento de Madrid, 2004 [2ᵉ druk].
27 Vidal, *Buñuel, Lorca, Dalí: el enigma sin fin*, op. cit. (noot 11), 45.
28 De door Buñuel en Dali gemaakte film *Un chien Andalou* (1929) is grotendeels geïnspireerd op de Madrileense periode van de beide kunstenaars. Opvallend is de verschijning van de twee monniken (twee piano's en dode apen), de 'snijdende windveer' in de openingsscène en de verscheidene surrealistische nevenschikkingen in de film. Later loochende Buñuel Unamuno's idee dat de volkstraditie een bron van vooruitgang zou kunnen zijn in *Las Hurdes* (1933), en gebruikte hij het concept van de kloosterlijke retraite in films als *Simón del Desierto* (1965).
29 Simon Sadler, *The Situationist City* (Boston: MIT Press, 1998). Francesco Poli, 'Sulla scia dei surrealisti', in: Guy Debord en Gianfranco Sanguinetti (red.), *I situationisti e la loro storia* (Rome: Manifestolibri, 2006 [1999]). Mikkel Bolt Rasmussen, 'The Situationist International, Surrealism, and the Difficult Fusion of Art and Politics', *Oxford Art J*, jrg. 27 (2004) nr. 3, 365-387.
30 Robin Evans, 'The Rights of Retreat and the Rites of Exclusion', *Architectural Design*, jrg. 41 (juni 1971), nr. 6.
31 De film speelde zich hoofdzakelijk af op Anderson's alma mater: Cheltenham College in Gloucestershire.
32 Jane Jacobs, *The Death and Life of Great American Cities* (New York: Random House, 1992 [1961]), 145, 323-324.
33 Enkele van de opvallendste voorbeelden zijn het *Colegio Mayor Santo Tomás de Aquino* (1957) van De la Hoz en García de Paredes; *San Agustín* (1962) van Francisco de Asís Cabrero en *César Carlos* (1970) van Alejandro de la Sota.

Estudiantes, 1916). Unamuno's concept was later developed by Fernando Chueca Goitia, in: *Invariantes castizos de la arquitectura española; Invariantes en la arquitectura hispanoamericana; Manifiesto de La Alhambra* (Guadalajara: Seminarios y Ediciones, 1971 [1947]), 44-45.
23 According to Flórez, 'a constant depuration made by many generations, evolving as the building methods change, produce the type of local construction that gathers the conditions of hygienism, simplicity, solidity and economy'. Antonio Flórez, *Proyecto del pabellón escuela de la construcción popular en Madrid* (1924) Archivo General de la Administración del Estado. Quoted in: Guerrero, *Antonio Flórez*, op. cit. (note 4), 66.
24 See: Carlos Sambricio, 'Flórez a través de su discípulo Torres Balbás: una primera reflexión moderna sobre la arquitectura española', in: Guerrero, *Antonio Flórez*, op. cit. (note 4), 224-225.
25 Vidal, *Buñuel, Lorca, Dalí*, op. cit. (note 11), 46.
26 Apart from the works devoted to their relationship, some basic references about Buñuel, Lorca and Dalí's life in Madrid are: Ian Gibson, *Luis Buñuel: la forja de un cineasta universal 1900-1938* (Madrid: Santillana, 2013). Ian Gibson (ed.), *Federico García Lorca* (Barcelona: Crítica, 1994). Rafael Santos Torroella, *Dalí: época de Madrid* (Madrid: Residencia de Estudiantes and Ayuntamiento de Madrid, 2004, 2ⁿᵈ edition).
27 Vidal, *Buñuel, Lorca, Dalí*, op. cit. (note 11), 45.
28 Buñuel and Dali's film *Un chien Andalou* (1929), draws many of its inspirations from the Madrid period of both authors. The apparition of the twin monks (twin pianos and dead donkeys) the 'cutting cloud' in the opening scene and the several surrealist juxtapositions in the film are significant. Buñuel later denied Unamuno's idea of popular tradition as a source of progress in *Las Hurdes* (1933) and worked with the idea of monastic retreat in films like *Simón del Desierto* (1965).
29 Simon Sadler, *The Situationist City* (Boston: MIT Press, 1998). Francesco Poli, 'Sulla scia dei surrealisti', in: Guy Debord and Gianfranco Sanguinetti (eds.), *I situationisti e la loro storia* (Rome: Manifestolibri, 2006 [1999]). Mikkel Bolt Rasmussen, 'The Situationist International, Surrealism, and the Difficult Fusion of Art and Politics', *Oxford Art J*, vol. 27 (2004) no. 3, 365-387.
30 Robin Evans, 'The Rights of Retreat and the Rites of Exclusion', *Architectural Design*, vol. 41 (June 1971) no. 6.
31 The basic location of the film was Anderson's alma mater, Cheltenham College in Gloucestershire.
32 Jane Jacobs, *The Death and Life of Great American Cities* (New York: Random House, 1992 [1961]), 145, 323-324.
33 Some of the most remarkable examples are the *Colegio Mayor Santo Tomás de Aquino* (1957) by De la Hoz and García de Paredes; *San Agustín* (1962) by Francisco de Asís Cabrero and *César Carlos* (1970) by Alejandro de la Sota.text

Cripps Building (St John's College), Cambridge, Philip Powell & Hidalgo Moya, dakterrassen roof terraces

Plandocumentatie Studentenhuisvesting

Plan Documentation Housing the Student

Dick van Gameren, Paul Kuitenbrouwer, Harald Mooij & Annenies Kraaij

Met bijdragen van/With contributions by:
Sergio Martín Blas, Piet Vollaard & Jurjen Zeinstra

Tekeningen/Drawings:
Cederick Ingen-Housz, Guido Greijdanus & Carlyn Simoen

84
Inleiding Introduction
86
St John's College, Cambridge (UK), van/from 1511 – diverse bouwers en architecten/multiple contractors and architects
92
Residencia de Estudiantes, Madrid (E), 1913-1923 – Antonio Flórez Urdapilleta (1913-1915) en/and Francisco Javier de Luque (1915-1923)
100
Collège néerlandais, Parijs Paris (F), 1928-1938 – Willem Marinus Dudok
108
Samuel F.B. Morse and Ezra Stiles Colleges, New Haven (US), 1958-1962 – Eero Saarinen
116
Patiostudentenwoningen/Patio Student Housing, Enschede (NL), 1964-1965 – Herman Haan
124
Cripps Building, Cambridge (UK), 1962-1967 – Philip Powell en/and Hidalgo Moya
132
Maison de l'Iran, Parijs Paris (F), 1961-1969 – Claude Parent, André Bloc, Moshen Foroughi en/and Heydar Ghiaï-Chamlou
140
Hoogeveldt, Nijmegen (NL), 1967-1970 – Piet Tauber
148
Svartlamoen, Trondheim (N), 2003-2005 – Geir Brendeland en/and Olav Kristoffersen
156
Anna van Bueren Toren, Den Haag The Hague (NL), 2010-2013 – Wiel Arets

Student Housing

The plan documentation for this tenth edition of *DASH* includes ten examples of student housing projects that have actually been built. Spread across Europe and North America, the projects give a panoramic overview of models for student housing that have been developed over the past 500 years. The architecture of the student dwelling has a rich and dynamic history, and the selection shows a number of projects that illustrate the most important traditions and innovations.

St John's College in Cambridge exemplifies the *college*, developed in the Middle Ages: a collective residential building for teachers and students. The residents share a set of communal facilities, the most important of which are the dining room, library and chapel. This type of construction is known from the old British university cities, but can also be found on the continent. In the 500 years since its founding, St John's College has been expanded again and again; it demonstrates how the residential units in the college have developed over the course of time.

The Residencia de Estudiantes in Madrid exemplifies the student house of the twentieth-century: a rationally designed accommodation building with a linear repetition of identical rooms, without any extensive collective programme. The first Dutch example of housing built specifically for students is the Collège néerlandais in Paris. The design harkens back to the past: with its courtyard shape and community facilities, the building follows the college model rather literally.

The explosive growth of universities in Europe and North America after the Second World War led to many student housing projects, and several special experiments can be found in this abundance. In the patio student residences on the first Dutch campus in Twente, units are clustered around collective patios, forming a unique 'mat-building' in terms of landscape. In the Maison d'Iran in Paris, the expression of the construction is the crucial starting point. Box-shaped volumes that contain the simple main design of corridors with repeating units are hung on colossal and visible steel portals. The space that remains under and between the volumes is used for collective functions.

Interesting experiments have also taken place in traditional university towns, where distinctly modernist architecture has been embedded in the historical buildings. The Cripps Building, an extension of St John's College in Cambridge, and the Morse and Stiles Colleges for Yale University in New Haven are virtuoso examples of this. Meandering and curved volumes, built up of rooms that are clustered around portico stairwells, attempt to fit into the existing spatial structures.

Much like in the regular housing industry, the large-scale approach dominated over the smaller-scale, individual approach to student housing in the 1970s. The large student housing complex called Hoogveldt, in Nijmegen, is a typical example of the large and often anonymous complexes that arose in the Dutch university towns, in which repeating clusters of student rooms shared a communal bathroom and kitchen with dining area.

From the new boom in student housing projects that were built during the last two decades, two examples have been chosen that show the new forms of housing. The Svartlamoen project in Trondheim introduces a striking informality in a small residential building for students and young people. The collective housing programme dominates, and the student rooms have been minimized almost to the point of being closets in a large communal space. A greater contrast between this building and the Anna van Bueren Toren in The Hague is almost unthinkable. In a single building, this latter example in the plan documentation combines the classrooms of Leiden University's bachelor-degree programme with the residences of the students who study there. In terms of appearance, the building fits into the anonymous office and apartment complexes that surround it, and only reveals its special function after being entered.

To make the plans transparent and comparable, the projects have been redrawn in a uniform drawing style. First, the urban-planning design of the project has been drawn in a broader context. In a more detailed site plan of the ground level, the connection between the living space, the collective indoor and outdoor spaces, and the public space has been visualized (in the typical way that *DASH* does this). For each plan, the most characteristic floors have been drawn in their entirety, with one or more cross sections. The exception here is St John's College, for which only the complex of courtyards at ground level has been drawn.

The drawings are based on archival and published material taken from the time when the project was built. For St John's College, the drawings were based on the drawings in the *Inventory of the Historical Monuments in the City of Cambridge,* published by the Royal Commission on the Historical Monuments of England.

For the majority of these projects, new *DASH* photo reportage have been created. For the College néerlandais, which is currently being renovated, we used photographs that were taken several years before the start of the renovation. The project in Trondheim is illustrated using photographs provided by the architect.

Studentenhuisvesting

In de plandocumentatie van deze tiende uitgave van *DASH* zijn tien voorbeelden van gerealiseerde studentenhuisvesting opgenomen. Verspreid over Europa en Noord-Amerika geven de projecten een panoramisch overzicht van modellen voor studentenwoningen die de afgelopen 500 jaar zijn ontwikkeld. De architectuur van de studentenwoning kent een rijke en geschakeerde geschiedenis. De selectie laat een aantal projecten zijn die de belangrijkste tradities en vernieuwingen illustreert.

St John's College in Cambridge staat model voor het in de middeleeuwen ontwikkelde *college*, een collectief woongebouw voor docenten en studenten. De bewoners delen een reeks gemeenschappelijke voorzieningen waarvan eetzaal, bibliotheek en kapel de belangrijkste zijn. De bouwvorm is bekend uit de oude Britse universiteitssteden, maar vinden we ook op het continent. St John's College is in de 500 jaar sinds zijn oprichting keer op keer uitgebreid; het demonstreert hoe de wooneenheden in het college zich in de loop der tijd ontwikkelden.

De Residencia de Estudiantes in Madrid echter kan model staan voor het twintigste-eeuwse studentenhuis: een rationeel opgezet logiesgebouw met een lineaire herhaling van identieke kamers, zonder uitgebreid collectief programma. Het eerste Nederlandse voorbeeld van speciaal voor studenten gebouwde huisvesting is het Collège néerlandais in Parijs. Het ontwerp grijpt terug op het verleden: het gebouw volgt met zijn hofvorm en gemeenschappelijke voorzieningen vrij letterlijk het collegemodel.

De explosieve groei van universiteiten in Europa en Noord-Amerika na de Tweede Wereldoorlog leidt tot een grote hoeveelheid projecten voor studentenhuisvesting. In deze veelheid is een aantal bijzondere experimenten te vinden. De patiostudentenwoningen op de eerste Nederlandse campus in Twente clustert eenheden rondom collectieve patio's tot een uniek landschappelijk *mat-building*. In het Maison d'Iran in Parijs is de expressie van de constructie het allesbepalende uitgangspunt. Doosvormige volumes met daarin een eenvoudige hoofdopzet van gangen met repeterende eenheden zijn opgehangen aan kolossale en zichtbare staalportalen. De ruimte die onder en tussen de volumes overblijft, wordt gebruikt voor collectieve functies.

Interessante experimenten vonden ook plaats in traditionele universiteitssteden waar uitgesproken modernistische architectuur werd ingebed in de historische bebouwing. The Cripps Building, een uitbreiding van St John's College in Cambridge en de Morse en Stiles Colleges voor Yale University in New Haven zijn hier virtuoze voorbeelden van. Meanderende en gekromde volumes, opgebouwd uit rond trapportieken geclusterde kamers, proberen zich in te passen in de bestaande ruimtelijke structuren.

Net als in de reguliere woningbouw won de grootschaligheid het van een meer kleinschalige en individuele benadering bij de van studentenwoningen in de jaren 1970. Het grote complex studentenwoningen Hoogeveldt in Nijmegen is een typisch voorbeeld van de toen in de Nederlandse universiteitssteden verrijzende, grote en vaak anonieme complexen waarin repeterende clusters van studentenkamers sanitair en een keuken met eetruimte met elkaar delen.

Uit de nieuwe hausse aan studentenhuisvestingsprojecten van de laatste twee decennia zijn twee voorbeelden gekozen die nieuwe vormen van huisvesting laten zien. Het project Svartlamoen in Trondheim introduceert een opvallende informaliteit binnen een kleinschalig woongebouw voor studenten en jongeren. Het collectieve woonprogramma domineert, de studentenkamers zijn geminimaliseerd tot welhaast bergkasten in een grote gemeenschappelijk ruimte. Een groter contrast tussen dit gebouw en de Anna van Bueren Toren in Den Haag is bijna ondenkbaar. Dit laatste voorbeeld in de plandocumentatie combineert in één gebouw de onderwijsruimten van een bacheloropleiding van de Leidse Universiteit met de huisvesting van de studenten die er worden opgeleid. Het gebouw voegt zich uiterlijk naadloos tussen de omringende anonieme kantoor- en appartementcomplexen, en geeft pas bij betreding zijn bijzondere bestemming prijs.

Om de plannen inzichtelijk en vergelijkbaar te maken, zijn de projecten opnieuw getekend in een uniforme tekenstijl. Allereerst is de stedenbouwkundige opzet van het project getekend in een wijdere context. In een meer gedetailleerde situatietekening van het maaiveld wordt op de voor *DASH* gebruikelijke wijze de verbinding tussen woonruimte, collectieve binnen- en buitenruimte en het openbare gebied in beeld gebracht. Voor elk plan zijn de meest karakteristieke bouwlagen, met een of meerdere doorsneden volledig getekend, met uitzondering van St John's College waarvoor alleen het complex van hoven op maaiveldniveau is uitgetekend.

De tekeningen zijn gebaseerd op archief- en publicatiemateriaal uit de bouwtijd van het betreffende project. Voor St John's College is uitgegaan van de tekeningen in de *Inventory of the Historical Monuments in the City of Cambridge*, van de Royal Commission on the historical Monuments of England.

Voor het merendeel van de projecten zijn nieuwe *DASH*-fotoreportages gemaakt. Voor het College néerlandais dat momenteel gerenoveerd wordt, zijn foto's gebruikt, die enkele jaren voor de start van de renovatie zijn gemaakt. Het project in Trondheim wordt geïllustreerd met foto's, die de architect beschikbaar stelde.

St John's College Cambridge

St John's College: Trinity St, Bridge St, Magdalene St, Northampton St, Queens Rd, Cambridge, Groot-Brittannië/United Kingdom
Architect: diverse bouwers en architecten o.a. / multiple contractors and architects including Rickman and Hutchinson (New Court), Sir George Gilbert Scott (kapel/chapel), Sir Edward Maufe (Chapel Court), Powell & Moya (Cripps Building)
Gesticht/Founded: 1511

Eigenaar/gebruiker/Owner/user: St John's College
Typologie/Typology: Residential College
Gemeenschappelijke voorzieningen/ Communal facilities: eetzaal met keukens en dienstvertrekken, kapel/hall with kitchens and servant's quarters, chapel (First Court), bibliotheek/library (Third Court); voor/for Cripps Building, zie aparte plan documentatie/see separate plan documentation)

Bronnen/Sources:
N. Pevsner, *The Buildings of England: Cambridgeshire* (Londen/London: Penguin Books, 1970)
Royal Commission on the Historical Monuments of England, An *Inventory of the Historical Monuments in the City of Cambridge* (Londen/London: Her Majesty's Stationary Office, 1959)

De derde hof met doorzicht naar New Court
Third Court with a glimpse through to New Court

St John's College is een van de grootste *colleges* in Cambridge. Gesticht in 1511 door de moeder van Henry VII is de oorspronkelijke opzet gedurende vijf eeuwen steeds verder uitgebreid tot een complex geheel van gebouwen en hoven. Het biedt een exemplarisch inzicht in de ontwikkeling van de colleges in Cambridge.

De eerste hof (*court*) werd gebouwd in het eerste kwart van de zestiende eeuw, en volgt het model van het college dat in voorafgaande eeuwen was ontwikkeld. De colleges, veelal gesticht door hooggeplaatste geestelijken of leden van adellijke geslachten, boden in eerste instantie huisvesting aan de docenten verbonden aan de universiteit, later ook aan studenten. Het zijn collectieve woongebouwen met privé-woonvertrekken en gemeenschappelijke ruimten als een eetzaal (*hall*) met keukens en dienstvertrekken, een kapel en bibliotheek. Het type vertoont grote verwantschap met de eveneens in de middeleeuwen ontwikkelde opzet van kloosters en onversterkte landhuizen (*manors*).

In de eerste 150 jaar van zijn bestaan werd St John's twee keer uitgebreid met een nieuwe hof, steeds achter de al bestaande. Het college strekte zich zo uit vanaf een evenwijdig aan de rivier de Cam lopende hoofdroute tot aan de Cam zelf. Ondanks de verschillende tijden waarin de drie hoven zijn gebouwd, vertonen ze een grote overeenkomst in stijl en materiaal (de voor Cambridge karakteristieke baksteen).

De eerste hof werd in de achttiende en negentiende eeuw sterk gewijzigd, alleen de poort aan de stadszijde en de daartegenover liggende hall, bleven onveranderd. De tweede hof, gebouwd rond 1600, is verbonden met de eerste via een *screens passage*, een doorgang tussen hall en keuken, vast element in colleges en manors. De zuidzijde van deze tweede hof laat de traditionele opzet van de woonvertrekken in een college goed zien: een ondiep volume wordt onderverdeeld door trappenhuizen. Ter weerszijden van de trappen ligt op elke verdieping een appartement bestaande uit een hoofdvertrek en één of meerdere nevenvertrekken, bewoond door een docent of gedeeld door meerdere studenten. De derde hof, toegankelijk via een tweede monumentale poort, vergelijkbaar met de poort in de eerste hof, is kleiner door de aangrenzende rivier. De hof, gebouwd rond 1670, heeft aan de noordzijde een bibliotheek, gesitueerd op een, in Cambridge gebruikelijke, open begane grond. De zuidelijke vleugel is het eerste voorbeeld van een nieuwe opzet voor de woonvertrekken die daarna overal in Cambridge werd overgenomen. De vleugel is twee beuken diep, met hoofdvertrekken aan de hofzijde, en de nevenvertrekken (slaapkamers) in de tweede beuk aan de buitenzijde. De zuidzijde van de eerste hof werd in 1775 verbouwd om een vergelijkbare indeling in het oorspronkelijke enkelbeukige gebouw aan te brengen.

Tussen 1825-1831 werd een vierde hof, de New Court, gebouwd. Voor het eerst werd de sprong over de Cam gewaagd; de nieuwe uitbreiding werd in de Backs, het open landschap aan de westzijde van de rivier gebouwd. Het monumentale, neogotische gebouw heeft de karakteristieke dubbelbeukige opzet en bestaat uit drie vleugels rond een aan de zuidzijde door een open gaanderij afgesloten hof. Vanuit de gaanderij is er prachtig uitzicht op een open parklandschap langs de rivier, aangelegd rond 1775 door Capability Brown.

De gaanderij van New Court is door middel van een overdekte brug verbonden met de derde hof. Het ensemble van de uit de Cam oprijzende gevels van de

St John's College is one of the largest colleges in Cambridge. Founded in 1511 by the mother of Henry VII, the original layout was extended further and further over the course of five centuries until it ultimately became a complex entity of buildings and courts. The compound as a whole provides illustrative insight into the development of the colleges in Cambridge.

The first court was built in the first quarter of the sixteenth century, and follows the college model developed in the previous centuries. The colleges, which were generally founded by high-ranking clergy or members of aristocratic families, initially provided accommodation for teachers attached to the university, and later for the students as well. They were collective residential buildings with private living quarters and communal spaces such as a hall with kitchens and servants' quarters, a chapel and a library. The type displayed considerable affinity with the layout of monasteries and unfortified manors, which had also been developed in the Middle Ages.

In the first 150 years of its existence, St John's was extended twice with a new court, each time added behind the one already present. As a result, the college stretched out from a main route that ran parallel to the River Cam down to the Cam itself. In spite of the different periods in which the three courts were built, they display significant similarities of style and materials (the brickwork characteristic of Cambridge).

The first court was radically altered in the eighteenth and nineteenth centuries; only the gateway on the city side and the hall located opposite remained unchanged. The second court, built around 1600, is connected to the first via a 'screens passage', a passageway between hall and kitchen, and a fixed element in colleges and manors. The south side of this second court is a good illustration of the traditional arrangement of the living quarters in a college: a shallow volume is subdivided by staircases. On either side of the stairs there is an apartment on every floor, consisting of a main room and one or more subsidiary spaces, inhabited by a teacher or shared by several students. The third court, accessed via a second monumental gateway, similar to the gate in the first court, is small due to the presence of the nearby river. The court, which was built around 1670, has a library on the north side on an open ground floor, as is common in Cambridge. The south wing is the first example of a new arrangement for the living quarters, which was subsequently taken into use everywhere in Cambridge. The wing is two bays deep, with the main rooms on the court side and the subsidiary rooms (sleeping quarters) in the second bay on the outside. The south side of the first court was altered in 1775 to introduce a similar arrangement into the original single-bay building. Between 1825 and 1831, a fourth court was built, New Court. Here a leap across the Cam was undertaken for the first time and the new extension was built in the Backs, the open landscape on the west side of the river. The monumental neogothic building has the characteristic two-bay layout and consists of three wings around a court closed off on the south side by an open gallery. There is a beautiful view from the gallery onto an open park landscape beside the river, laid out around 1775 by Capability Brown.

The New Court gallery is connected to the third court by means of a covered bridge. The ensemble of the third court façades rising up out of the Cam, the bridge (nicknamed the Bridge of Sighs) and the dramatic silhouette of New Court is exceptionally picturesque.
In the second half of the nineteenth century, the north side of the first court, including an existing chapel dating from

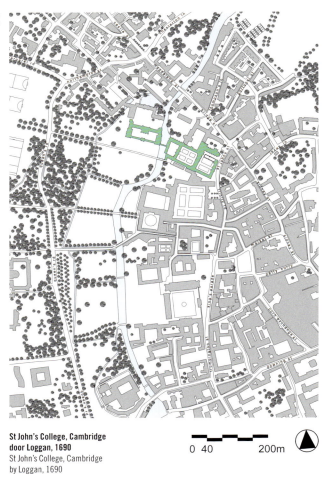

St John's College, Cambridge door Loggan, 1690
St John's College, Cambridge by Loggan, 1690

Plattegrond St John's college tot aan de bouw van New Court
Plan of St John's College up until the construction of New Court

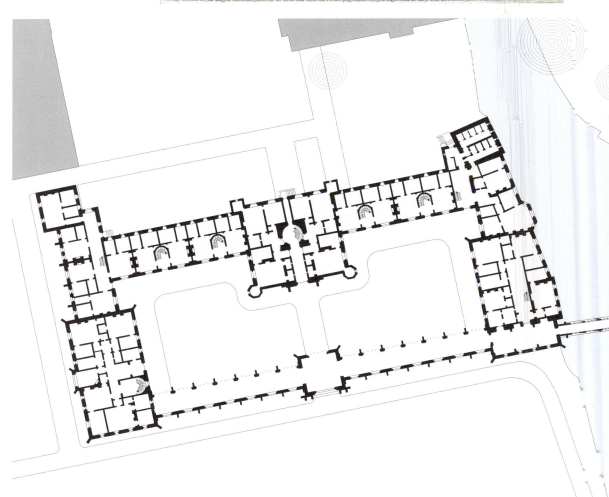

derde hof, de brug (bijgenaamd 'de brug der zuchten') en het dramatische silhouet van New Court vormt een ongekend pittoresk geheel.

In de tweede helft van de negentiende eeuw werd de noordzijde van de eerste hof, waarin een kapel uit de dertiende eeuw was opgenomen, gesloopt. Meer naar het noorden werd een grote en hoge nieuwe kapel gebouwd, ontworpen door George Gilbert Scott. Later werden aan de noordzijde meerdere uitbreidingen toegevoegd, zoals Chapel Court in 1938. In groot contrast met deze laatste brave traditionalistische toevoeging staat de grote uitbreiding uit de jaren 1960: het Cripps Building van Powell & Moya, dat zich achter New Court over een zijloop van de Cam heen slingert. (dvg)

the thirteenth century, was demolished. A large high new chapel designed by George Gilbert Scott was built further towards the north. Later more additions were made on the north side, such as Chapel Court in 1938.

A significant contrast with this last dutiful, traditionalist addition is a large extension built in the 1960s, the Cripps Building by Powell & Moya, which meanders along a tributary of the Cam behind New Court. (dvg)

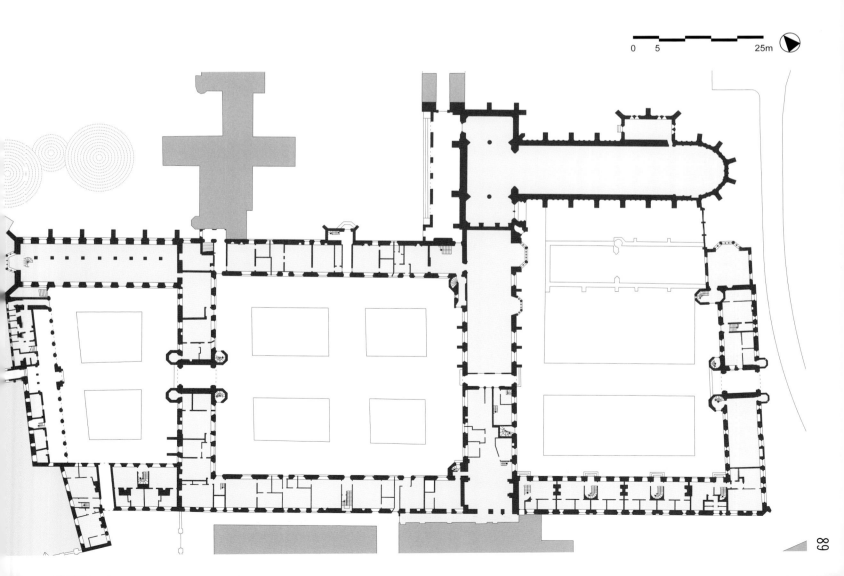

Poort vanaf Trinity Street-St John's Street
Gateway seen from Trinity Street-St John's Street

Eerste hof met de nieuwe kapel uit 1869
First Court with the new chapel completed in 1869

Tweede hof
Second Court

Derde hof met zicht op eerste tweebeukige woonvleugel
Third Court with view of the first two-bay residential wing

New Court

New Court met zicht naar brug over de Cam
New Court wth view towards bridge over the Cam

New Court, gezien vanaf de Backs
New Court, seen from the Backs

Residencia de Estudiantes Madrid

Antonio Flórez Urdapilleta en/and Francisco Javier de Luque

Residencia de Estudiantes: Calle Pinar 21-25, Madrid, Spanje/Spain
Architecten/Architects: Antonio Flórez Urdapilleta (1913-1915) en/and Francisco Javier de Luque (1915-1923); Jerónimo Junquera en/and Estanislao Pérez Pita (renovatie/refurbishment, 1989-2001)
Opdrachtgever/Client: *Junta de Ampliación de Estudios, Ministerio de Instrucción Pública* (Raad voor de stimulering van onderwijs/Council for the Extension of Studies, Ministerie van Onderwijs/Ministry of Public Instruction)
Eigenaar/Owner: *Consejo Superior de Investigaciones Científicas* (CSIC) (Spaanse Nationale Onderzoeksraad/Spanish National Research Council)
Huidige gebruikers/Current users: *Fundación Residencia de Estudiantes*, CSIC
Ontwerp/Design: 1913-1914 (algemene opzet en tweeling-paviljoens/general layout and 'twin pavilions') / 1915 ('transatlantic pavilion') / 1915-1918 (vierde en vijfde paviljoen/fourth and fifth pavilions) / 1918-1923 (uitbreidingen en directeurs-woning/extensions and director's house)
Oplevering/Completion: 1914 ('twin pavilions') / 1915 ('transatlantic pavilion') / 1918 (vierde en vijfde paviljoen/fourth and fifth pavilions) / 1918-1923 (uitbreidingen en directeurswoning / extensions and director's house)
Typologie/Typology: lineaire ordening van studentenlogies-gebouwen als losse paviljoens / linear *pavillionaire* layout of student dormitories
Totaal aantal kamers/Total number of rooms: 150
Vloeroppervlak per kamer/Floor area per room: 8,5-16 m²
Aantal bouwlagen/Number of floors: 3 (tweelingpaviljoens en vijfde paviljoen zijn na 1940 met één laag uitgebreid / 'twin pavilions' and fifth pavilion extended to four floors after 1940)
Gemeenschappelijke voorzieningen/Communal facilities: laboratoria, auditorium, vergaderzaal, mensa, bibliotheek, enz. / laboratories, lecture hall, meeting room, mensa, library, etc.

Bronnen/Sources:
Salvador Guerrero (red./ed.), *Antonio Flórez, arquitecto (1877-1941)*, tent.cat./exh. cat. (Madrid: Residencia de Estudiantes, 2002)
Arquitectura de Madrid (tomo II) (Madrid: Fundación COAM, 2003), 165-166
Eva Hurtado Torán, 'Del Cerro del Viento a la Colina de los Chopos', *Arquitectura*, nr. 297 (maart/March 1994), 66-74
Poesía, nr./no. 18-19 (herfst-winter/autumn-winter 1989), monografie gewijd aan de/monographic issue devoted to the *Residencia de Estudiantes*, Madrid, 1989
Grafische documenten afkomstig uit de archieven van de *Residencia* en de CSIC/Graphic documents from the *Residencia* and CSIC archives

Westgevel van het Transatlantisch Paviljoen van de *Residencia de Estudiantes* **in Madrid, huidige staat**
West façade of the 'transatlantic pavilion' at the *Residencia de Estudiantes* in Madrid, current state

De *Residencia de Estudiantes* is een hoogtepunt in de geschiedenis van de moderne Spaanse cultuur, niet alleen vanwege de prominenten die er woonden of er als gastdocent kwamen (Einstein en Keynes, Le Corbusier en Gropius, onder vele anderen), maar ook vanwege de architectuur van Antonio Flórez Urdapilleta.

Het project is sterk beïnvloed door het *Institución Libre de Enseñanza* (Onafhankelijk Onderwijsinstituut), een pedagogische organisatie die het negentiende-eeuwse liberalisme aanhing en een voorstander was van secularisatie. Flórez was er zelf opgeleid en vertaalde idealen over vrijheid, openheid, gezondheid en soberheid in architectonische vormen. Daarnaast liep Flórez 's *Residencia* vooruit op de dubbelzinnige ontvangst die de internationale moderne beweging in Madrid ten deel zou vallen: de invloed van de moderne beweging wordt tot op de dag van vandaag bepaald door een realistische benadering en een rationele continuïteit van traditionele technieken zoals baksteenmetselwerk.

In 1913 werd op een smalle strook land aan de noordoostkant van de stad, halverwege de helling van de *Cerro del Viento,* de zogenaamde 'windheuvel', met uitzicht op het westen, de hoofdopzet voor het complex vastgelegd. Deze locatie voorzag niet alleen in een nauw contact met de natuur, zon en frisse lucht, wat hoog op de agenda van de hygiënistische beweging stond, maar bood ook een prachtig uitzicht op de zonsondergang en het silhouet van Madrid.

Flórez stelde een open verkaveling voor met een reeks individuele, op het westen georiënteerde gebouwen: een paviljoenopzet, alom bekend van militaire en utilitaire precedenten. Zijn eerste twee gebouwen, de zogenaamde tweelingpaviljoens (1913-1914) vormden een soort proto-modernistisch manifest: twee parallelle, monofunctionele, lange en smalle vleugels met een plat dak; gangen op het noorden en 24 kamers op het zuiden. Vlakbij stond een klein wachthuis. Het volgende gebouw, het laatste dat Flórez ontwierp, is het Transatlantisch Paviljoen (1915), dat geen enkel van de schematische ideeën van het functionalisme onderschreef. Het had een gemengd programma van laboratoria op de begane grond, kamers op het oosten en westen op de verdiepingen, en de symmetrische indeling toonde een meer gearticuleerde taal met traditionele vormen en ornamenten.

Tussen 1915-1918 voltooide architect De Luque de hoofdopzet met twee gebouwen, die op de begane grond ruimte boden aan gemeenschappelijke voorzieningen (auditorium, vergaderzaal, mensa, bibliotheek, enz.) met daarbovenop gestapeld in totaal 150 kamers. Hij borduurde in vergelijking met Flórez op minder interessante wijze voort op diens compositorische en materiële thema's, die gebaseerd waren op een rationele combinatie van zwaar metselwerk en de tectoniek van hout. In de jaren daarop werd het complex uitgebreid, kwam er een fietsenstalling bij en bouwde De Luque in 1923 een directeurswoning in de buurt van de ingang van het complex.

Het gebouw is sinds 1936 erg achteruitgaan. Na wijzigingen aan het volume en de blokkering van het uitzicht op het westen door nieuwe gebouwen in de directe nabijheid werd de *Residencia* in 1978 op de lijst van architectonisch erfgoed geplaatst. In 1988 kreeg het zijn oorspronkelijke functie terug en sindsdien is het in opeenvolgende fasen gerestaureerd door de architecten Junquera en Perez-Pita. (smb)

The *Residencia de Estudiantes* is a milestone in the history of modern Spanish culture, not only because of its prominent residents and guest lecturers (Einstein and Keynes, Le Corbusier and Gropius among many others), but also because of its architecture, designed by Antonio Flórez Urdapilleta.

The project was deeply influenced by the *Institución Libre de Enseñanza* (Free Institute for Education), a pedagogical mission based on nineteenth-century liberalism and laicism. Flórez himself had been educated by the Institute, and translated its ideals of freedom, openness, health and austerity into architectural forms. Furthermore, Flórez's *Residencia* anticipated the ambiguous reception of international modernity in Madrid, its influence and continuity to the present, defined by a 'realist' approach and the rational rework of traditional techniques like brick masonry.

By 1913 the general plan of the complex was traced for a narrow strip of land halfway up the slope of *Cerro del Viento*, the so-called 'wind hill', facing west, in the north-east outskirts of the city. The site offered not only a close contact with nature, the air and sun demanded by the hygienist agenda, but also a splendid view of the sunset and the city skyline.

Flórez proposed an open layout of separated buildings defining a westward-looking platform, a *pavillionaire* planning with well-known military and sanitary precedents. The first two structures to be built, the so-called 'twin pavilions' (1913-1914), were a kind of proto-modernist manifesto: two parallel, monofunctional, long and narrow wings, with flat roofs, access galleries facing north and 24 rooms each facing south. A small guard house was added nearby. The next and last building designed by Flórez, the 'transatlantic pavilion' (1915), denied the schematic ideas of functionalism it included a mixed programme of laboratories on the ground floor and rooms facing east and west on the upper floors, its symmetrical layout displaying a more articulated language with traditional forms and ornaments.

Architect De Luque completed the basic scheme between 1915 and 1918 with two more buildings that combined common facilities on the ground floor (lecture hall, meeting room, mensa, library, etcetera) with stacked rooms achieving a total of 150. He continued in a less interesting tone Flórez's compositional and material pattern, based on the rational combination of heavy brick masonry and the tectonics of wood. The complex was extended in the following years, including a bicycle shed and the construction of the director's house in 1923 near the site's entrance, also by De Luque.

After a long decay since 1936, including volumetric alterations and the blocking of the westwards view by new neighbouring buildings, the *Residencia* was declared an architectural monument in 1978, recovered its original function in 1988, and has been restored in several stages by architects Junquera and Pérez-Pita since 1989. (smb)

Plattegrond van de *Residencia de Estudiantes* **op de 'windheuvel' in Madrid, 2014**
Site plan of the *Residencia de Estudiantes* on the 'wind hill' in Madrid, 2014

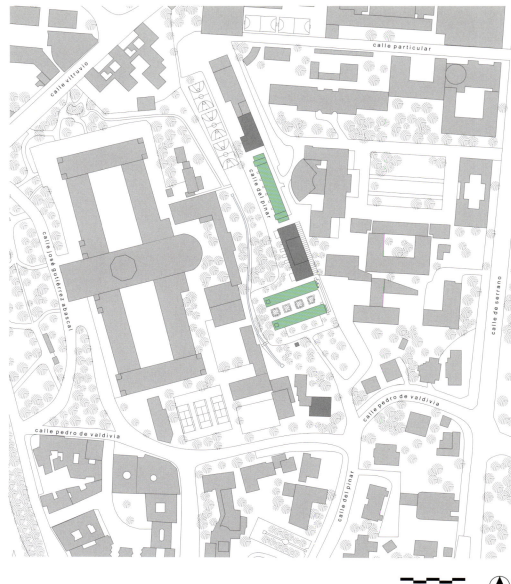

Westgevels van de drie paviljoens ontworpen door Flórez voor de *Residencia de Estudiantes* **in 1915**
West front of the three pavilions designed by Flórez for the *Residencia de Estudiantes* in 1915

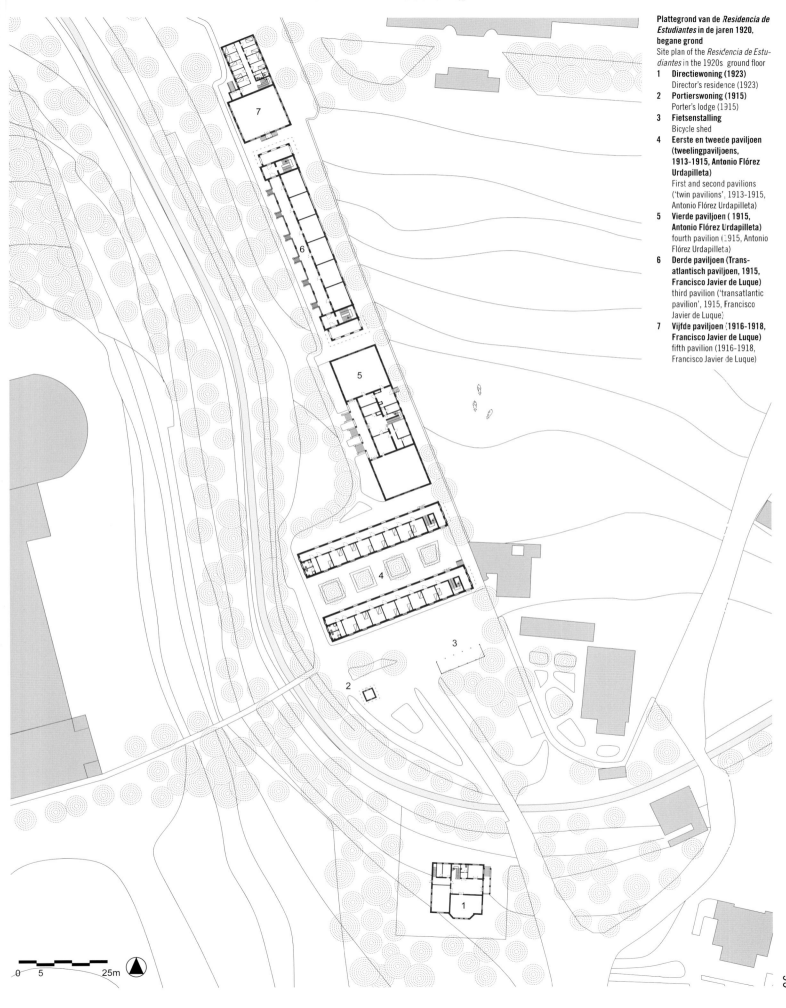

Plattegrond van de *Residencia de Estudiantes* in de jaren 1920, begane grond

Site plan of the *Residencia de Estudiantes* in the 1920s ground floor

1. **Directiewoning (1923)**
   Director's residence (1923)
2. **Portierswoning (1915)**
   Porter's lodge (1915)
3. **Fietsenstalling**
   Bicycle shed
4. **Eerste en tweede paviljoen (tweelingpaviljoens, 1913-1915, Antonio Flórez Urdapilleta)**
   First and second pavilions ('twin pavilions', 1913-1915, Antonio Flórez Urdapilleta)
5. **Vierde paviljoen (1915, Antonio Flórez Urdapilleta)**
   fourth pavilion (1915, Antonio Flórez Urdapilleta)
6. **Derde paviljoen (Transatlantisch paviljoen, 1915, Francisco Javier de Luque)**
   third pavilion ('transatlantic pavilion', 1915, Francisco Javier de Luque)
7. **Vijfde paviljoen (1916-1918, Francisco Javier de Luque)**
   fifth pavilion (1916-1918, Francisco Javier de Luque)

Tweelingpaviljoens
Twin Pavilions

Tweede verdieping
Second floor

Eerste verdieping
First floor

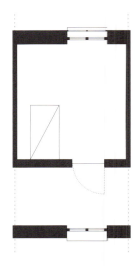

Kamer, Transatlantisch Paviljoen
Room, 'transatlantic pavilion'

Cluster van vier kamers, tweelingpaviljoens
Cluster of four rooms, 'twin pavilions'

Begane grond
Ground floor

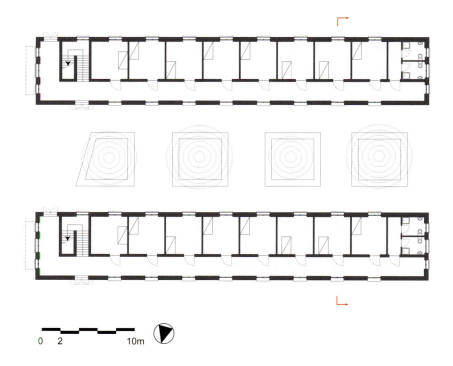

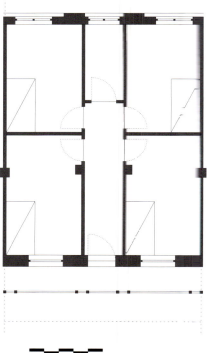

Dwarsdoorsnede
Cross section

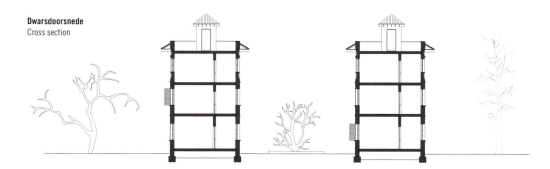

Transatlantisch Paviljoen
Trans Atlantic Pavilion

Tweede verdieping (kamers eenzijdig aan gang ontsloten
Second floor (rooms served by corridor on one side

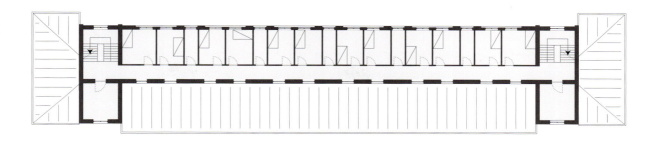

Eerste verdieping (vijf clusters van vier kamers aan galerij ontsloten)
First floor (five clusters of four rooms served by gallery)

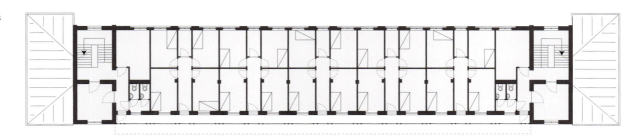

Begane grond (laboratoria)
Ground floor (laboratories)

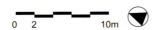

Dwarsdoorsnede
Cross section

Centraal en Transatlantisch Paviljoen gezien vanuit een raam van de tweelingpaviljoens op een ansichtkaart uit de jaren 1920
'Central' and 'transatlantic' pavilions seen from a window of the 'twin pavilions' in a 1920s postcard

Entree van de *Residencia de Estudiantes* (Pinar straat) op een ansichtkaart uit de jaren 1920 en nu
Access to the *Residencia de Estudiantes* (Pinar street) in a 1920s postcard and today

Westgevel van de vijf oorspronkelijke gebouwen van de *Residencia de Estudiantes* in Madrid, gezien vanuit het noorden, in de jaren 1920
West front of the five original buildings of the *Residencia de Estudiantes* in Madrid, seen from the north in the 1920s

Huidige staat van de tweelingpaviljoens gezien vanuit het noordwesten (de bovenste verdieping is toegevoegd in de jaren 1940)
Current state of the 'twin pavilions' seen from the north-west (the upper floor was added in the 1940s)

Reconstructie uit 2010 van een kamer in de tweelingpaviljoens
2010 recreation of a room in the 'twin pavilions'

Open ruimte tussne de tweelingpaviljoens: de zogenaamde oleandertuin, ontworpen door Juan Ramón Jiménez
Open space between the 'twin pavilions': the so-called 'oleander garden' designed by Juan Ramón Jiménez

Collège néerlandais Parijs/Paris
Willem Marinus Dudok

Collège néerlandais, Cité Internationale Universitaire de Paris: 61, Boulevard Jourdan, 75014 Parijs, Frankrijk/Paris, France
Architect: Willem Marinus Dudok
Opdrachtgever/Client: Koninkrijk der Nederlanden/Kingdom of the Netherlands/J. Loudon, ambassadeur/ambassador te/in Parijs/Paris/Abraham Preyer (eerste geldschieter/first patron, 1926)
Gebruiker/User: Insitut néerlandais (Nederlands Cultureel Instituut/Dutch Cultural Institute)
Ontwerp/Design: 1928
Oplevering/Completion: 1938

Typologie/Typology: *Residential College*
Totaal aantal kamers/Total number of rooms: 110 (situatie 1939, inclusief woningen directeur, secretaris en conciërge / situation 1939, including director's residence, secretariat and concierge)
Kamertypologie en vloeroppervlak per eenheid/Room typology and floor area per unit: eenpersoonskamers/single student rooms: 11, 12, 13, 15 m²; tweepersoonskamers/double student rooms: 15, 17, 27 m²
Aantal bouwlagen/Number of floors: 2 kelderverdiepingen, begane grond, oplopend tot 7 verdiepingen / 2 basement floors, ground floor, rises to 7 storeys
Gemeenschappelijke voorzieningen/Communal facilities: wasserij, keukenvoorziening, grote zaal met podium, muziekzaal, theegalerij, hal met ontbijtbuffet, binnenplaats met vijver, dakterras / laundry, kitchen facilities, large hall with stage, music hall, tea room, dining hall with breakfast buffet, courtyard with pond, roof terrace
Fietsparkeren/Bicycle storage: fietsenkelder (inmiddels: feestruimte) / basement bicycle storage (now: party room)

Bronnen/Sources:
A.J. van der Steur, 'Nederlands studentenhuis te Parijs', *Bouwkundig weekblad*. jrg./vol. 65 (1928), 233-237
Carien de Boer-van Hoogevest, *Dudok in Parijs – het Collège Néerlandais* (Bussum: Uitgeverij Thoth, 1999)
Willem Marinus Dudok en/and R.M.H. Magnée, *Willem M. Dudok* (Amsterdam: G. van Saane, lectura architectonica, 1954)
Herman van Bergeijk, *W.M. Dudok, componist van architectuur* (Bussum: V+K publishing, 1996)

Entreehal
Entrance hall

In 1921 lanceerde de Franse minister van onderwijs André Honorat het initiatief voor een 'internationale stad' voor studenten, in de groene strook rond de oude stadswallen van Parijs. Goede huisvesting voor een groeiende studentenpopulatie diende tegelijk het ideologischer doel om door internationale samenwerking nieuwe oorlogen te voorkomen. Frankrijk stelde kosteloos land beschikbaar, waarop deelnemende landen naar eigen inzicht en budget een *fondation* mochten bouwen, die bij oplevering werd overgedragen aan de *Cité Internationale Universitaire de Paris*.

Nederland zag zich graag vertegenwoordigd in deze internationale arena en greep de kans aan om behalve woonruimte voor Nederlandse studenten ook een centrum voor Nederlandse en Nederlands-Indische studies te vestigen, met een actieve culturele agenda. Het *Collège néerlandais* moest representatief zijn voor een zelfbewust en modern land dat meespeelde op het wereldtoneel. Als architect om aan deze ambities gestalte te geven koos men Willem Marinus Dudok, die met zijn recent gepubliceerde ontwerp voor het raadhuis in Hilversum internationaal naam had gemaakt.

Autodidact Dudok was ontegenzeggelijk modern, maar nam met zijn oeuvre een eigen plaats in binnen het Nederlandse architectuurdiscours. Anders dan de streng functionalistische benadering van de Nieuwe Zakelijkheid stond bij hem de esthetische compositie van volumes tot een boeiend silhouet voorop, als uitdrukking eerder van het karakter van het gebouw dan van de functie. Zo maakte hij ook voor het Collège néerlandais al diverse volumestudies in perspectief, terwijl het gewenste programma nog helemaal niet vaststond. Op zijn verzoek werd een perceel op de hoek van de Cité toegewezen als locatie, waar de perspectivische werking van het silhouet goed tot zijn recht komt.

Dudok's ontwerp uit 1928 is opgezet als een carré van volumes in gedifferentieerde hoogte en breedte rond twee omsloten buitenruimten. De hoge noord- en westvleugels beëindigden de Cité visueel en boden er het eerste gezicht op, komende vanaf metrostation Porte d'Orléans. In de luwte daarvan voegen de zuid- en oostvleugels zich lager en horizontaler naar de schaal van de campus. Waar noord- en oostvleugel elkaar ontmoeten, markeert een verticaal accent de hoofdentree, die in contrast daarmee schuilgaat onder een lage, brede luifel bovenaan een luie trap.

Binnen ontvouwt zich het semipublieke programma van het Collège rond de grote binnenplaats: de hal met balie/buffet, een theegalerij, een dubbelhoge grote zaal met mezzanine en een muziekzaal tussen de beide binnenplaatsen. Rond de kleine binnenplaats zijn de woon- en werkruimten van staf en personeel gesitueerd, met eigen entrees en trappenhuizen. Op de verdiepingen is een variatie aan studentenkamers in meisjes- en jongensvleugels, gegroepeerd aan gangen met gedeelde badkamers. Ook waren hier diverse salons, ateliers, studiezalen en het gewenste studiecentrum voorzien, die echter nooit zijn uitgevoerd. De moeizame bouw kampte vanaf het begin met geldgebrek en bij de opening in 1938 stonden veel verdiepingen nog leeg. Bij latere verbouwingen zijn deze omwille van een gunstiger exploitatie vrijwel geheel gevuld met studentenkamers.

Ten tijde van dit schrijven is het Collège wegens renovatie gesloten. (hm)

In 1921, the French Minister of Education André Honorat launched the initiative for an 'international city' for students, in the green band around the old city ramparts of Paris. Good housing for a growing student population also served the more ideological goal of preventing new wars through international cooperation. France made the land available free of cost, and participating countries could build a *fondation* in line with their own ideas and budget, to be transferred on delivery to the *Cité Internationale Universitaire de Paris*.

The Netherlands was keen to be represented in this international arena and seized the opportunity to establish, in addition to residential accommodation for Dutch students, a centre for Dutch and Netherlands East Indies studies, with an active cultural programme. The *Collège néerlandais* was intended to reflect the image of a self-assured and modern country with a role to play on the world stage. The choice fell on Willem Marinus Dudok as the architect to give shape to these ambitions; he had made an international name for himself with his recently published design for the Town Hall in Hilversum.

Autodidact Dudok was undoubtedly modern, but he occupied a singular position with his oeuvre within the architectural discourse in the Netherlands. Unlike the strictly functionalist approach of the New Objectivity, his priority was the aesthetic composition of volumes to create a fascinating silhouette, as an expression of the character of the building rather than its function. In line with this approach, he had also made various volume studies in perspective for the *Collège néerlandais*, although the desired programme was not yet completely definite. At his request, a plot on the corner of the Cité was assigned as a location that would do justice to the perspective effect of the silhouette.

Dudok's 1928 design was conceived as a square group of volumes with differentiated heights and widths situated around two enclosed external spaces. The tall north and west wings delineated the Cité in visual terms and formed the first vista towards it coming from Porte d'Orléans metro station. Under the lee of these wings, the south and east wings conformed at a lower level and more horizontally to the scale of the campus. At the point where the north and east wings meet, a vertical accent marks the main entrance, which in contrast is hidden under a broad low canopy above a shallow staircase.

Inside, the semi-public programme of the Collège around the large inner courtyard unfolds: the hall with reception desk/buffet, a tea gallery, a double-height large hall with mezzanine and a music room positioned in between the two. The living and working spaces of the faculty and staff are situated around the small courtyard, with their own entrances and staircases.

On the upper floors, there is a variety of student rooms in male and female wings, grouped on corridors with shared bathrooms. It was also the intention to provide various salons, ateliers, study rooms and the desired study centre here, but these were never executed. The difficult construction had financial problems from the outset and when the building opened in 1938, many of the floors were still unoccupied. During later renovations, in favour of a more favourable exploitation, these were almost entirely filled up with student rooms.

At the time of writing, the Collège is closed for renovation. (hm)

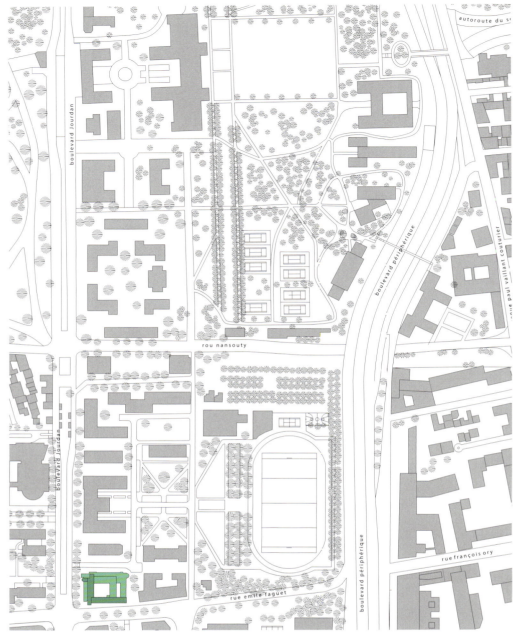

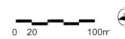

Perspectieftekening van Dudok bij publicatie van het ontwerp, 1928
Dudok's perspective drawing included in publication of the design, 1928

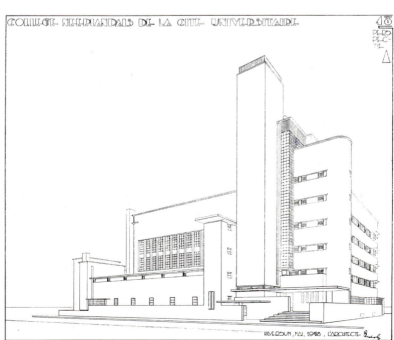

Zicht op de noord- en oostgevel, omstreeks 1938
View of the north and east wings, circa 1938

Zicht op het dakterras
View of the roof terrace

Interieur van een tweepersoons studentenkamer, ca. 1934
Interior of a double student room, ca. 1934

Salle de réunion, met kaart van Nederlands-Indië, ca. 1938
Salle de réunion, with a map of the Dutch East-Indies, ca. 1938

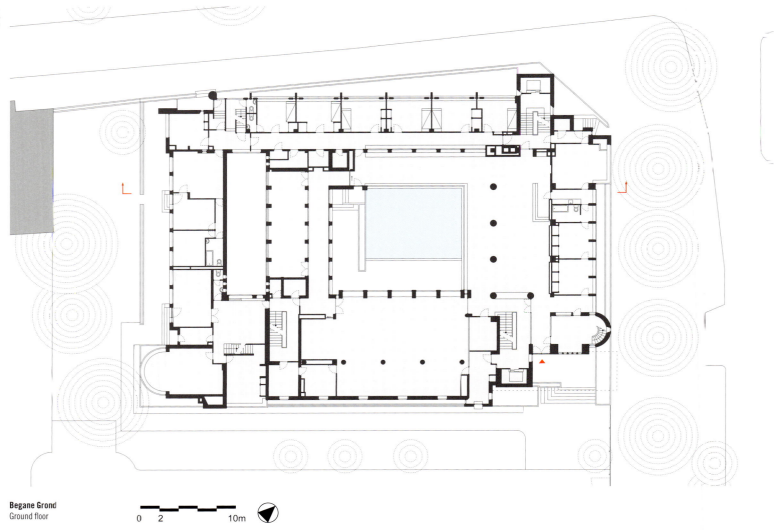

Begane Grond
Ground floor

0 2   10m

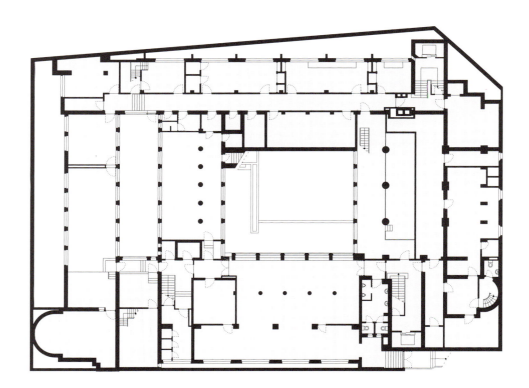

Kelderverdieping
Basement level

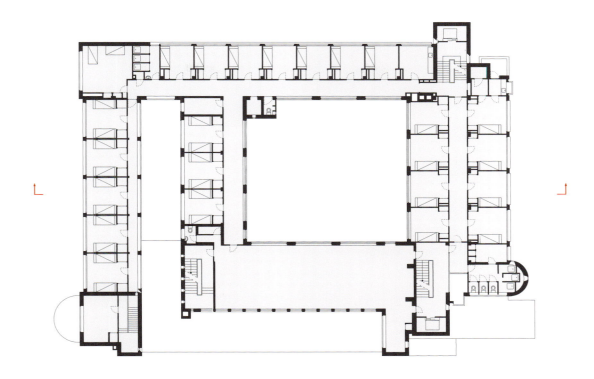

Tweede verdieping
Second floor

Langsdoorsnede
Longitudinal section

Zicht vanaf de Boulevard Jourdan vanuit het noord-westen
View from Boulevard Jourdan from the north-west

Gang in de westvleugel op de eerste verdieping
Corridor on the first floor of the west wing

Zicht op de grote binnenplaats vanuit de entreehal en theegalerij
View of the large courtyard from the entrance hall and tea gallery

Zicht omhoog in de kleine binnenplaats
View upwards in the small courtyard

De *Salle de réunion* met presentatieopstelling. Achter het scherm is de kaart van Nederland nog zichtbaar
The *Salle de réunion* arranged for presentations. Behind the screen the map of the Netherlands is still visible

De grote binnenplaats, zicht op de *Salle de réunion*
The large courtyard with view of the *Salle de réunion*

Trappenhuis met lift in de noord-oosthoek
Stairwell with lift in the north-east corner

Samuel F.B. Morse and Ezra Stiles Colleges New Haven

Eero Saarinen and Associates

Samuel F.B. Morse and Ezra Stiles Colleges, Yale University: Tower Parkway, New Haven, Connecticut, VS/USA
Architect: Eero Saarinen and Associates
Opdrachtgever/eigenaar/Client/owner: Yale University
Gebruiker/User: Samuel F.B. Morse and Ezra Stiles Colleges
Ontwerp/Design: 1958
Oplevering/Completion: 1962
Typologie/Typology: Residential College

Totaal aantal woningen/Total numbers of residences: elk van de twee colleges heeft ruimte voor 250 studenten (175 eenpersoonskamers) plus collectieve voorzieningen / Each of the two colleges can room up to 250 students (175 single student rooms) as well as communal facilities
Kamertypologie en vloeroppervlak per eenheid/Room typology and floor area per unit: tweepersoonskamer/two student suite: 33 m² (gemiddeld/average); eenpersoonskamer/single student home/room: 16 m² (gemiddeld/average)
Aantal bouwlagen/Number of floors: 4 (laagbouw/low-rise) met souterrain/with basement, 13 (torens/towers)
Gemeenschappelijke voorzieningen/Communal facilities: Courtyard, Common Room, TV Room, Crescent Underground Theater (souterrain/basement), bibliotheek, eetzalen, ondergronds verbonden d.m.v. gedeelde keuken, wasserette / library, dining rooms, connected by an underground shared kitchen, laundry
Fietsparkeren/Bicycle storage: fietsenrekken (buiten); in tunnel tussen torens en Common Room / bicycle racks (outside); in tunnel between towers and Common Room

Bronnen/Sources:
Eeva-Liisa Pelkonen en/and Donald Albrecht (red./eds.), Eero Saarinen – Shaping the Future (New Haven & Londen/London: Yale University Press, 2005)
Antonio Roman, Eero Saarinen – An Architecture of Multiplicity (Londen/London: Laurence King Publishers, 2002)
Richard Knight, Saarinen's Quest: A Memoir (San Francisco: William Stout Publishers, 2008)

When Yale University in New Haven decided to increase the number of student rooms in the late 1950s, a discussion ensued about whether this should be realized in the form of 'colleges', residential communities with shared facilities, or 'dormitories', hostel buildings without facilities. Because Yale was primarily seen as a college university, similar to Oxford and Cambridge, and not as a campus university, the decision was taken to build two colleges. The colleges were named after two illustrious Yale alumni. The design commission was awarded to Eero Saarinen, who had already made several plans for university and commercial campuses, all of them with a strict, modernist orthogonal arrangement.

The assignment to realize colleges was the pretext for Saarinen to create a plan that took as its starting point maximum expression of the residents' individuality within a collective, small-scale entity. He translated this into building forms where repetition and regularity seemed to have disappeared completely.

For the principal layout of the double college complex, Saarinen chose neither the traditional regular court form of the college to be found in several places in New Haven, nor the free-standing campus building. The preliminary issue was to find a solution to reconcile the intended small-scale, close-knit atmosphere of the colleges with the enormous scale of the adjacent Payne Whitney Gymnasium, the colossal Yale sports centre that looks like a Gothic cathedral. Saarinen looked for inspiration in old Italian cities where large and small scale exist directly beside each other. He reverted almost literally to the crescent-shaped layout of the Piazza del Campo in Siena, where there are individual houses opposite the large Palazzo Pubblico. Together the two colleges form a curved urban elevation leading to the Gymnasium, only to transform beyond into an irregular and extremely picturesque combination of little streets and courtyards between volumes that change continually in height and direction. A free-standing tower volume completes the complex on the east side. By using large models and letting balloons loose on location, Saarinen was able to determine with extreme precision what the position and form of this addition would mean to the silhouette of New Haven.

The narrow alleyway that divides the two colleges is flanked by the two dining halls, which are connected underground by means of the shared kitchen. This alleyway forms a main route for pedestrians between the Gymnasium and the centre of New Haven and also represents the heart of the university.

Staircases in the building segments provide access to clusters of irregularly shaped rooms, carefully elaborated with built-in closets, study niches, couches and beds.

The façades have been kept as closed as possible; large concrete wall surfaces, with rough blocks of stone added in the form that were blasted to the surface after being taken out of the form, are transected by narrow vertical window bands.

Sculptures by Costantino Nivola have been included in the façades and the layout at ground level, which bear out on a small scale the sculptural character of the whole complex. In 2010, an expansion took place below ground level, carefully designed by KieranTimberlake. (dvg)

Studentenkamer
Student room

Doorgang tussen de twee colleges
Passage between the two colleges

Eetzaal van Morse College
Morse College dining hall

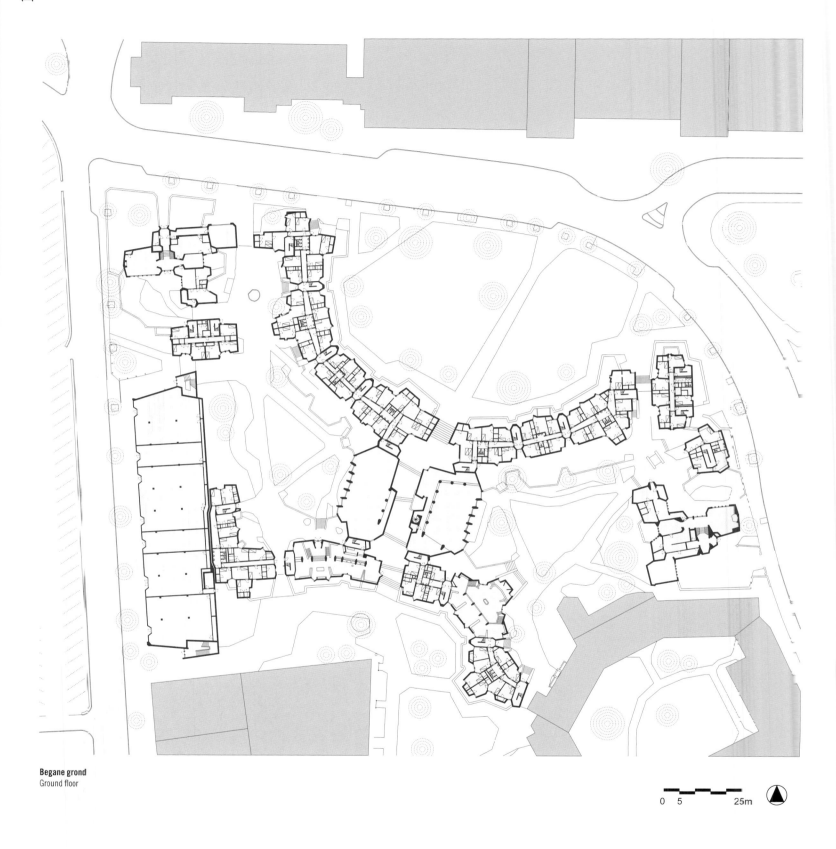

Begane grond
Ground floor

Verdieping
Upper floor

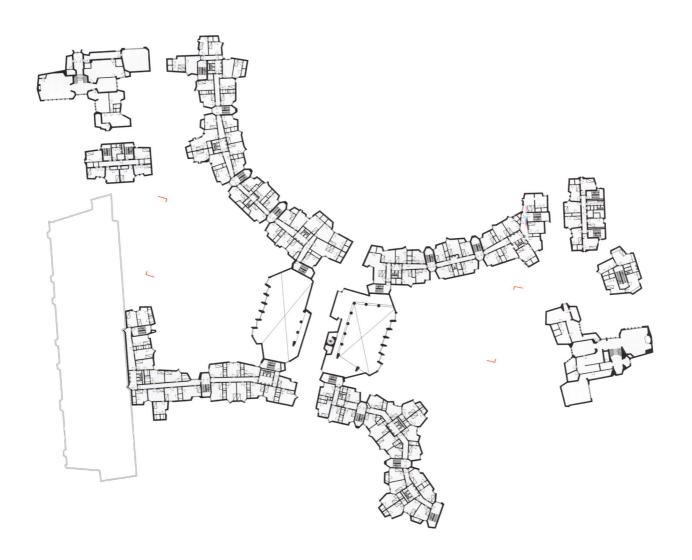

Doorsnede over de ondergronds verbonden eetzalen
Section through the dining halls connected underground

Cluster van kamers
Cluster of rooms

0 1   5m

Stiles College met eetzaal
Stiles College with dining hall

Morse College vanaf Tower Parkway
Morse College seen from Tower Parkway

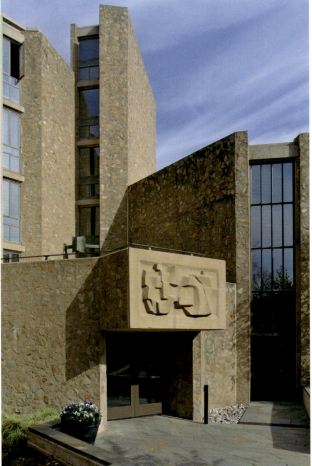

Entree Stiles met sculptuur van Costantino Nivola
Entrance to Stiles with sculpture by Costantino Nivola

Toren Morse College aan Tower Parkway
Morse College Tower on Tower Parkway

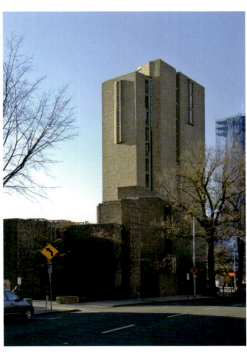

Patiostudentenwoningen Enschede

Herman Haan

Patiostudentenwoningen, Campus Drienerlo, TH Twente/Patio Student Housing, Drienerlo Campus, University of Twente: Matenweg 2-38/Campuslaan, Enschede, Nederland/the Netherlands
Architect: Herman Haan (1914-1996)
Opdrachtgever/eigenaar/gebruiker/Client/owner/user: TH Twente (nu/now: Universiteit Twente)
Ontwerp/Design: 1964
Oplevering/Completion: 1965
Typologie/Typology: Mat-building (additieve architectuur d.m.v. stempels). Woningen gegroepeerd rond 17 patio's; toegankelijkheid wooncellen uitsluitend via patio / (additive architecture using clusters). Residential units grouped around 17 patios; access to rooms exclusively via patio
Totaal aantal woningen/Total number of residences: 175 kamers/rooms (197 studenten/students); 2 collectieve ruimten/common rooms
Aantal kamers begane grond/Number of rooms on ground floor: 17 patio-eenheden/patio units (6 eenpersoonskamers en één tweepersoonskamer rond één patio/6 single rooms and one double room situated around one patio); 37 eenpersoonskamers in aparte stroken/37 single rooms in separate strips
Aantal dakkamers/Number of rooms on roof: 5 tweepersoons-/double en/and 9 eenpersoonskamers/single rooms
Vloeroppervlakte patio-eenheid/Floor area patio unit: 162 m² (netto/net)/336 m² (bruto/gross: incl. omloop en patio/corridor and patio)
Vloeroppervlak per wooncel/Floor area per residential block: 14 m² (2 cellen/cells); 9 m² (1 cel/cell); 27 m² (tweepersoonskamer/double room); 28 m² (tweepersoons 'mentor'-(dak)kamer/double 'wardens' room (on roof)
Aantal bouwlagen/Number of floors: 1 / 2 (tweepersoons 'mentor'- kamers op het dak/double 'wardens' rooms on roof)
Gemeenschappelijke voorzieningen/Communal facilities: ontbijtkamer per patio-eenheid; centraal gelegen grotere patio als semi-openbaar plein/breakfast nook per patio-unit; centrally located larger patio functioning as semi-public square
Fietsparkeren/Bicycle storage: Inpandig onder hellingbanen naar dak (2 x) en aan centraal gelegen grote patio; buiten op straatniveau langs lage buitenmuren/internal under ramps leading to roof (2 x) and along side centrally located larger patio; outside on street level along low perimeter walls

Bronnen/Sources:
Piet Vollaard, *Herman Haan, architect* (Rotterdam: 010 Uitgeverst Publishers, 1995), 152-159
'Studentenflats aan de Reelaan—Drienerlo – Twente', *Bouwkundig Weekblad* nr./no. 7 (1969), 170-171

In 1964 wordt de nieuwe campus van de Technische Universiteit Twente (toen nog Hogeschool) geopend. Als enige universiteit in Nederland huisvest zij studenten op het bosrijke terrein dat bij de universiteit behoort. Nadat supervisor Willem van Tijen zelf de eerste tranche studentenwoningen heeft gebouwd, vraagt hij aan Herman Haan de tweede tranche te ontwerpen. Haan had op dat moment nog geen seriematige woningen ontworpen, maar is betrokken bij Team 10 en voelt (hoewel ouder) verwantschap met de jongere structuralisten als Joop van Stigt en Piet Blom die van Van Tijen eveneens opdrachten op de campus krijgen.

Haan's eerste complex studentenwoningen bestaat uit een schakeling van 17 vierkante eenheden, ieder voor zich opgebouwd uit wooncellen en gezamenlijke voorzieningen die in een L-vorm aan twee zijden van een kleine patio zijn gegroepeerd. Een centraal gelegen grotere patio doet dienst als semi-openbaar plein. Op enkele plaatsen zijn individuele wooncellen in twee lagen gerealiseerd. De midden in het complex gesitueerde patio's zijn niet van buitenaf bereikbaar, maar worden ontsloten vanuit kleine entree-units die onderling zijn geschakeld door een deels overdekte loop/fietsstraat over het dak van het complex. Deze entree-units zijn gekoppeld aan tweepersoons 'mentor'-kamers op het dak. Per patio-eenheid zijn twee clusters van drie kamers met een gedeelde natte cel, een tweepersoons-eenheid en een gezamenlijke ontbijtkamer opgenomen.

De patio's hebben een eigen karakter door de verschillen in situering en door de inrichting van de patio, waarvan het bestratingspatroon en de beplanting per eenheid verschillend is uitgevoerd. Bovendien kent de indeling van de gezamenlijke voorzieningen per patio-eenheid kleine verschillen. De materialen – straatsteen, ruw beton, houten kozijnen (in primaire kleuren geschilderd) – en het feit dat er hier en daar bomen door sparingen in het dak groeien, versterken het aardse karakter van het complex.

Haan was zich zeker bewust van de *mat-buildings* van Team 10-leden als Aldo van Eyck en Candilis-Josic-Woods, maar liet zich toch voornamelijk inspireren door de Afrikaanse bouwcultuur die hij op zijn vele reizen door de Sahara en in Mali had leren kennen. Door de ontsluiting en de verdiepte ligging doen de patio's sterk denken aan door Haan bewonderde holwoningen van de *Matmata*, een Berberstam in Zuid-Tunesië. Evenals de holwoningen zijn de studentenkamers alleen vanuit de patio, en dus van buiten, toegankelijk. Het complex vormt daarmee ten opzichte van de gebruikelijke studentencomplexen een opmerkelijke mengeling van privacy (individuele, van buitenaf ontsloten woonruimten) en collectiviteit (sterk op de gezamenlijke patio's gerichte woonruimten, collectieve voorzieningen).

In de periode 1965-1972 realiseerde Haan verschillende projecten op de campus, waaronder piramidevormige studentenwooncomplexen, *mastaba's* (piramiden met één rechte gevel), stafwoningen, meisjeswoningen, het winkelcentrum en delen van het sportcentrum. De patiowoningen zijn meerdere malen gerenoveerd, maar daarbij is de hoofdopzet nauwelijks gewijzigd. In 2013 kreeg het complex de status van rijksmonument. (pv)

In 1964, the new University of Twente campus (at that time still the Institute of Technology) was opened. It is the only university in the Netherlands that offers on-campus housing for students, in this case on its wooded terrain. After supervisor Willem van Tijen built the first series of student accommodations himself, he asked Herman Haan to design the second progression. Although Haan had not designed residences in serial production before, he was involved with Team 10 and – despite being older – felt an affinity with younger structuralists such as Joop van Stigt and Piet Blom, who had also been given assignments on the campus.

Haan's first student housing complex consists of 17 linked square units, each composed of residential cells and communal facilities grouped in an L-shape on two sides of a small patio. A centrally located larger patio functions as a semi-public square. At several places, single-occupancy units on two floors were realized. The patios situated in the middle of the complex cannot be reached from the outside, but are accessed from small entrances that are linked by means of a partly covered pedestrian/cycling street over the roof of the complex. These entrance structures are connected to double 'warden' rooms on the roof. Each patio unit includes two clusters of three rooms with a shared shower and toilet, a double-occupancy unit and a communal breakfast room.

The patios each have their own character due to their differences in situation and the arrangement of the patio, which has been executed in varying ways per unit in terms of both the pattern of the paving and the plants. In addition, the layout of the shared facilities differs slightly per patio unit. The materials – paving bricks, unfinished concrete, wooden frames (painted in primary colours) – and the fact that there are trees growing through slots in the roof here and there, emphasize the earthy character of the complex.

Haan was certainly aware of the 'mat buildings' by Team 10 members such as Aldo van Eyck and Candilis-Josic-Woods, but was nonetheless mainly inspired by the African building culture he had got to know during his many travels through the Sahara and in Mali. The means of access and the sunken position make the patios strongly reminiscent of the pit dwellings of the *Matmata*, a Berber tribe in South Tunisia, which Haan greatly admired. Just like the pit dwellings, the student rooms can only be accessed from the patio, and therefore from the outside. In comparison with typical student housing, this complex represents a remarkable mixture of privacy (individual living spaces accessed from the outside) and collectivity (living spaces clearly directed towards the shared patios, communal facilities).

In the period 1965-1972, Haan realized various projects on the campus, including pyramid-shaped student residences, *mastabas* (pyramids with a single straight façade), staff houses, separate housing for female students, the shopping centre and parts of the sports centre. The patio housing has been renovated several times, but the basic arrangement has hardly been changed at all. In 2013 the complex was given the status of listed building. (pv)

Centrale patio
Central patio

Kleine patio met bovengelegen 'mentor'-kamer
Small patio with 'wardens' room above

Verbinding dak met landschap
Roof connection with landscape

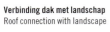

Luchtfoto 1969
Aerial photo 1969

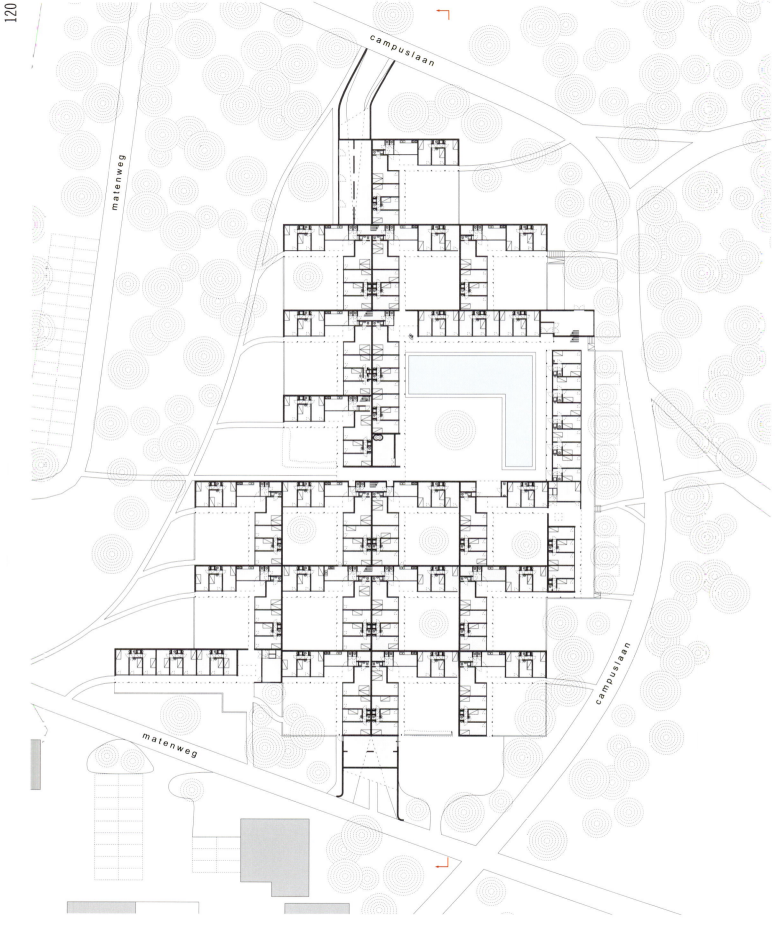

Begane grond
Ground floor

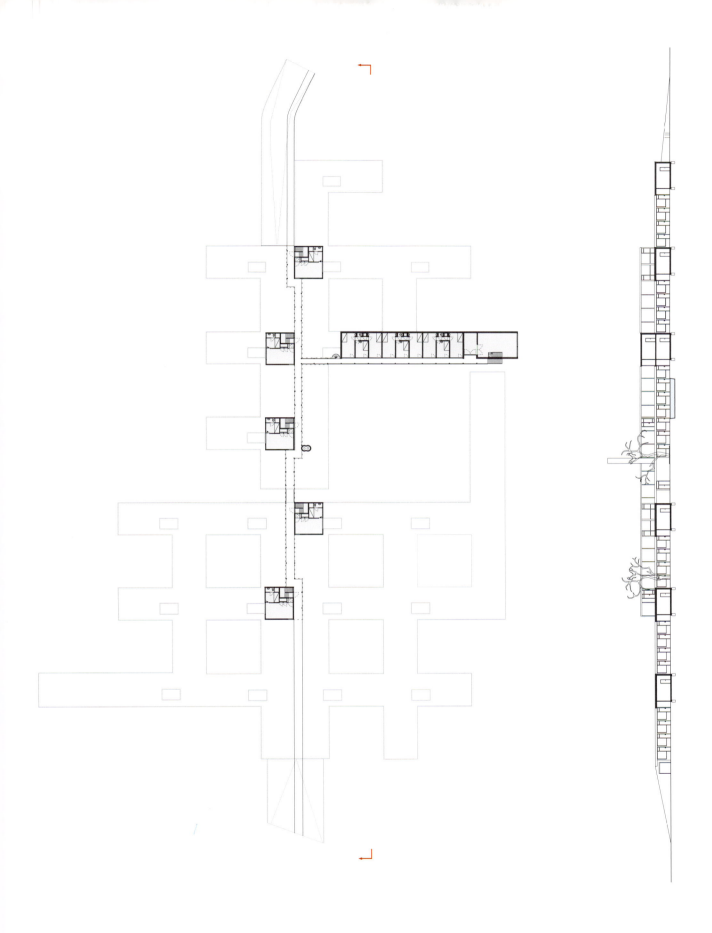

Dakverdieping
Roof level

Centrale patio
Central patio

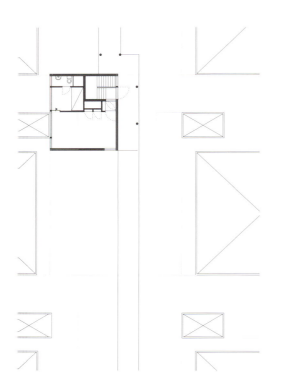

Dakverdieping patio eenheid
Roof level patio unit

Begane grond patio eenheid
Ground floor patio unit

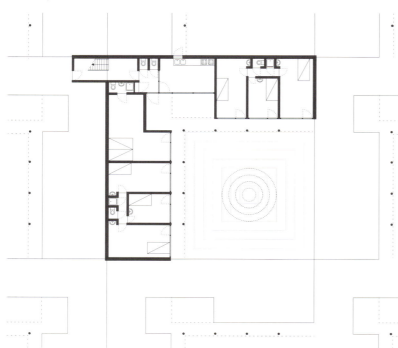

Pad op het dak
Path on the roof

Cripps Building Cambridge

Philip Powell & Hidalgo Moya

St John's College: River Ct, Merton Ct, Cambridge, Groot-Brittannië/United Kingdom
Architect: Powell & Moya
Opdrachtgever/eigenaar/gebruiker/Client/owner/user: St John's College, Cambridge
Ontwerp/Design: 1962
Oplevering/Completion: 1967

Typologie/Typology: *Residential College*
Totaal aantal woonvertrekken/Total number of residences: 200 undergraduate rooms met gedeelde voorzieningen/with shared facilities; 8 fellow apartments
Vloeroppervlak per kamer/Floor area per room: 17 m² (gemiddeld/average)

Aantal bouwlagen/Number of floors: 5
Gemeenschappelijke voorzieningen/Communal facilities: twee/two junior common rooms; seminar ruimte/room (in 1987 gesloopt en door andere bebouwing vervangen/torn down in 1987 and replaced by new buildings)

Bronnen/Sources:
Kenneth Powell, *Powell & Moya* (Londen/London: RIBA Publishing, 2009)
N. Pevsner, *The Buildings of England: Cambridgeshire* (Londen/London: Penguin Books, 1970)
Architect and Building News (13 september/September 1967), 447-452

In de eerste helft van de jaren 1950 uitte redacteur J.M. Richards in de *Architectural Review* bijtende kritiek op nieuwbouwprojecten voor de universiteiten van Oxford en Cambridge. De gebouwen leveren geen enkele bijdrage aan de kunst van architectuur, en weerspiegelen alleen de artistieke leegte en benepenheid van academische smaak. Eind jaren 1950 keerde het tij. Tot de jaren 1970 kwam in beide steden een aantal projecten tot stand dat op soms briljante wijze de traditionele bouwvormen en materiaaltoepassingen van de twee steden interpreteerde en nieuw leven inblies. Tot het beste werk uit deze periode behoren de uitbreidingen van een aantal *colleges* naar ontwerp van Philip Powell en Hidalgo Moya.

Na een aantal projecten in Oxford te hebben gerealiseerd, kregen zij in 1962 opdracht voor het ontwerp van een grote uitbreiding van St John's College in Cambridge. De in eerste instantie benaderde Alvar Aalto bleek niet voldoende geïnteresseerd. Het project werd gefinancierd door een alumnus van St John's, de gefortuneerde industrieel Humphrey Cripps. Hij verlangde voor zijn royale donatie een gebouw dat minstens 500 jaar moest meegaan. De nieuwbouw, achter de bestaande gebouwen van St John's, moest 200 kamers voor *undergraduates* bevatten, en acht appartementen voor *fellows*.

De architecten ontwierpen een lang meanderend volume dat reageert en aansluit op de aangrenzende bebouwing: New Court, sluitstuk van de reeks hoven van St John's; het noordelijk gelegen Benson Court van Lutyens, onderdeel van Magdalene College, en de School of Pythagoras, een dertiende-eeuws huis aan de westzijde van het beschikbare grondstuk. Samen vormen de oude en nieuwe bebouwing een nieuwe reeks met elkaar verbonden hoven.

Het open landschap van de Backs en de Binn Brook, een zijarm van de rivier de Cam, lopen schijnbaar ononderbroken door onder de open begane grond van The Cripps Building. Deze onderlaag, slechts deels bebouwd met enkele studentenkamers, vormt een arcade van waaruit open trappen naar de studentenkamers op de bovenliggende drie verdiepingen leiden. Rondom elk van de acht trappen ligt steeds een cluster van acht kamers, verschillend in maat en indeling. De trappen, en enkele kamers op de derde verdieping, zijn doorgezet naar het oorspronkelijk voor alle bewoners toegankelijke dakterras met een wijds panorama over de stad en de rivier.

Het gebouw heeft een betonskelet met kolommen om de indeling flexibel te houden. Het zeer zorgvuldig gedetailleerde gebouw heeft een bekleding van Portland steen en bronzen kozijnen. De materialisering en de horizontale vensters in de door middel van erkers verticaal geartículeerde gevels weerspiegelen de idee van een relatie tussen traditie en naoorlogse moderne architectuur.

Een lage aanbouw met twee gemeenschappelijke woonkamers en een lezingruimte legde een verbinding met New Court, maar werd in 1987 jammerlijk vervangen door een veel groter, plomp nieuw bouwdeel. (dvg)

In the first half of the 1950s, editor J.M. Richards voiced biting criticism in the *Architectural Review* of new-built projects for the universities of Oxford and Cambridge. The buildings made no contribution to the art of architecture whatsoever and merely reflected the artistic emptiness and small-mindedness of academic taste. In the late 1950s, the tide turned. Up until the 1970s, several projects were implemented in both cities, which interpreted and breathed new life into the traditional building forms and application of materials in the two cities, sometimes in a brilliant fashion. Included in the best work from this period are the extensions to a number of colleges from designs by Philip Powell and Hidalgo Moya.

After realizing a number of projects in Oxford, they were commissioned in 1962 to design a large extension of St John's College in Cambridge. Alvar Aalto, who was initially approached, turned out to be insufficiently interested. The project was financed by an alumnus of St John's, wealthy industrialist Humphrey Cripps. In return for his generous donation, he yearned for a building that would last for at least 500 years. The new-build, located behind the existing buildings of St John's, had to contain 200 rooms for undergraduates and 8 apartments for fellows.

The architects designed a long meandering volume that reacts to and links up with the adjacent buildings: New Court, the final piece in the series of courts at St John's, the northerly situated Benson Court by Lutyens, part of Magdalene College, and the School of Pythagoras, a thirteenth-century house on the west side of the available piece of ground. Together the old and new buildings form a new series of linked courts.

The open landscape of the Backs and the Binn Brook, a tributary of the River Cam, appear to continue uninterrupted under the open ground floor of the Cripps Building. This lower layer, only partly built on with a few student rooms, forms an cloister from which open stairs lead up to student rooms on the three storeys above. Around each of the eight staircases, there is a cluster of eight rooms, of varying size and layout. The stairs, and a few rooms on the third floor, continue on to the roof terrace, which was originally accessible to all the residents, with its wide panorama over the city and the river.

The building has a concrete structural skeleton with columns, to keep the layout flexible. The extremely carefully detailed building is clad with Portland stone and has bronze window frames. The materialization and the horizontal windows in the façades, which are vertically articulated by means of bay windows, reflect the idea of connecting tradition with post-war modern architecture.
A low annex with two communal living rooms and a reading room made a connection with New Court, but was unfortunately replaced in 1987 by a much larger, ponderous new building element. (dvg)

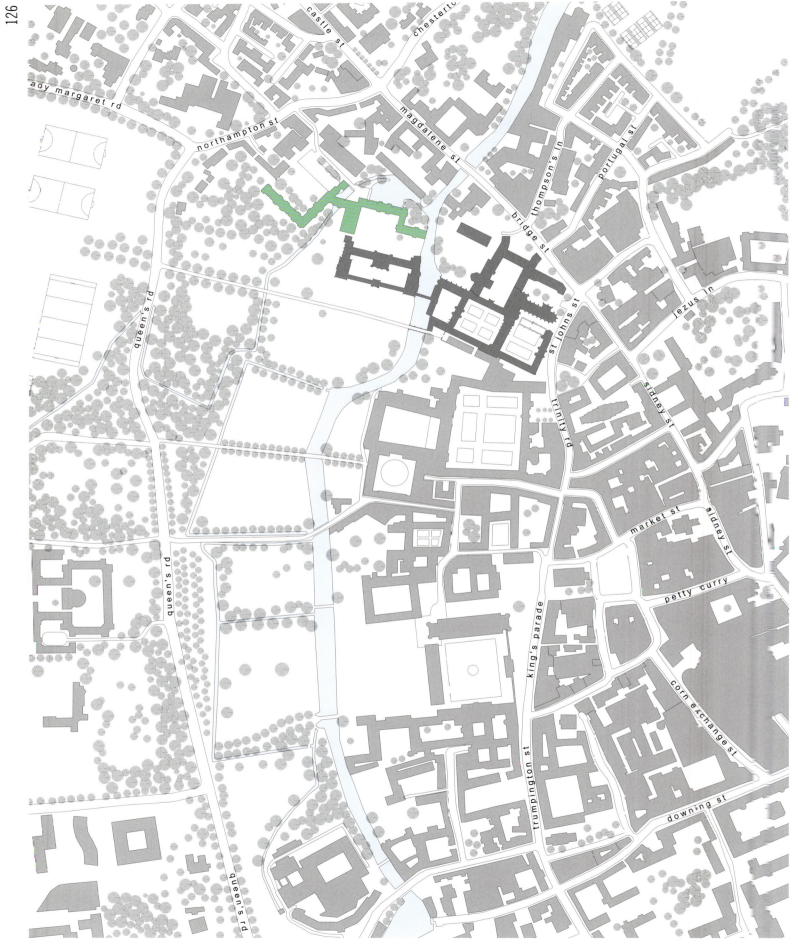

Foto na bouw met de inmiddels gesloopte lage verbinding tussen Cripps Building en New Court
Photo taken after construction with the low connection, now demolished, between Cripps Building and New Court

Studentenkamer
Student room

Begane grond met open colonnade
Ground floor with open colonnade

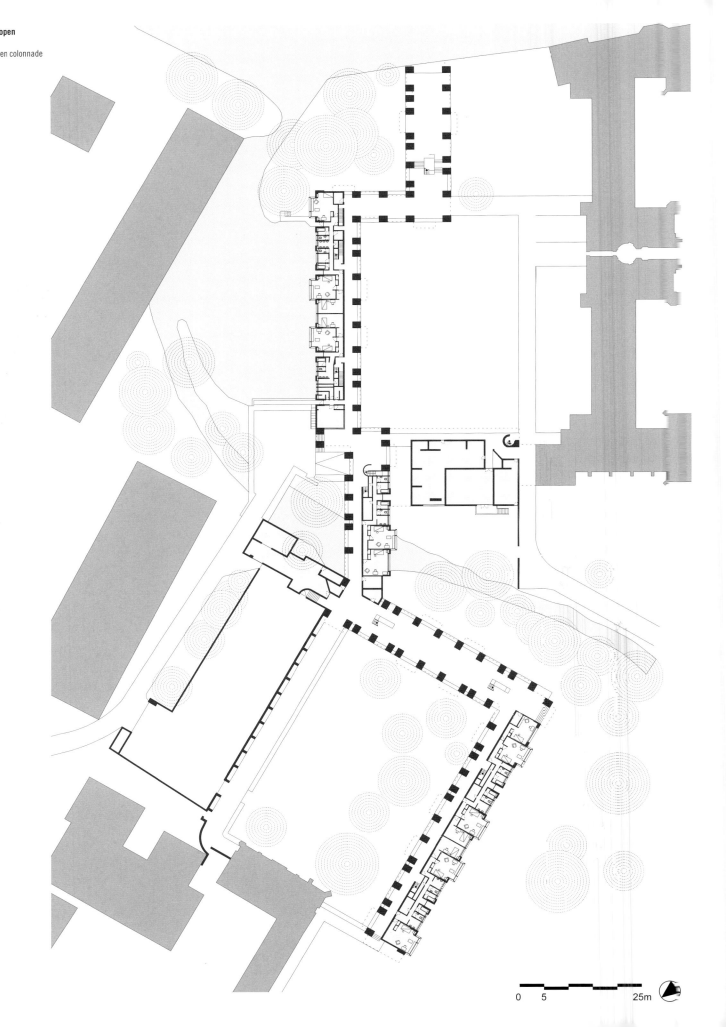

Standaardverdieping
Standard level

Dakverdieping
Roof level

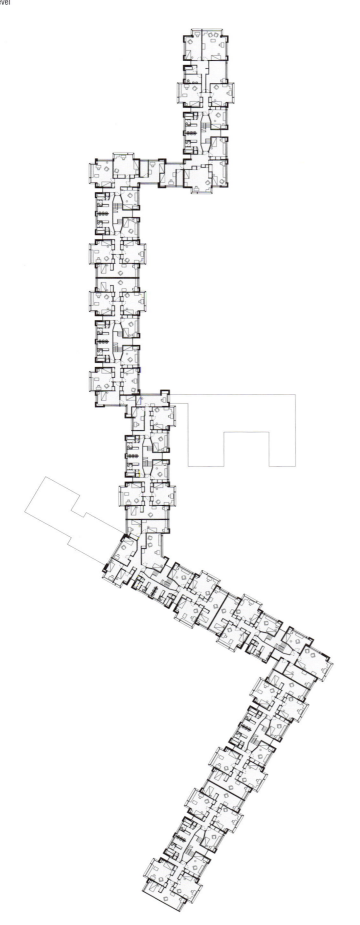
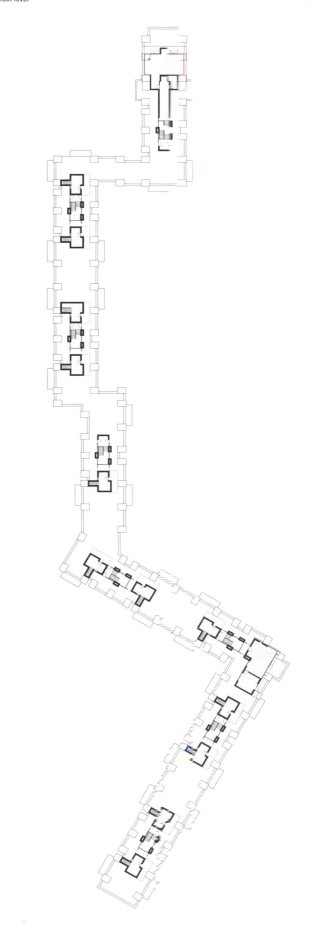

Cluster van acht kamers rond trappenhuis, dakterras
Cluster of eight rooms grouped round staircase, roof terrace

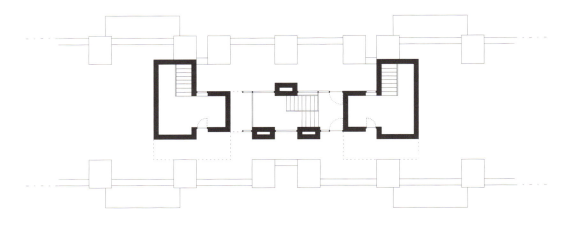

Idem, standaardverdieping
Idem, standard level

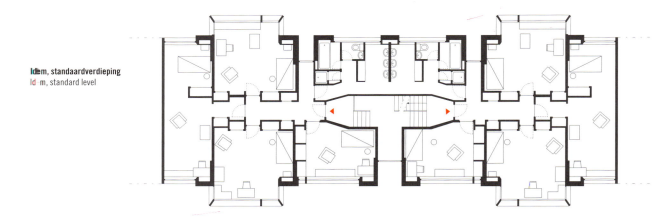

Idem, begane grond
Idem, ground level

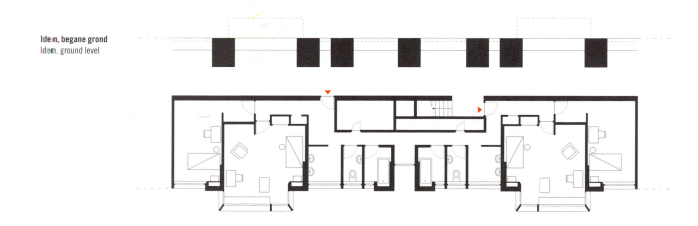

0 1 5m

De verbrede Bin Brook tussen Cripps en Magdelene College
The broadened Bin Brook between Cripps and Magdelene College

Open colonnade op begane grond
Open colonnade on ground floor

De Cam met New Court achter Cripps
The Cam with New Court behind Cripps

Entree vanuit de colonnade
Access from the colonnade

Maison de l'Iran Parijs/Paris

Claude Parent, André Bloc, Moshen Foroughi & Heydar Ghiaï-Chamlou

<u>Maison de l'Iran, Cité Internationale Universitaire de Paris</u>: 27D, Boulevard Jourdan, Parijs, Frankrijk/Paris, France
<u>Architect</u>: Claude Parent, André Bloc, Moshen Foroughi en/and Heydar Ghiaï-Chamlou
<u>Opdrachtgever</u>/Client: Fondation Farah Pahlavi
<u>Eigenaar</u>/Owner: Cité Internationale Universitaire de Paris
<u>Gebruiker</u>/User: Maison de l'Iran, nu/now: Fondation Avicenne
<u>Ontwerp</u>/Design: 1961-1967
<u>Oplevering</u>/Completion: 1969
<u>Typologie</u>/Typology: toren met galerijontsluiting/tower with gallery access
<u>Totaal aantal kamers</u>/Total number of rooms: 96 kamers/rooms + 4 gastenverblijven/guest rooms en/and directeurswoning/director's residence
<u>Vloeroppervlak per kamer</u>/Floor area per room: 17 m²
<u>Aantal bouwlagen</u>/Number of floors: 10
<u>Gemeenschappelijke voorzieningen</u>/Communal facilities: lobby, multifunctionele ruimten, logeerkamers, sanitair, fietsenkelder, parkeerkelder / lobby, multipurpose rooms, guest rooms, sanitary facilities, basement bicycle storage, basement car park

<u>Bronnen</u>/Sources:
Frédéric Migayrou en/and Francis Rambert, *Claude Parent: L'oeuvre construite, l'oeuvre graphique* (Orléans: Éditions HYX, 2010), 88-93
Claude Parent, 'Maison de l'Iran' in: André Bloc en/and Marc Emery (red./eds.), *l'Architecture d'Aujoud'hui*, nr./no. 141 (december/December 1968- januari/January 1969), 47-49

http://www.frac-centre.fr/collection-collection-architecture/ index-des-auteurs/auteurs-projets-64.html?authID=143&ensmbID=361

Zicht vanuit het noordoosten
View from the north-east

Maison de l'Iran is het laatste studentenhuis dat binnen de parkachtige setting van de Cité Internationale Universitaire van Parijs werd gerealiseerd. Tussen 1925 en 1968 lieten verschillende landen hier een paviljoen bouwen voor de huisvesting van de eigen studenten. Het meest bekend zijn de paviljoens van Zwitserland en Brazilië (beide van Le Corbusier) en Nederland (Dudok). Wanneer in de vroege jaren 1960 het ontwerp van de oorspronkelijke architecten van het Maison de l'Iran, Moshen Foroughi en Heydar Ghiaï-Chamlou, door de gemeente wordt afgekeurd, zoeken zij hulp bij André Bloc, de invloedrijke oprichter van het tijdschrift *l'Architecture d'Aujourd'hui*. Bloc brengt hen in contact met Claude Parent, die juist bezig is voor hem een villa te bouwen in Cap d'Antibes. Parent grijpt deze kans om een prestigieus project in Parijs te realiseren met beide handen aan. Maar ook het ontwerp van Parent weet de bureaucratische obstakels pas te overwinnen, nadat de Sjah van Perzië heeft laten weten dat hij bij zijn staatsbezoek aan Frankrijk in 1966 de start van de bouw wenst bij te wonen. Het Maison de l'Iran wordt na de oplevering in 1969 al snel een bolwerk van verzet tegen het Perzische regime, dat zich daarop schielijk terugtrekt. In 1972 wordt hier de Fondation Avicenne gehuisvest, een stichting die ook onderzoekers en studenten van andere nationaliteiten faciliteert.

Het ontwerp voor het Maison de l'Iran vertoont opvallende overeenkomsten met de villa voor André Bloc. In beide projecten wordt de hoofddraagconstructie gevormd door een extern staalskelet waarin twee afzonderlijke volumes zijn opgehangen, samen met een opvallend sculpturale trap. Het verschil tussen beide projecten ligt, behalve in het programma, de context en de schaal, vooral in het expliciet brutalistische karakter van het Maison de l'Iran. De draagconstructie van de studentenflat bestaat uit drie enorme, dofzwart geschilderde stalen portalen van 38 m hoogte waarin de twee volumes met studentenkamers boven elkaar zijn opgehangen. De gevels van deze volumes laten weinig zien van de kamers: aan de westzijde is de gevel, bestaande uit lichtgrijze gevelcementplaten, geheel gesloten vanwege het verkeerslawaai van de boulevard Périphérique; aan de oostzijde liggen de glaspuien van de kamers iets terug achter balkonstroken. De plattegronden van de verdiepingen van de twee volumes zijn eenvoudig: per verdieping liggen er 12 studentenkamers aan een gang met centraal gesitueerde sanitaire voorzieningen en liften.

Tussen de twee volumes met studentenkamers bevindt zich een open ruimte waar het appartement van de beheerder en vier logeerkamers liggen. De gevels van deze onderdelen liggen terug en verspringen, om het onderscheid met de strak geordende standaardkamers zoveel mogelijk te versterken. Op de begane grond bevinden zich gedraaid ten opzichte van de rest van het gebouw de gemeenschappelijke ruimte en de entree in twee volumes, doorboord door de enorme kolommen van de toren. (jz)

Maison de l'Iran was the last student residence to be built within the park-like setting of the Cité Internationale Universitaire in Paris, where various countries constructed pavilions between 1925 and 1968 to accommodate their own students. The most well-known pavilions are those from Switzerland and Brazil (both by Le Corbusier) and the Netherlands (Dudok). In the early 1960s, when the design by the original architects of the Maison de l'Iran, Moshen Foroughi and Heydar Ghiaï-Chamlou, was not approved by the city council, the architects turned to André Bloc, the influential founder of the magazine *l'Architecture d'Aujourd'hui*, for help. Bloc put them in contact with Claude Parent, who at that time was busy realizing a villa for him in Cape d'Antibes. Parent seized this opportunity to realize a prestigious project in Paris with both hands. In turn, Parent's design only managed to overcome the bureaucratic hurdles after the Shah of Iran announced that he wished to be present at the start of construction during his state visit in 1966. After delivery in 1969, Maison de l'Iran quickly became a stronghold of resistance to the Iranian regime, which subsequently withdrew: in 1972 the *Fondation Avicenne* was housed here, a foundation that also facilitates researchers and students of other nationalities.

The design for Maison de l'Iran displays remarkable similarities with the villa for André Bloc mentioned earlier: in both projects the main structure is formed by an external steel skeleton in which two separate volumes are suspended, together with a distinctive sculptural staircase. Besides the programme, the context and the scale, the difference between the two projects lies mainly in the explicitly brutalist character of Maison de l'Iran. The structure of the student flat consists of three enormous steel portals that are 38 m high and painted matte black, in which the two volumes with student rooms are suspended above each other. The façades of these volumes do not reveal much of the rooms: on the west side, the façade consisting of light-grey façade slabs is completely closed, due to the traffic noise from the Boulevard Périphérique. On the east side, the glass fronts of the rooms are set a little back behind strips of balconies. The floor plans of the levels of the two volumes are simple: on each floor there are 12 student rooms situated on a corridor with centrally located sanitary facilities and lifts.

Between the two volumes with student rooms, there is an open space where the warden's apartment and four guest rooms are located. The façades of these components are set back and staggered, to emphasize the contrast with the strict arrangement of the standard rooms as much as possible. On the ground floor – rotated in relation to the rest of the building – are the communal area and the entrance in two volumes, pierced by the enormous columns of the tower. (jz)

Het gebouw in verschillende fasen van constructie
The building in various phases of construction

Bordes en trappenhuis
Landing and staircase

Zicht langs de verspringende volumes op de vijfde verdieping
View along the staggered volumes on the fifth floor

Zicht vanuit het noordwesten over de laagbouw
View from the north-west over the low-rise

Tweede (en typische) verdieping
Second (typical) floor

Begane grond
Ground floor

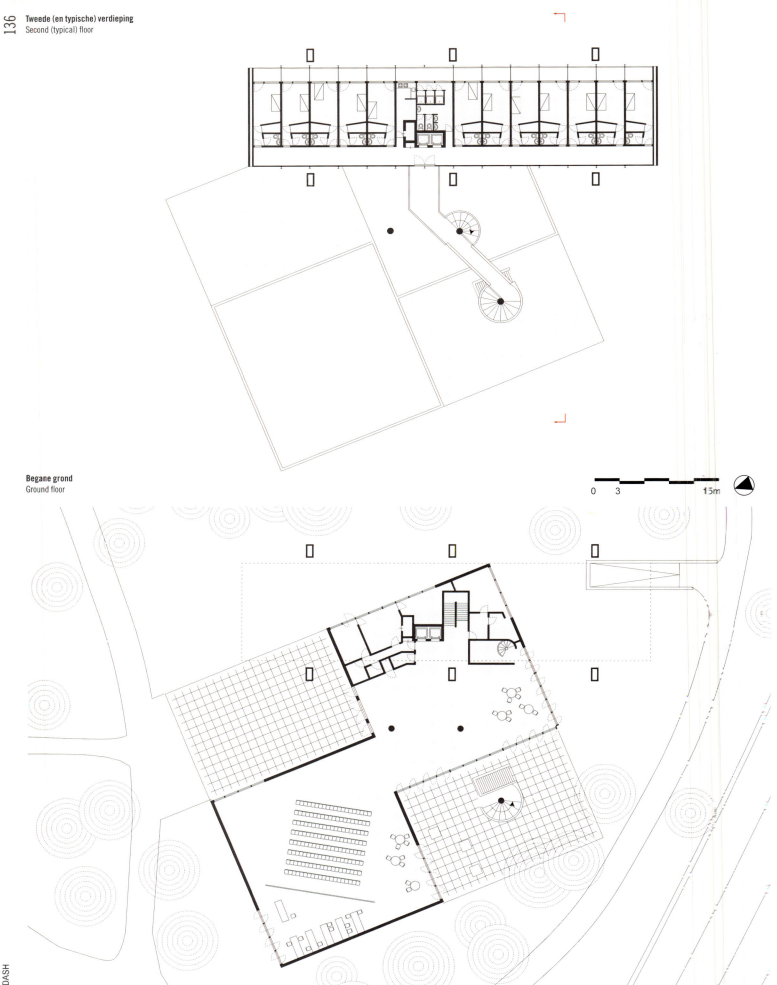

Vijfde verdieping
Fifth floor

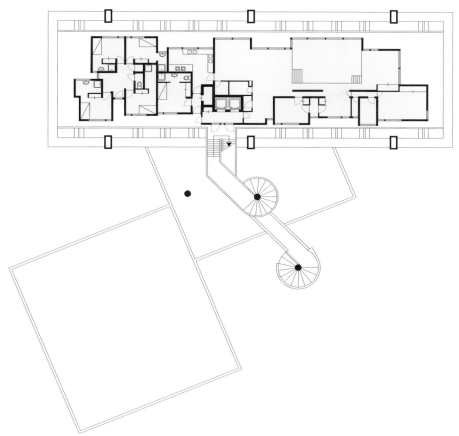

Dwarsdoorsnede
Cross section

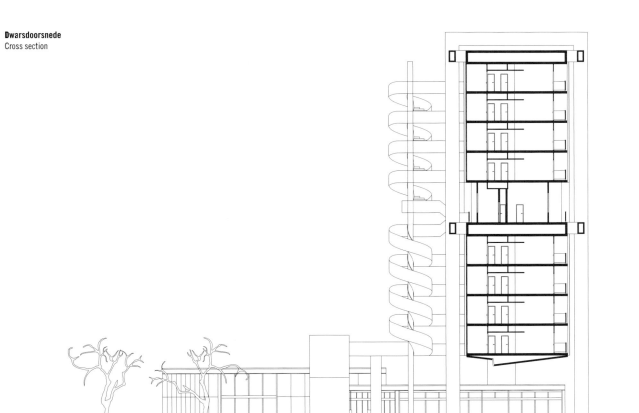

Positie aan de Boulevard Périphérique
Situation on the *Boulevard Périphérique*

Entree kelderverdieping
Entrance basement level

Opgetild boven het landschap
Lifted into space above the landscape

Entreehal
Entrance hall

Zicht vanuit het noordoosten in het park van de Cité
View from the north-west in the Cité park

Oostgevel
East wing

Hoogeveldt Nijmegen

Piet Tauber

Studentenhuisvesting Hoogeveldt, terrein 'Albertinum' (Provinciaal Dominicanen)/ Hoogeveldt Student Housing, 'Albertinum' estate (Provincial Dominican Friars): Professor Bromstraat, Nijmegen
Architect: prof. P.H. Tauber. De bestektekeningen en de uitwerking werden getekend door architect André Thomsen, die net als Tauber (die in 1964, slechts 37 jaar oud, zijn inaugurele rede als hoogleraar aan de TH Delft hield) later hoogleraar werd aan de faculteit Bouwkunde in Delft / The specifications and detailed plan were drawn by architect André Thomsen, who, like Tauber (who held his inaugural speech as professor at Delft Polytechnic in 1964, at the young age of 37) later became professor at the Faculty of Architecture in Delft
Opdrachtgever/eigenaar/gebruiker/ Client/owner/user: Stichting Studentenhuisvesting Nijmegen/ Student Housing Trust Nijmegen [SSHN]
Ontwerp/Design: 1967-1970
Oplevering/Completion: 1970
Typologie/Typology: onzelfstandige studentenwoningen/shared-facility student residences
Totaal aantal kamers/Total number of rooms: 1024 (88 wooneenheden/ residential units met/with 5-16 kamers/rooms per gang/corridor)
Vloeroppervlak per kamer/Floor area per room: 12 m²
Aantal bouwlagen/Number of floors: 4-9 (low-rise: 4-5; high-rise: 6-9)
Gemeenschappelijke voorzieningen/ Communal facilities: café, supermarkt, huismeester, fietsenmaker, hobbyruimte / pub, supermarket, concierge, bicycle repair shop, hobby facilities
Fietsparkeren/Bicycle storage: buitenstallingen onder afdak vóór entreehallen, b.g. / covered outdoor racks in front of entrance halls, ground floor

Bronnen/Sources:
David Keuning, Piet Tauber. Bouwen naar opdracht (Rotterdam: BONAS, 2012), 154-156
'Studentenhuisvesting "Hoogeveldt" te Nijmegen/architect prof. ir. P.H. Tauber', BOUW nr./no. 27/28 (1972), 954-955
Tijs Tummers, Architectuur in Nijmegen. Een overzicht van architectuur en stedebouw na 1900 (Bussum: Uitgeverij THOTH, 1994), 133, 144-145
David Struik, Het Doosje vol van bedstee tot spacebox (Delft: architectuurgeschiedenisscriptie/ architectural history thesis, TU Delft (supervisor: Cor Wagenaar), 2011), 52-53, http://issuu.com/ davidstruik/docs/hetdoosjesvolk
Tekeningen afkomstig uit de archieven van Stichting Studenten Huisvesting Nijmegen (SSHN, ing. P.P.A. (Patrick) Theunissen, hoofd Beheer) / Drawings from the SSHN archives

De studententijd, zo betoogde Granpré Molière al bij zijn eerste Nijmeegse stedenbouwkundige ontwerp uit 1949, is een kwetsbare overgangsfase tussen gezin en maatschappij. Architect Piet Tauber wilde met Hoogeveldt voorkomen dat de student ten onder zou gaan in een naamloze massa. Ondanks het grote aantal kamers (1.024) onderscheidt 'Hoogeveldt' zich van andere studentencomplexen door de menselijke schaal. Het ensemble is gebouwd naast het Dominicanenklooster 'Albertinum' (H.J.A. Bijlard en K. van Geyn van het bureau van Ed. Cuypers, 1930-1932) en wordt begrensd door de verdiepte spoorlijn Nijmegen-Venlo en de Heyendaalseweg, die de universiteitscampus Heyendaal met de binnenstad verbindt. Toen de paters op zoek gingen naar een architect die hun belangen zou kunnen behartigen bij de stedenbouwkundige wijzigingen die de gemeente rond hun terrein wilde doorvoeren, zat Piet Tauber naar eigen zeggen 'een paar dagen later bij de prior-provinciaal aan tafel'.

Om de stedenbouwkundige toenadering tot het klooster te benadrukken, spiegelde Tauber de kloosterplattegrond van Bijlard en Van Geyn en zocht hij met een hoogte van vier bouwlagen aansluiting bij het klooster en het omliggende groen. Alleen naast het viaduct over de spoorlijn klimt de bouwmassa trapsgewijs van vier naar negen bouwlagen; zo blijft deze hoogbouw deel uit maken van het ensemble. Tauber maakte de hof – 'een beweeglijke, maar tegelijkertijd besloten ruimte als ontmoetingsplein' waar 600 studentenkamers op uitkomen en waaraan diverse gemeenschappelijke voorzieningen liggen – tot het hart van het ensemble. Daarmee plaatste hij het complex in de eeuwenoude traditie van de Engelse colleges, die eveneens verwant zijn aan de kloostertypologie. De Professor Bromstraat verbindt het Albertinum via de (aanvankelijk voor autoverkeer afgesloten) hof met de naastgelegen wijk Groenewoud, geflankeerd door een gestrekte, gelede bouwmassa langs het spoor, die op de kop met een subtiele knik de bebouwingsrichting van de reeks naastgelegen flats overneemt.

De 1.024 studentenkamers zijn verdeeld in 'wooneenheden' van 5 tot 16 studentenkamers, gelegen aan een collectieve gang. Een gemeenschappelijke eetkeuken (de ontmoetingsplaats) is op de begane grond gerangschikt naast het het trappenhuis; op de verdiepingen ervóór (d.w.z. over dezelfde twee beuken als het trappenhuis). Gedeelde badkamers (één douche en één wc per vijf studenten) liggen in stroken tussen de collectieve gangen en de studentenkamers. Elke kamer heeft een voorportaal met kast en wastafel. Doordat de gevel ter hoogte van de entree en de overdekte fietsenstalling verspringt, worden lange doorlopende gangen voorkomen. De stallingsdaken maken in vormgeving nadrukkelijk deel uit van de architectuur van het ensemble. Tauber weet door deze geleding en hoekverdraaiingen van 45° van bouwmassa's, flauw hellende daken met pregnante overstekken en een sobere materialisatie ('verschillende bruinen van licht in de baksteen, donker van met Sadolins behandelde, redwood kozijnen en de donkerbruine golfdakplaten') de sfeer van een Italiaanse stad op te roepen. Deze studentenenclave functioneert sinds 1970 nog steeds volgens het oorspronkelijke ontwerp en is het grootste studentenhuisvestingscomplex in Nijmegen. (pk)

Student days, Granpré Molière contended in his first Nijmegen urban design in 1949, represent a vulnerable transitional phase between one's family and the whole of society. At Hoogeveldt, architect Piet Tauber wanted to prevent students from being swallowed up in a nameless crowd. In spite of the large number of rooms (1,024), Hoogeveldt distinguishes itself from other student residences by its human scale. The ensemble was built adjacent to the Dominican 'Albertinum' priory (H.J.A. Bijlard and K. van Geyn [Eduard Cuypers office], 1930-1932) and is bordered by the recessed tracks of the Nijmegen-Venlo railroad and Heyendaalseweg, which connects the Heyendaal university campus with the city centre. When the friars went in search of an architect who would represent their interests in the urban design changes the city council wanted to implement around their estate, Piet Tauber was, as he himself put it, 'deliberating with the prior-provincial a few days later'.

In order to emphasize the urban design conciliation with the priory, Tauber mirrored the priory floor plan designed by Bijlard and Van Geyn and sought a connection with the priory and the surrounding greenery with a building height of four storeys. Only next to the viaduct over the tracks does the building mass rise gradually from four to nine storeys; in this way, the tower continues to be part of the ensemble. Tauber turned the courtyard – 'an active but at the same time private space as a meeting area' to which 600 student rooms lead and where various communal facilities are situated – into the heart of the ensemble, thereby placing the complex in the centuries-old tradition of English colleges, in turn based on the monastery typology. Professor Bromstraat connects the Albertinum via the courtyard (originally closed to motor traffic) with the adjoining 'Groenewoud' neighbourhood alongside a stretched, articulated building mass parallel to the railroad tracks, which at its head assumes the building direction of the series of adjacent flats with a subtle bend.

The 1,024 student rooms are divided into 'residential units' of 5 to 16 rooms situated on a shared corridor. On the ground floor, a communal living kitchen – the place to meet – is located adjacent to the staircase; on the upper levels ahead of the staircase, sharing its two bays. Shared sanitary facilities (one shower and one toilet per five students) are located in strips between the communal corridors and the student rooms. Each room has an entrance vestibule with a closet and washbasin. By staggering the façade at the level of the entrance and the covered cycle parking, long continuous corridors are avoided. In terms of design, the roofs of the bicycle sheds are an emphatic part of the architecture of the ensemble. With this articulation and 45° angles of rotation in building masses, gently sloping roofs with succinct eaves and sober materialization ('various browns ranging from the light colour of the brick, the dark redwood window frames treated with Sadolin products and the dark-brown undulating roof sheeting'), Tauber managed to evoke the atmosphere of an Italian city. This student enclave has continued to function according to the original design since 1970 and is the largest student housing complex in Nijmegen. (pk)

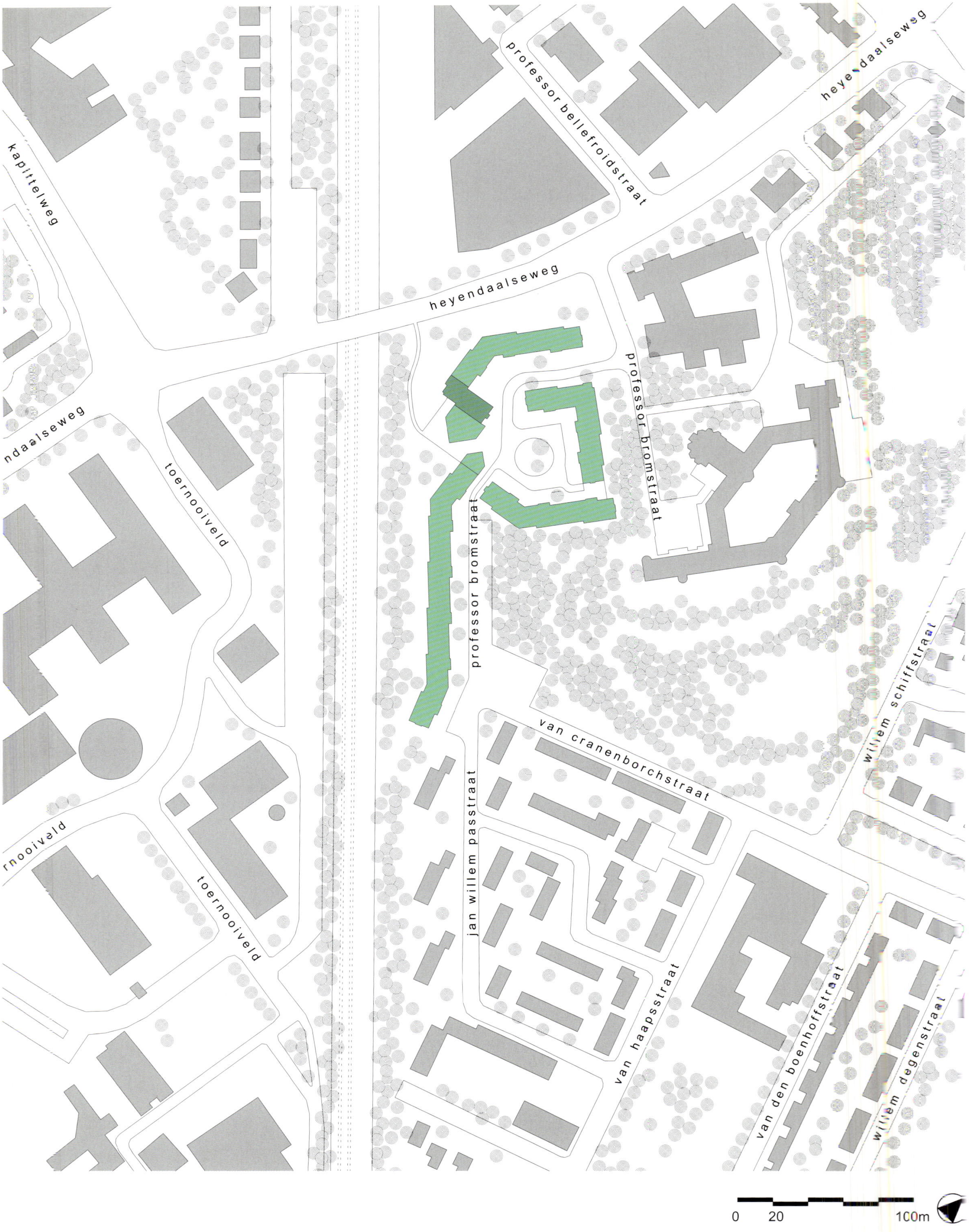
kapittelweg
heyendaalseweg
professor bellefroidstraat
heyendaalseweg
ndaalseweg
toernooiveld
professor bromstraat
professor bromstraat
van cranenborchstraat
willem schiffstraat
jan willem passtraat
rnooiveld
toernooiveld
van haapsstraat
van den boenhoffstraat
willem degenstraat
0
20
100m

Zicht op zuidelijke vleugel vanuit hoogbouw (linksboven), ontmoetingsplein (rechtsboven) en zicht vanuit overdekte buitenfietsenstalling (rechtsonder), kort na de oplevering in 1970
View of the south wing from high-rise (above left), meeting square (above right) and view from the covered cycle park (below right), shortly after delivery in 1970

Vogelvluchtperspectief van het gehele ensemble met aansluiting op Dominicanenklooster en woonwijk
Aerial view of the entire ensemble in conjunction with Dominican priory and residential neighbourhood

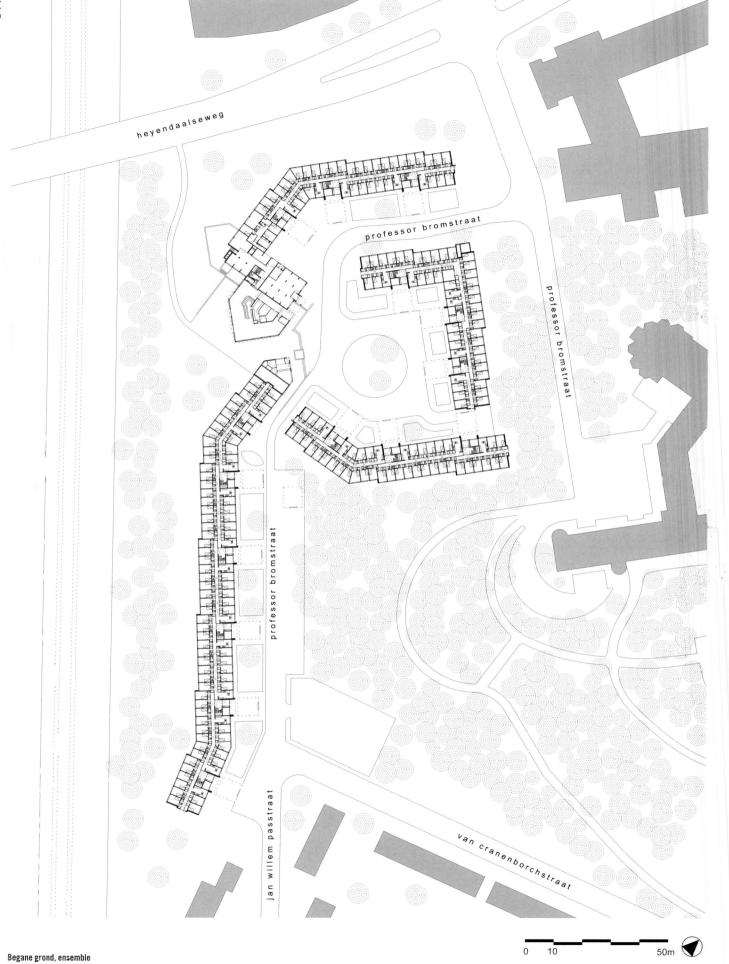

Begane grond, ensemble
Ground floor, ensemble

Standaardverdieping, wooneenheid met 16 kamers en gemeenschappelijke eetkeuken
Typical floor, residential unit with 16 rooms and communal living kitchen

Begane grond, twee wooneenheden met 8 resp. 6 kamers en gemeenschappelijke keukens en overdekte fietsenstalling voor hoofdentree
Ground floor, two residential units with respectively 8 and 6 rooms, communal kitchens and covered cycle park in front of the main entrance

Dwarsdoorsnede over fietsenstalling en entreehal
Cross section through cycle park and entrance hall

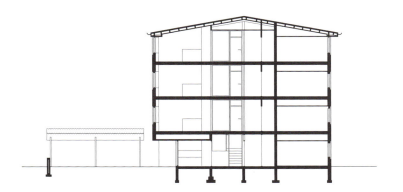

Professor Bromstraat, entree van het ensemble, gezien naar het zuidwesten, richting hoogbouw
Professor Bromstraat, entrance to the ensemble, seen from the southwest in the direction of the high-rise

Torenvolume aan ontmoetingsplein met gemeenschappelijke voorzieningen (café en supermarkt)
Tower volume on the meeting square with communal facilities (café and supermarket)

Doorzicht naar ontmoetingsplein vanaf ligweide langs spoorlijn Nijmegen-Venlo
View through to meeting square from sunbathing area beside the Nijmegen-Venlo railway

Groene buffer tussen studentenkamers en domein 'Albertinum'
Green buffer between student rooms and 'Albertinum' domain

Kleine gemeenschappelijke eetkeuken (wooneenheid met 6 kamers, begane grond)
Small communal living kitchen (residential unit with 6 rooms, ground floor)

Professor Bromstraat, gezien naar het zuidoosten, richting woonwijk Groenewoud
Professor Bromstraat, view to the south-east, in the direction of Groenewoud residential neighbourhood

Grote gemeenschappelijke eetkeuken (wooneenheid met 16 kamers, 5e verdieping)
Large communal living kitchen (residential unit with 16 rooms, 5th floor)

Svartlamoen Trondheim

Brendeland & Kristoffersen arkitekter

Svartlamoen jongerenhuisvesting/Svartlamoen Youth Housing: Strandveien 37-39, Trondheim, Noorwegen/Norway
Architect: Brendeland & Kristoffersen arkitekter AS [bkark], Trondheim, Noorwegen/Norway
Opdrachtgever/eigenaar/gebruiker/Client/owner/user: Svartlamoen boligstiftelse (Svartlamoen housing trust)
Ontwerp/Design: 2003
Oplevering/Completion: 2005
Typologie en aantal woningen/Typology and number of residences: hoogbouw: 22 onzelfstandige wooneenheden in 4 groepswoningen op half verdiepte kantoorplint; laagbouw: 6 studio's (zelfstandige wooneenheden) op souterrain / high-rise: 22 shared-facility residential units in 4 group residences on top of office space in souterrain; low-rise: 6 studios (private-facility residential units) on top of basement
Bruto vloeroppervlakte/Gross floor area: 1015 m²
Vloeroppervlak per groepswoning/Floor area per group residence: 110-128 m²
Vloeroppervlak per bewoner/Floor area per resident: 22 m² (gemiddeld: eigen kamer met gebruik van keuken, woonkamer en balkons / average: single-occupancy room with use of kitchen, living space and balcony)
Vloeroppervlak per studio/Floor area per studio: 28 m²
Aantal bouwlagen/Number of floors: 5 (hoogbouw/high-rise)/ 2 (laagbouw/low-rise)
Gemeenschappelijke voorzieningen/Communal facilities: binnenplaats met gedeelde trappenhuizen (tevens gebruikt als balkons, hoogbouw) en veranda's (laagbouw), wasserette en opslagruimte in souterrain (laagbouw) / courtyard with shared stairwells (also used as balconies, high-rise) and porches (low-rise), laundry and storage area in basement (low-rise)
Fietsparkeren/Bicycle storage: in hal hoogbouw (b.g.) en op binnenplaats / in hallway high-rise (ground floor) and courtyard

Bronnen/Sources
Byggekunst The Norwegian Review of Architecture juni/June 2005, 22-33
Projectdocumentatie/project documentation door/by Brendeland & Kristoffersen arkitekter AS [bkark], Trondheim [N] en/and Geir Brendeland [bkark] 14.01.21], ongepubliceerd/non-published manuscript 'Svartlamoen revisited'
René Asschert et al, Bouwjong! Wonignbouw voor jongeren, (Groningen: GRAS Uitgevers, 2012), 214-215

Veranda en buitentrappen van de laagbouw aan de binnenplaats
Veranda and exterior staircase to the low-rise on the inner courtyard

Het jongerenhuisvestingscomplex in Svartlamoen ligt op het snijvlak van een tot voor kort verouderde stadsbuurt en een grootschalig industriegebied in Trondheim. Hier realiseerden Geir Brendeland en Olav Kristoffersen in 2005 hun eerste – en op dát moment in de wereld grootste, *massivtre* (massief houten) – gebouw als resultaat van een open prijsvraag (2003). Het motto luidde: 'If it ain't broken, don't fix it!'. Dit project voor zowel individuele als groepen jongeren leverde commentaar op het Noorse woningbouwbeleid, dat volledig marktgestuurd is en te weinig oog heeft voor (jonge) mensen met een laag inkomen. Bewonersparticipatie, duurzame architectuur, vrij indeelbare ruimte en innovatief gebruik van het bouwmateriaal hout staan bij dit project centraal.

Het gehele complex bevat 28 wooneenheden, waarvan het vijf verdiepingen tellende hoofdgebouw bestaat uit een half verdiepte plint met kantoorruimte en vier groepswoningen van 110-128 m2 voor vijf tot zes personen. De helft hiervan (ruime keuken, woonkamer en balkons) wordt collectief gebruikt. De gemiddelde woonoppervlakte per persoon bedraagt 22 m2, voor de prijs van een studioappartement (in Noorwegen is 50 m2 per persoon de standaard, dus zijn deze eenheden voor Noorse begrippen klein). Plafondhoogten variëren van 2,8 tot 4,5 m. Het lage blok van twee verdiepingen staat haaks op het hoge en bevat twee maal drie studio appartementen van 28 m2 ; in de kelder bevinden zich een wasserette en opslagruimte.

De vloeren en muren zijn gemaakt van in Oostenrijk geprefabriceerde houtelementen (144 mm dik) die niet zijn afgewerkt aan de binnenzijde. De buitenzijde is geïsoleerd en bekleed met onbehandeld Norwegian pine, dat inmiddels fraai is verouderd. De massieve binnengevels van sparrenhout zijn dragend, waardoor de binnenruimte vrij is in te delen. De stalen trappenhuizen aan de buitenzijde zorgen voor de entrees naar de verschillende woningen. Daarmee hoeven in de constructie van de hoofdbouwmassa geen sparingen voor een trappenhuis te worden gemaakt en komt de netto vloeroppervlakte binnen de gevels volledig ten goede aan het woonprogramma. De trapbordessen functioneren door hun overmaat tevens als collectieve balkons. Zo reduceert deze plattegrondopzet het totale vloeroppervlak met behoud van woonkwaliteit.

De architecten ontwierpen, maar stopten daarmee eerder dan gebruikelijk, waardoor de bewoners de ruimte kregen zich het gebouw na de oplevering in 2005 eigen te maken. In de kamers onder het hoge dak zijn hoogslapers met ladders en schappen toegevoegd. De houten interieurs zijn deels van wandschilderingen voorzien, aan de houten buitengevel is een kattentrap bevestigd, aan de veranda op de begane grond zijn traptreden toegevoegd en de gemeenschappelijke binnenplaats, georiënteerd op het zuiden, is vol constante activiteit. Dingen verschijnen én verdwijnen: banken, tafels, autobanden, planten en klimop tegen de gevel.

Dit project laat zien dat, door actieve betrokkenheid van de bewoners tijdens de ontwerpfase en daarna, een aan het gedachtegoed van Jane Jacobs appellerende gemeenschap is gevormd. De collectieve ruimte, tussen beide blokken en de stadsbuurt in, ademt een heel informele sfeer. (pk)

The residential complex for young people in Svartlamoen lies on the intersection between what was until recently a run-down city district and a large-scale industrial area in Trondheim. Here Geir Brendeland and Olav Kristoffersen realized their first building in 2005 – at that moment the largest in the world made of *massivtre* (solid wood) – as the result of an open competition held in 2003. Their motto was: 'If it ain't broke, don't fix it!' This project for individual young people but also groups made a statement about Norwegian housing policy, which was entirely market-driven and did not pay enough attention to people of all ages with a low income.

In this project, resident participation, sustainable architecture, freely adaptable space and the innovative use of timber as building material all play a central role.

The whole complex contains 28 living units, whereby the five-storey main volume consists of a half-sunken plinth with office space and four group homes of 110 to 128 m^2 for 5 to 6 people. Half of this (spacious kitchen, living room and balconies) is shared. The average floor area per person amounts to 22 m^2, for the price of a studio apartment (in Norway, 50 m^2 per person is usual, so, by Norwegian standards, these units are small). Ceiling heights vary from 2.8 to 4.5 m. The low two-storey block is at right angles to the high-rise and contains two sets of three 28-m^2 studio apartments; there is a laundry and storage space in the basement.

The floors and walls are made of wooden elements (144 mm thick) prefabricated in Austria, which have been left unfinished on the inside. The outside is insulated and clad with untreated Norwegian pine, which by now is attractively weathered. The solid spruce interior of the façade is load-bearing, creating a freely adaptable space inside. The steel staircases on the outside provide the entrances to the various houses. As a result, it was not necessary to make any recesses in the construction of the main building for a staircase and the net floor area within the façades is available in its entirety for living space. The stair landings also function as communal balconies due to their oversized dimensions. In this way, the floor plan arrangement reduces the total surface area while retaining the quality of the housing.

The architects created the design but subsequently stopped the design process earlier than usual, giving the residents the opportunity to make the building their own after it was finished in 2005. In the rooms under the high roof, raised beds with ladders, and shelves were added. The wooden interiors were partly provided with murals, a cat staircase was attached to the wooden external wall, stair steps were added to the veranda on the ground floor and there is constant activity in the communal south-facing inner courtyard; things appear and disappear: benches, tables, car tyres, plants and ivy growing against the façade.

This project demonstrates that, due to active involvement of the residents during the design phase and afterwards, a community appealing to the ideas of Jane Jacobs has been formed with a parochial space in between the blocks and the city district, which exudes a very informal atmosphere. (pk)

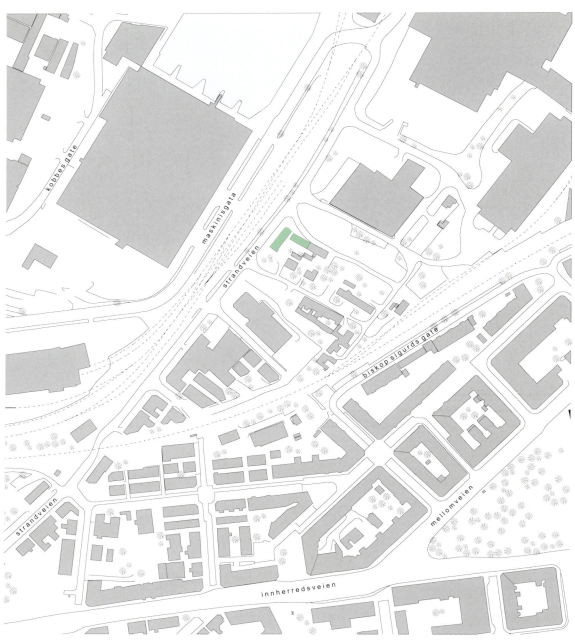

Zicht op afstand. Het 17 m hoge houten gebouw markeert de omslag van woon- naar industriegebied
View from a distance. The five-storey wooden building is 17 m high, and marks the intersection between residential area and industrial zone

Strandveien, ongedateerd (waarschijnlijk midden jaren vijftig/ begin jaren zestig)
Strandveien, undated (probably late 1950s/early 1960s)

Het exterieure hoofdtrappenhuis domineert de binnenplaats
Main exterior staircase, dominating the courtyard

Strandveien, zicht vanuit het westen
Strandveien, view from the west

Strandveien, zicht vanuit het noorden
Strandveien, view from the north

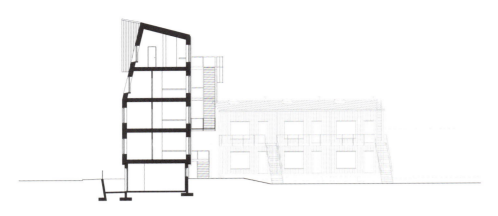

Dwarsdoorsnede hoogbouw
Cross section high-rise

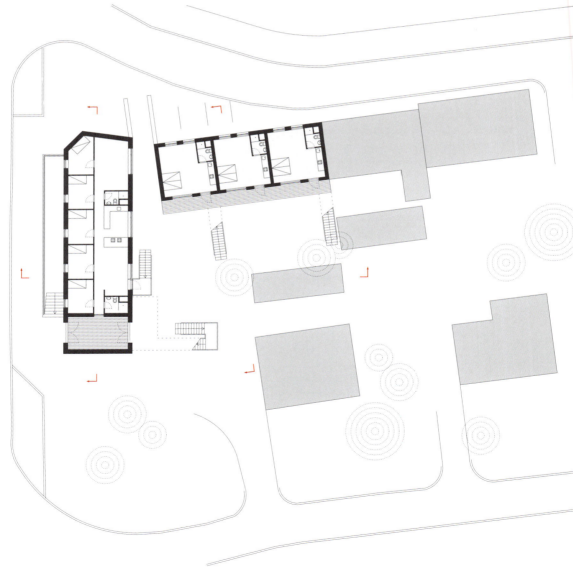

Begane grond
Ground floor

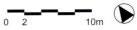

Langsdoorsnede hoogbouw
Longitudinal section high-rise

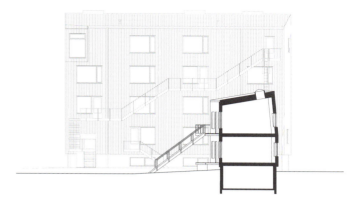

Dwarsdoorsnede laagbouw
Cross section low-rise

Eerste verdieping
First floor

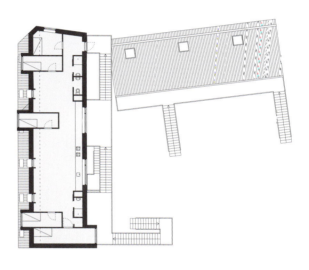

Derde verdieping
Third floor

Kelderverdieping
Basement

Binnenplaats
Courtyard

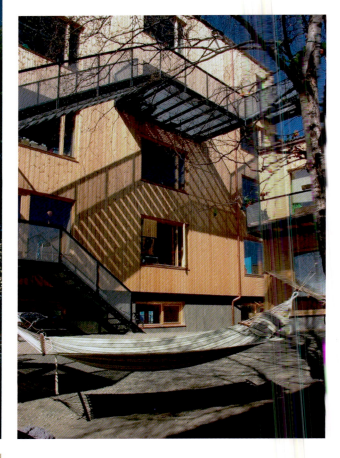

Veranda van de laagbouw aan de binnenplaats
Veranda of low-rise on the courtyard

Gemeenschappelijke woonruimte, bovenste (4e) verdieping
Communal living space, top (fourth) floor

Gemeenschappelijke woonruimte, 2e verdieping
Communal living space, second floor

Gemeenschappelijke hal naar binnenplaats
Shared hallway to courtyard

Anna van Bueren Toren Den Haag/The Hague

Wiel Arets Architects

Anna van Bueren Toren | AvB Tower, Universiteit Leiden/Leiden University College The Hague: Anna van Buerenplein, Den Haag/The Hague
Architect: Wiel Arets Architects [WAA], Amsterdam/Maastricht/Zürich
Interieurarchitect/Interior architect: Studio RTM, Rotterdam (onderwijs- en conferentieruimten, kantoren voor wetenschappelijke staf / teaching and conference rooms, scientific staff rooms)
Opdrachtgever/Client: Anna van Buerenplein BV
Eigenaar/Owner: Green College Court BV
Gebruiker/User: Universiteit Leiden – Leiden University College The Hague [LUC] | Liberal Arts & Sciences (BSc)
Ontwerp/Design: 2010-2012
Oplevering/Completion: juli/July 2013 (officiële opening: 31 oktober 2013/official opening 31 October 2013)

Typologie/Typology: *Vertical Campus*
Totaal aantal woningen/Total numbers of residences: 396
Bruto vloeroppervlakte/Gross floor area: 24.500 m²
Vloeroppervlak per woning/Floor area per residence: 27 m²
Aantal bouwlagen/Number of floors: 22 (bovenbouw: 10 [toren n-o] / 17 [toren z-w] /upper section: 10 [n.e. tower] /17 [s.w. tower]; op onderbouw/on top of lower section: 5)

Gemeenschappelijke voorzieningen/Communal facilities: receptie, fietsenstalling, wasserette (b.g.), studentenlounge en bar (1ᵉ verdieping), studielandschap met concentratieplekken en grand café (2ᵉ), dakterras (4ᵉ) / reception, bicycle storage, laundry (ground floor), student lounge and bar (1st), study area with silent rooms and grand café (2nd), roof terrace (4th)

Fietsparkeren/Bicycle storage: afgesloten inpandige stalling, b.g. / indoor, locked storage space, ground floor

Bronnen/Sources:
'Wiel Arets: Torre Universitaria/University Tower', *Domus*, no. 975 December/December 13), 66-7
http://www.wielaretsarchitects.com/en/projects/avb_tower
http://studio-rtm.nl/luc-leiden-university-college/
http://www.architectenwebnl/aweb/redactie/redactie_detail.asp?NID=25443
http://www.archdaily.com/8982/avb-tower-wiel-arets-architects/

De Anna van Bueren Toren biedt een combinatie van studeren, wonen en sociale activiteiten aan in één hybride universiteitswoongebouw, is centraal gelegen op een kruispunt van infrastructuur, direct naast het vernieuwde station Den Haag Centraal. De architect garandeert dat 'een vloed van visueel contact vanuit de stalen toren naar het aanliggende plein de torenbewoners van een werkelijk stedelijke universiteitsbeleving zal voorzien (…) uitzicht biedend op het plein beneden, de skyline van Den Haag en de Noordzee.' Hier is de driejarige Engelstalige bacheloropleiding *Liberal Arts & Sciences* in het curriculum van Leiden University College The Hague gevestigd, die (inter)nationale studenten voorbereidt op toonaangevende posities bij internationale instanties. Deze studie volgen betekent studeren en wonen onder één dak. Naast collegegeld betaalt de student ook voor een gemeubileerde *guestroom* van 27 m met eigen keukenblok en badcel, waar hij of zij maximaal twee jaar kan verblijven, gekoppeld aan de inschrijving bij LUC.

Dit 72 m hoge *hyper hybrid* universiteitswoongebouw van staal en glas belichaamt het concept van de 'verticale campus' – studentenwoningen bovenop een mix van onderwijsvoorzieningen en stedelijke functies – in één gebouw. De AvB Toren moet tevens als katalysator gaan functioneren voor de levendigheid van het nieuwe Anna van Buerenplein, omringd door New Babylon (100/140 m hoog), de vernieuwde openbaarvervoerterminal, de Koninklijke Bibliotheek, het Nationaal Archief, het Letterkundig Museum en het ministerie van Buitenlandse Zaken. De AvB Toren heeft de zogenaamde 'Haagse hoogte' van het ministerie van VROM van Jan Hoogstad (1992) en het stadhuis van Richard Meier (1992), gebouwen aan de Turfmarktroute die vanaf de andere zijde van het Centraal Station naar het cultuurplein aan het Spui leidt.

Het nieuwe plein fungeert als lobby voor de universiteitstoren, die naast de 396 studentenwoningen in de bovenbouw ruimte biedt aan winkels en een fastfood restaurant, de receptie van het LUC, een fietsenstalling en wasserette voor bewoners op pleinniveau, onderwijs- en kantoorruimten met bespreek- en vergaderfaciliteiten, individuele en collectieve studieplekken, een auditorium, horecavoorzieningen, en ruimten voor ontmoeting en ontspanning op de verdiepingen daarboven. Vanaf de receptie leidt een brede witte trap naar de eerste verdieping, waar een centrale open trap als verdeler én ontmoetingsplek van dit gestapelde studielandschap de studenten en universitaire staf in een hagelwitte ambiance verder naar boven leidt.

De compositie van de AvB Toren bestaat uit een kloeke basis van vijf verdiepingen, waaruit een L-vormige bovenbouw van tien lagen oprijst (27 woningen plus één *common room* per verdieping), en waarvan de noordoostelijke poot van de L nog 7 lagen (18 woningen plus één *common room* per verdieping) hoger reikt. Het stalen skelet heeft een uniforme glazen huid, die de verschillen tussen de publieke en private programmering subtiel afleesbaar maakt. Verschillende beglazingstechnieken bemiddelen tussen de behoeften van de verschillende programmaonderdelen achter de vliesgevel en de formele eenheid daarvan. Iedere studentenkamer beschikt over een te openen verdiepinghoog raam met spectraal selectief gelaagd glas, voorzien van een transparante gele tussenlaag. Ter plaatse van gesloten gevelvlakken worden deze bedekt met glas, dat aan de binnenzijde van een metaalgrijze coating is voorzien. (pk)

The AvB Tower provides a combination of studying, living and social activities in a single hybrid university residential building, centrally situated at an infrastructure hub directly adjacent to the renovated The Hague Central Station. The architect warrants that 'a flood of visual contact from within the steel tower out onto the adjacent square will ensure that the tower's residents are provided a truly urban university living experience . . . thus providing views to the square, the skyline of The Hague, and the North Sea beyond'. The three-year English-language Liberal Arts & Sciences Bachelor's degree course in the curriculum of Leiden University College The Hague is established here; it prepares Dutch and international students for prominent positions with international organizations. Following this course of study means studying and living under one roof. In addition to tuition fees, the student also pays for a 27-m^2 guest room with its own kitchen unit and bathing facility, where he or she can stay for a maximum of two years, linked to their enrolment at LUC.

This 72-m-tall 'hyper-hybrid' steel-and-glass university residential building embodies the concept of the 'vertical campus' – student residences on top of a mix of educational and urban programmes – in a single building. The AvB Tower is also intended to function as a catalyst for lively activity on the new Anna van Buerenplein, surrounded by New Babylon (100/140-m tall), the renovated public-transport terminal, the National Library of the Netherlands, the National Archives, the Literary Museum and the Ministry of Foreign Affairs. The AvB Tower has the so-called 'The Hague Height' of the Ministry of Infrastructure and the Environment by Jan Hoogstad (1992) and the City Hall by Richard Meier (1992) – buildings located along the Turfmarkt route, which leads from the other side of the Central Station to the cultural square on the Spui.

The new square functions as a lobby for the university tower, which, in addition to the 396 student rooms on the upper floors, also offers space to shops and a fast-food restaurant, the LUC reception, cycle parking for residents and laundry at street level, academic and office spaces with meeting rooms and facilities, individual and collective study areas, an auditorium, catering facilities and areas for meeting others and relaxing on the floors above. From the reception hall, broad white stairs lead up to the first floor, where a central open staircase, functioning as a divider and meeting place in this stacked landscape, brings students and university staff further upwards in a snow-white ambiance.

The AvB Tower is composed of a robust five-storey base, from which an L-shaped upper section of ten levels rises (27 studios plus one common room per floor), and where the north-east leg of the L stretches up an additional seven layers (18 studios plus one common room per floor). The steel skeleton has a uniform glass skin, which makes the differences between the public and private programme subtly visible. Various glazing technologies mediate between the different requirements of the programme components behind the curtain wall and its formal unity. Every student room has a full-height window that can be opened, with spectrally selective laminated glass and a transparent yellow interlayer. Where there are closed façade surfaces, these are covered with glass provided with a metal-grey coating on the inside. (pk)

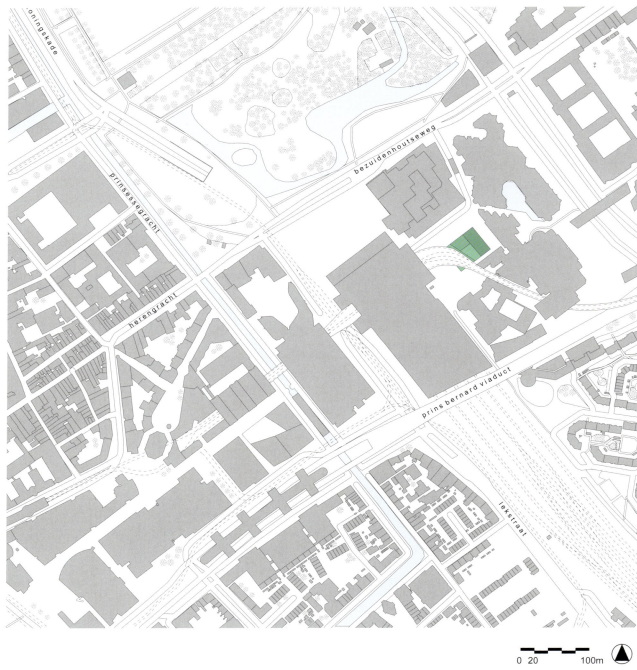

0 20 100m

Wasserette
Laundrette

Glasfaçade
Glass façade

Anna van Buerentoren, geflankeerd door New Babylon (links), verhoogd tramspoor en Koninklijke Bibliotheek (rechts)
Anna van Bueren Tower, flanked by New Babylon (left), raised tram tracks and the Dutch Royal Library (right)

Zichtbaarheid Anna van Bueren Toren vanaf tramplatform in stationshal Den Haag Nieuw Centraal
Visibility of Anna van Bueren Tower from tram platform in terminal of renovated The Hague Centraal

Hoofdentree
Main entrance

Eerste verdieping, studentenlounge en bar
First floor, student lounge and bar

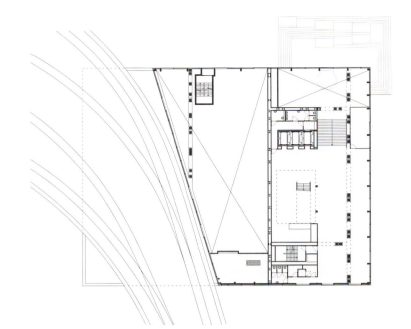

Begane grond / Anna van Buerenplein
Ground floor / Anna van Buerenplein

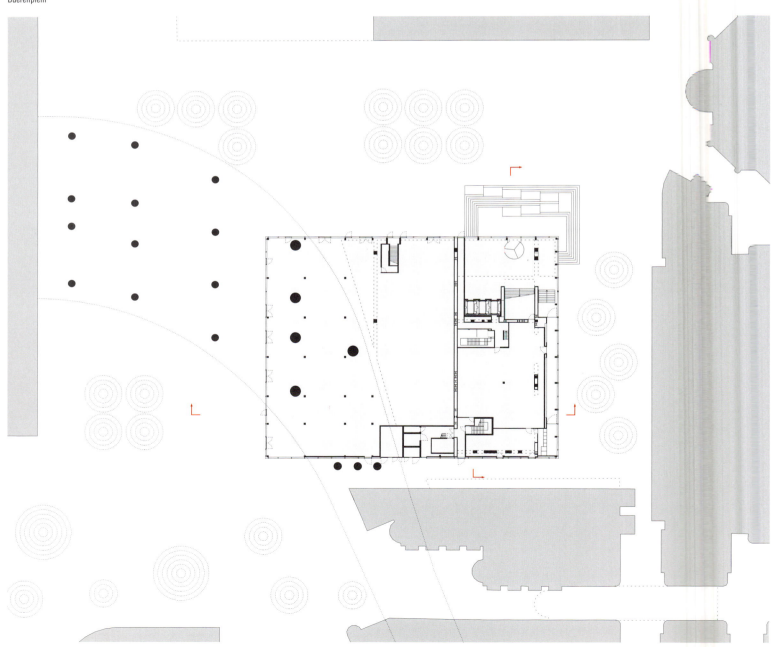

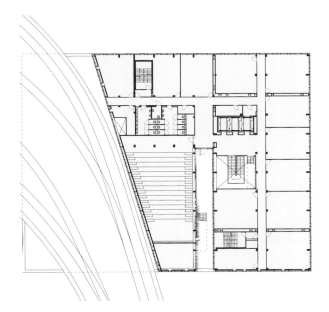

Derde verdieping, auditorium en onderwijsruimten
Third floor, auditorium and teaching areas

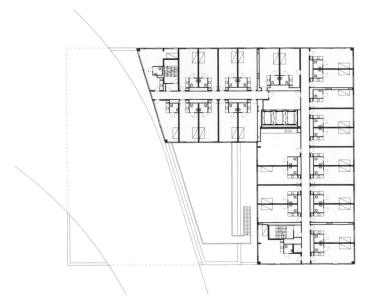

Standaardverdieping (5e t/m 14e verdieping)
Typical apartment floor (5th–14th storeys)

Dwarsdoorsnede
Cross section

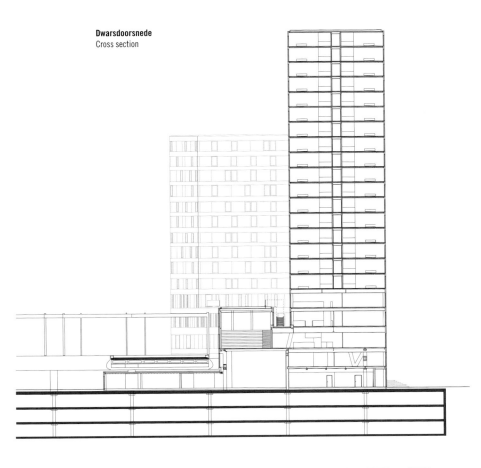

Langsdoorsnede
Longitudinal section

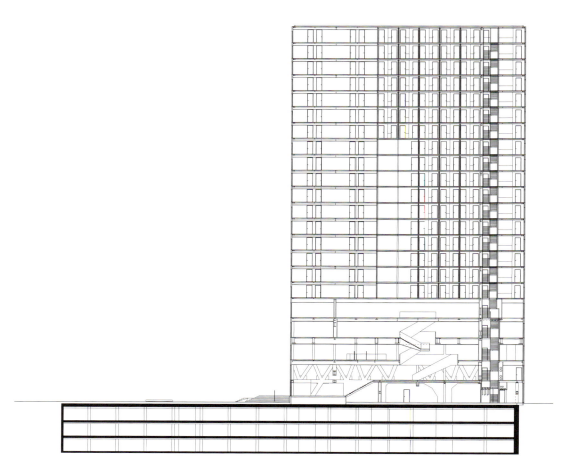

Entreehal
Entrance hall

Centrale open trap als verdeler en ontmoetingsplek van gestapeld studielandschap
Central open staircase as divider and meeting place in stacked study landscape

Onderwijsruimte
Teaching area

Kamer: zelfstandige wooneenheid met eigen huisnummer
Room: independent residential unit with its own house number

Studielandschap met concentratieplekken
Study landscape with quiet workspaces

Personalia
Biographies

Sergio Martín Blas (1976) is architect en hoogleraar Architectonisch Ontwerpen aan ETSAM (Technische Universiteit Madrid/UPM). Sinds 2009 is hij coördinator van de UPM-onderzoeksgroep NuTAC. Hij was docent en gastonderzoeker aan IUAV (Venetië), TU Delft, TU Berlijn en Cooper Union (New York). Zijn onderzoek is gericht op sociale woningbouw en stedelijke infrastructuur. Een van de resultaten is het artikel 'El Pisito 2011: Housing and Urban Form in Spain' (*Lotus International*, themanummer New Urban Housing I, nr. 148, 2011). Sinds 2012 is hij curator van het project *Holanda en Madrid*, dat de uitwisseling tussen Nederland en Madrid van architectonische en stedenbouwkundige werkvelden bevordert.
Sergio Martín Blas (b. 1976) is an architect and professor of architectural design at ETSAM (Technical University of Madrid/UPM). Since 2009 he is the coordinator of the UPM research group NuTAC. He has been a lecturer and visiting researcher at IUAV (Venezia), Delft University of Tecgnology, TU Berlin and Cooper Union (New York). His research focuses on public housing and urban infrastructure. Its results include the article 'El Pisito 2011: Housing and Urban Form in Spain' (*Lotus International*, special issue New Urban Housing I, no. 148, 2011). Since 2012 he has been the curator of the project Holanda en Madrid, which promotes the exchange of architectural and urban practices between the Netherlands and Madrid.

Annenies Kraaij (1964) studeerde stedenbouwkunde en volkshuisvesting aan de TU Delft. Na haar studie werkte zij voor verschillende opdrachtgevers aan ontwerpopgaven voor zowel binnenstedelijke als uitleggebieden. Sinds 1989 heeft zij als stedenbouwkundig projectontwerper aan een aantal grote gebiedsontwikkelingen gewerkt in Amsterdam en Rotterdam. Daarnaast was zij als docent verbonden aan de Academie van Bouwkunst Amsterdam en publiceerde zij in diverse vakbladen en boeken. Veel fotoreportages in *DASH* zijn van haar hand.
Annenies Kraaij (b. 1964) studied urban design and public housing at Delft University of Technology. After graduation she worked for various clients on design commissions in inner-city as well as expansion areas. Since 1989 she has worked as an urban design project designer on a number of large-scale local development projects in Amsterdam and Rotterdam. In addition she has taught at the Amsterdam Academy of Architecture and published various journal articles and books. She produced many of the photo reports for *DASH*.

Paul Kuitenbrouwer (1964) studeerde in 1988 af als architect aan de faculteit Bouwkunde van de TU Delft. Hij werkte sindsdien onder meer voor Wiel Arets en Jo Coenen, voor welke laatste hij plaatsvervangend supervisor was tijdens de aanleg van het Sphinx-Céramique-terrein in Maastricht. Hij volgde Coenen in 2001 naar het Atelier Rijksbouwmeester in Den Haag. Sinds 2006 is hij universitair docent aan de TU Delft bij de leerstoel Architectuur en Woningontwerp, waar hij onderzoek deed naar 'Intense Laagbouw' en studentenhuisvesting (bouwjong!). Hij geeft hij zowel bachelor als master ontwerponderwijs, met de nadruk op dichtheid en stedelijke context. Daarnaast was hij als docent verbonden aan de Academie van Bouwkunst Amsterdam.
Paul Kuitenbrouwer (b. 1964) graduated in 1988 as an architect at the Faculty of Architecture of Delft University of Technology. Since then he worked for, among others, Wiel Arets and Jo Coenen, for whom he was deputy supervisor of the Sphinx-Céramique site in Maastricht. He followed Coenen in 2001 to the Studio of the Government Architect in The Hague. Since 2006, he has been an assistant professor at Delft University of Technology in the Chair of Architecture and Dwelling, where he has conducted research on the topics of high-density low-rise housing ('Intense Laagbouw') and student housing (bouwjong!). He teaches both Bachelor's and Masters' design courses with the emphasis on density and the urban context. He has also taught at the Amsterdam Academy of Architecture.

Harald Mooij (1974) studeerde bouwkunde aan de TU Delft en het Istituto Universitario di Architettura di Venezia (IUAV). Hij is architect bij ADP Architecten in Amsterdam en betrokken bij verschillende actuele (woningbouw-)opgaven op zowel historische binnenstedelijke locaties als in nieuwe gebieden. Sinds 2004 is hij als docent en onderzoeker verbonden aan de leerstoel Architectuur en Woningbouwontwerp van de TU Delft. Hij schrijft regelmatig in vakbladen in binnen- en buitenland en is co-auteur van het boek *Het ontwerpen van woningen. Een handboek* dat in 2008 verscheen.
Harald Mooij (b. 1974) studied architecture at Delft University of Technology and the Istituto Universitario di Architettura di Venezia (IUAV). He is an architect with ADP Architects in Amsterdam and is involved in various current projects (including housing) both on historical urban sites and in new areas. He has been a lecturer and researcher at Delft University of Technology in the Chair of Architecture and Dwelling since 2004. He writes regularly for professional journals in the Netherlands and abroad and is co-author of the book *Housing Design. A Manual*, published in 2008.

Pierijn van der Putt (1973) studeerde bouwkunde aan de TU Delft, University of Illinois in Chicago en Drexel University in Philadelphia. Hij was vijf jaar redacteur van het architectuurtijdschrift *de Architect* alvorens naar de TU Delft terug te keren. Daar is hij is als docent verbonden aan de leerstoel Architectuur en Woningontwerpen.
Pierijn van der Putt (b. 1973) studied architecture at Delft University of Technology, the University of Illinois in Chicago and Drexel University in Philadelphia. He was an editor of the magazine *de Architect* for five years before returning to Delft, where he teaches in the Chair of Architecture and Dwelling.

Dick van Gameren (1962) is architect en hoogleraar Architectonisch Ontwerpen aan de leerstoel Architectuur en Woningontwerp van de TU Delft. Van 1993 tot 2005 was hij partner bij De Architectengroep in Amsterdam. In 2005 richtte hij het bureau Dick van Gameren architecten op. Sinds 2013 is Van Gameren partner van Mecanoo Architecten. Het werk van Dick van Gameren is veelvuldig gepubliceerd in nationale en internationale tijdschriften. Publicaties zijn: *van gamerenmastenbroek. prototype >experiment* (2001, samen met Bjarne Mastenbroek) en *Revisies van de ruimte. Gebruiksaanwijzing voor architectuur* (2005).
Dick van Gameren (b. 1962) is an architect and professor, Chair of Architecture and Dwelling at Delft University of Technology. From 1993 to 2005, he was a partner at De Architectengroep in Amsterdam. In 2005, he founded Dick van Gameren architecten. Since 2013 Van Gameren is a partner at Mecanoo Architecten. Van Gameren's work has been published frequently in national and international magazines. His publications include: *van gamerenmastenbroek. prototype >experiment* (2001, with Bjarne Mastenbroek) and *Revisions of Space. An Architectural Manual* (2005).

Illustratieverantwoording / Illustration Credits

Plandocumentatie/Plan Documentation

Tekst/Text
Sergio Martín Blas,
Dick van Gameren,
Paul Kuitenbrouwer,
Harald Mooij,
Piet Vollaard & Jurjen Zeinstra

Tekenwerk/Drawings
Guido Greijdanus,
Cederick Ingen-Housz &
Carlyn Simoen,
met medewerking van/with assistance of
Davida Rauch

Fotografie/Photography
Sebastiaan Kaal, Annenies Kraaij

Omslag/Cover
Brendeland & Kristoffersen Arkitekter
(bkark), Trondheim, Noorwegen/Norway
Svartlamoen Youth Housing, Strandveien
37-39, Trondheim, Noorwegen/Norway,
2002-2005

Omslagfoto/Cover photo
© David Grandorge, London

Dank voor het aanleveren van tekeningen en beeldmateriaal/We would like to thank the following firms and authorities for contributing drawings and images:
Pavillon de l'Arsenal, Paris
Service Patrimoine et Inventaire,
Région Île-de-France, Unité Société,
Paris
Fondation le Corbusier (FLC), Paris
Alvar Aalto Säätiö /Alvar Aalto
Foundation, Helsinki
ESTO Images of Architecture and the
Built Environment, Mamaroneck NY
Manuscripts & Archives, Yale University,
New Haven Connecticut
Lundgaard & Tranberg Arkitekter,
Copenhagen
RIBA Library Photographs Collection,
London
De Jongens Ronner, Groningen/
Rotterdam
Jens Markus Lindhe Arkitektur-
fotograf, Copenhagen
Scagliola Brakkee fotografie, Rotterdam
Snippe Projecten BV, Diemen
Architectenburo Dik Smeding BV,
Amsterdam
Architectuurstudio Herman Hertzberger,
Amsterdam
Stichting Duwo, Delft
Fotografische Dienst TU Delft,
TU Delft Library Repositories
Residencia de Estudiantes archieven/
archives, Madrid
CSIC archieven/archives, Madrid
Isabel Rodríguez Martín, Madrid
Collectie Het Nieuwe Instituut, Rotterdam
Emile Gregoire Fotografie, Den Haag
FRAC Centre Collection Art et
Architecture, Orléans
SSHN/Stichting Studenten
Huisvesting Nijmegen
Brendeland & Kristoffersen Arkitekter
(bkark), Trondheim
Ivan Brodey Photography, Oslo
David Grandorge, London
Jeroen Musch Photography, Rotterdam
Wiel Arets Architects (WAA),
Amsterdam/Maastricht/Zürich

De redactie bedankt de volgende personen voor hun bijdrage aan de totstandkoming van dit nummer/The editors are indebted to the following people fort their contribution to the realization of this issue:
Sergio Martín Blas (Residencia de Estudiantes: diverse contacten en onderzoek/various contacts and research), Victor Gijsbers (bewoner/resident Anna van Bueren Toren/AvB Tower), Robbert Guis & Rohan Varma (aanvullend tekenwerk/additional drawings College versus campus), Carola Hein, Carles Hillairet (responsable de la librairie Pavillon de l'Arsenal, Paris), Sebastiaan Kaal, Chris Scheen en/and Otto Das (oud-bewoners/former residents 't Duyvelsgat), Piet Vollaard, Jurjen Zeinstra

Paul Kuitenbrouwer

p. 4 foto/photo: © Ezra Stoller/ESTO
p. 7 boven/top frame gemaakt door/frame as made by Harald Mooij van/of Tran Ahn Hung's film Norwegian Wood. La Ballade de l'impossible, dvd gedistribueerd door/distributed by Lumière Home Entertainment © 2011 / Norwegian Wood, Haruki Murakami / Asmik Ace Entertainment Inc., Fuji Television Inc. © 2010
p. 7 links onder/bottom left omslag tentoonstellingscatalogus/exhibition catalogue cover Éric Lapierre, 18 m². Habitat étudiant, projets d'avenir © Éditions du Pavillon de l'Arsenal, 2013, Paris
p. 7 rechts onder/bottom right pagina uit/page from L'architecture d'Aujourd'hui, no. 6, 1936
p. 8 links boven/top left Leen van Duin; Henk Engel, Architectuurfragmenten 1. Typologie en ontwerpmethoden (Delft: Publicatiebureau Bouwkunde; 1991), 25
p. 8 rechts boven/top right ibid., 40
p. 8 links onder/bottom left ibid., 39
p. 8 rechtsonder/bottom right ibid., 39
p. 11 boven/top © Région Île-de-France – Philippe Ayrault – Document Archives Nationales
p. 11 links midden/centre left © FLC, ADAGP 15322B, c/o Pictoright Amsterdam 2014
p. 11 links onder/bottom left © FLC, ADAGP 12610, c/o Pictoright Amsterdam 2014
p. 11 rechts midden/centre right © FLC, ADAGP 33/46 Olivier Martin Gambier, c/o Pictoright Amsterdam 2014
p. 11 rechts midden/centre right © FLC, ADAGP 34/46 Olivier Martin Gambier, c/o Pictoright Amsterdam 2014
p. 11 rechts onder/bottom right © FLC, ADAGP 12811, c/o Pictoright Amsterdam 2014
p. 13 boven/top © Alvar Aalto Säätiö/Alvar Aalto Foundation
p. 13 links onder/bottom left foto/photo: © Ezra Stoller/ESTO
p. 13 rechts onder/bottom right © Alfred Whitney Griswold, President of Yale University, Records (RU 22). Manuscripts and Archives, Yale University Library
p. 14 alle afbeeldingen/all images © Lundgaard & Tranberg Arkitekter
p. 16 © Eero Saarinen Collection (MS 593). Manuscripts and Archives, Yale University Library

Dick van Gameren

p. 18 foto/photo: Annenies Kraaij
pp. 20-21 tekening/drawing: Robbert Guis en/and Cederick Ingen-Housz
pp. 22-23 foto's/photos a-l: Annenies Kraaij (foto/photo j: Sebastiaan Kaal)
pp. 26-27 tekening/drawing: Rohan Varma
pp. 28-29 foto's/photos a-j: Annenies Kraaij
pp. 31-32 foto's/photos: Annenies Kraaij
p. 32 boven/top en/and links onder/bottom left foto's/photos: Annenies Kraaij
p. 32 rechts onder/bottom right foto/photo: Sebastiaan Kaal
p. 35 links onder/bottom left uit/from: Royal Commission on the historical Monuments of England, An Inventory of the Historical Monuments in the City of Cambridge, 2e druk/2nd edition (London: Her Majesty's Stationery Office, 1988) p. 35 rechts boven/top right en/and rechts onder bottom right uit/from: Richard Guy Wilson (ed.), Thomas Jefferson's Academical Village (Charlottesville, VA: University Press of Virginia, 1993)
p. 36 tekening/drawing: Robbert Guis en/and Rohan Varma
p. 37 foto's/photos: Sebastiaan Kaal
p. 38 foto/photo: © Ezra Stoller/ESTO
p. 38 foto/photo: © John Donat, RIBA Library Photographs Collection

Interview met/with Niek Verdonk en/and Marlies Rohmer

p. 40 foto's/photos: © De Jongens Ronner
p. 43 links boven/top left omslag tentoonstellingscatalogus/exhibition catalogue cover Bouwjong! © De Jongens Ronner
p. 43 rechts boven/top right foto/photo: © Jens Markus Lindhe
p. 43 links midden/centre left foto/photo: © Scagliola Brakkee
p. 43 rechts midden/centre right foto/photo: © Collectie Het Nieuwe Instituut, archief (code): RIEJ inv.nr.: ph725, Copyright Pictoright
p. 43 onder/bottom © Collectie Het Nieuwe Instituut, archief (code): RIEJ inv. nr.: t181-3, Copyright Pictoright

Interview met/with André Snippe

p. 46 foto/photo: © Snippe Projecten BV
p. 49 tekeningen/drawings:
© Architectenburo Dik Smeding BV
p. 49 rechts boven en rechts midden/top right and centre right foto's/photos: Harald Mooij
p. 49 rechts onder/bottom right foto/photo: © Snippe Projecten BV
p. 50 foto's/photos: Harald Mooij (rechts onder/bottom right foto/photo: © Snippe Projecten BV)

Harald Mooij

p. 52 © Architectuurstudio Herman Hertzberger
p. 55 links boven/top left brochure 't Duyvelsgat, auteur onbekend/author unknown
p. 55 rechts boven/top right brochure 't Duyvelsgat,, auteur onbekend/author unknown
p. 55 links midden/centre right foto/photo: Otto Das
p. 55 links onder/bottom left omslag/cover brochure 't Duyvelsgat, auteur onbekend/ author unknown
p. 55 midden/centre tekening/drawing: Chris Scheen
p. 55 foto/photo: © Stichting Duwo
p. 56 links boven/top left foto/photo: © Fotografische Dienst TU Delft, TU Delft Library Repositories
p. 56 links boven/top right tekening/drawing: © Stichting Duwo
p. 56 links midden/centre left foto/photo: © Bouw 1964, p. 1390
p. 56 rechts midden/middle right tekening/drawing: © Bouw 1964, p. 1389
p. 56 links onder/bottom left foto/photo: © Bouw 1960, p. 1206
p. 56 onder/bottom tekening/drawing: © Bouw 1964, p. 1208
p. 60 links boven/top left foto/photo: © Stichting Duwo
p. 60 rechts boven/top right tekening/drawing: © Bouw 1964, p. 1393
p. 60 midden/centre tekening/drawing: © Bouw 1964, p. 1393
p. 60 links onder/bottom left tekening/drawing: © Bouw 1964, p. 1393
p. 60 rechts onder/bottom right foto/photo: Harald Mooij
p. 62 links boven/top left foto/photo: Harald Mooij
p. 62 tekening/drawing: © Bouw 1964, p. 1400
p. 62 tekening/drawing: © Bouw 1964, p. 1401
p. 62 links onder/bottom left foto/photo: © Herman Hertzberger
p. 62 onder midden/bottom centre foto/photo: Harald Mooij
p. 63 links boven/top left foto/photo © Johan van der Keuken
p. 63 midden boven/top centre foto/photo: Harald Mooij
p. 63 rechts boven/top right foto/photo: © Herman Hertzberger uit/from: Domus 1967 454 p.12)
p. 63 midden/centre tekening/drawing © Bouw 1964, p. 1401
p. 63 midden onder/bottom centre foto/photo: © Johan van der Keuken
p. 63 links onder/bottom left foto/photo: © Herman Hertzberger
p. 63 rechts onder/bottom right foto/photo: Harald Mooij
p. 65 foto's/photos: © Bouw 1960, p. 1206
p. 66 foto/photo: © Stichting Duwo

Sergio Martín Blas

p. 68 © Archivo Espasa Calpe, Madrid (eerder gepubliceerd in/previously published in Guerrero, Salvador (Ed.), Antonio Flórez, arquitecto (1877-1941), Residencia de Estudiantes, Madrid, 2002, p. 70)
p. 71 boven/top Poesía, n. 18-19 (Autumn-Winter 1989), monografisch nummer gewijd aan de/monographic issue devoted to the Residencia de Estudiantes, Madrid, 1989, p. 51

Illustratieverantwoording / Illustration Credits

p. 71 midden/centre eerder gepubliceerd in previously published in Guerrero, Salvador (Ed.), *Antonio Flórez, arquitecto (1877-1941)*, Residencia de Estudiantes, Madrid, 2002, p. 70
p. 71 links onder/bottom left © Gerencia Municipal de Urbanismo, Ayuntamiento de Madrid
p. 71 rechts onder/bottom right http://nolli.uoregon.edu/ (The Interactive Nolli Plan of Rome)
p. 74 boven/top tekeningen door/drawings by Jesús de la Fuente en/and Carmen Cabranes gepubliceerd in/published in Guerrero, Salvador (Ed.), Op. Cit., 2002
p. 74 links onder/bottom left Santa Cruz Astorqui, Jaime. *Estudio tipológico, constructivo y estructural de las casas de corredor de Madrid*, doctoral thesis, UPM, 201
p. 74 midden en rechts onder/bottom centre and right Santa Cruz Astorqui, Jaime. Op. Cit., 2012 (*corralas*, links/left); tekening door de auteur/drawing by the author (Sergio Martín Blas (*gemelos*, rechts/right)
p. 75 links boven/top left *Poesía*, n. 18-19 (Autumn-Winter 1989), monografisch nummer gewijd aan de/monographic issue devoted to the *Residencia de Estudiantes*, Madrid, 1989, p. 89
p. 75 links midden en rechtsboven/centre left and top right tekeningen door/drawings by Jesús de la Fuente en/and Carmen Cabranes gepubliceerd in/published in Guerrero, Salvador (Ed.), Op. Cit., 2002
p. 75 links en rechts onder/bottom left and right © Residencia de Estudiantes archieven/archives, gepubliceerd in/published in Guerrero, Salvador (Ed.), Op. Cit., 2002
p. 77 boven/top © Residencia de Estudiantes, archieven/archives
p. 77 links en rechts midden/centre left and right © Residencia de Estudiantes archieven/archives; Fundación Federico García Lorca, Madrid (gepubliceerd in/published in Sánchez Ron, Lafuente, et al. *El laboratorio de España: la Junta de Ampliación de Estudios e Investigaciones Científicas 1907-1939*, tentoonstellingscatalogus/exhibition catalogue, 2007
p. 77 links onder/bottom left frame gemaakt door de auteur/frame as made by the author (Sergio Martín Blas) van/of Buñuel en/and Dalí's film *Un Chien Andalou*, gedistribueerd door/distributed by Les Grands Films Classiques (France, 6 Juni/June 1929)
p. 77 rechts onder/bottom right tekening door de docent/drawing by the tutor José Moreno Villa zoals gepubliceerd in/as published in Guerrero, Salvador (Ed.), Op. Cit., 2002
p. 79 rechts boven/top right frame gemaakt door de auteur/frame as made by the author (Sergio Martín Blas) van/of Lindsay Anderson's 1968 film *"If..."*, gedistribueerd door/distributed by Paramount Pictures (UK, 19 December 1968)
p. 79 rechts onder/bottom right © Residencia de Estudiantes, archieven/archives

Plandocumentatie/ Plan Documentation
p. 82 foto/photo: © RIBA Library Photographs Collection

St John's College
p. 88 foto/photo: Annenies Kraaij
p. 88 links boven/top left http://en.wikipedia.org/wiki/St_John's_College,_Cambridge
p. 88-89 onder/bottom: tekening/drawing: Robbert Guis en/and Rohan Varma
pp. 90-91 foto's/photos: Annenies Kraaij

Residencia de Estudiantes
p. 92 foto/photo: © Isabel Rodríguez Martín
p. 94 onder/bottom foto/photo: © Residencia de Estudiantes, archieven/archives
p. 98 links boven/top left foto/photo: © Residencia de Estudiantes, archieven/archives
p. 98 midden/centre foto's/photos: © Residencia de Estudiantes, archieven/archives (links/left) en/and Isabel Rodríguez Martín (rechts/right)
p. 98 onder/bottom foto/photo: © Archivo Espasa Calpe
p. 99 boven/top foto/photo: © Isabel Rodríguez Martín
p. 99 rechts midden/centre right foto/photo: © Isabel Rodríguez Martín
p. 99 onder/bottom foto/photo: © Isabel Rodríguez Martín

Collège néerlandais
p. 100 foto/photo: © Emile Gregoire Fotografie, Den Haag
p. 102 onder/bottom © Bouwkundig Weekblad 1928 p. 233
p. 103 boven/top © Collectie Het Nieuwe Instituut, archief (code): DUDO inv.nr.: 81fm.41-15, Copyright Pictoright
p. 103 links midden/bottom centre foto/photo: © Collectie Het Nieuwe Instituut, archief (code): DUDO inv.nr.: 81fm.41-7, Copyright Pictoright
p. 103 rechts midden/centre right foto/photo: *Cité Universitaire te Parijs. Nederlansch Collegium*, Mouton & Co, Den Haag, 1934, p.19, fotograaf onbekend/photographer unknown
p. 103 rechts onder/bottom right foto/photo: G. van Saane, Willem M. Dudok, Amsterdam, 1954, p. 43
pp. 106-107: foto's/photos: © Emile Gregoire Fotografie, Den Haag

Samuel F.B. Morse and Ezra Stiles Colleges
p. 108 foto/photo: Sebastiaan Kaal
p. 111 foto's/photos: © Ezra Stoller/ESTO
p. 114 links onder/bottom left foto/photo: Sebastiaan Kaal
p. 115 foto's/photos: Sebastiaan Kaal

Patiostudentenwoningen/ Patio Student Housing
p. 116 foto/photo: Annenies Kraaij
p. 119 links boven/top left foto/photo: © Collectie Het Nieuwe Instituut, archief (code): HAAX inv.nr.: ph378, Copyright Pictoright
p. 119 rechts boven/top right foto/photo: © Collectie Het Nieuwe Instituut, archief (code): HAAX inv.nr.: ph379, Copyright Pictoright
p. 119 links midden/centre left foto/photo: Annenies Kraaij
p. 119 rechts midden/centre right foto/photo: © Bouwkundig Weekblad 1969-7 p. 170
p. 119 links en rechts onder/bottom left and right foto/photo: Annenies Kraaij
p. 122 rechts boven en midden/top and centre right foto's/photos: Annenies Kraaij
p. 123 foto's/photos: Annenies Kraaij

Cripps Building
p. 124 foto/photo: Sebastiaan Kaal
p. 127 boven/top foto's/photo: © Henk Snoek / RIBA Library Photographs Collection
p. 127 onder/bottom foto/photo: © Bill Toomey / Architectural Press Archive / RIBA Library Photographs Collection
p. 131 foto's/photos: Sebastiaan Kaal

Maison de l'Iran
p. 132 foto/photo: Annenies Kraaij
p. 134 links onder/bottom left foto/photo: *L'architecture d'aujourd'hui*, No. 141 – *Structures* (Paris: Decembre 1968 – Janvier 1969), p. 48a
p. 134 rechts onder/bottom right foto/photo: *Claude Parent, L'oeuvre construite, l'oeuvre graphique* (Paris: Edition HYX, sous la direction de Frédéric Migayrou et de Francis Rambert, coédité avec la Cité de l'architecture et du patrimoine/IFA), p. 90
p. 135 links boven/top left foto/photo: Op. Cit. 2010, p. 92b, im. 11
p. 135 rechts boven/top right foto/photo: Op. Cit. 2010, p. 92b, im. 10
p. 135 links onder/bottom left foto/photo: Op. Cit. 2010, p. 92b, im. 4
pp. 138-139 foto's/photos: Annenies Kraaij

Hoogeveldt
p. 140 foto/photo: Annenies Kraaij
p. 143 boven/top foto's/photos: © Collectie Het Nieuwe Instituut, archief (code): TAUB inv.nr.: f3, Copyright Pictoright
p. 143 onder/bottom © Collectie Het Nieuwe Instituut, archief (code): TAUB inv.nr.: f12, Copyright Pictoright
pp. 146-147 foto's/photos: Annenies Kraaij

Svartlamoen
p. 148 foto/photo: Geir Brendeland
p. 150 links onder/bottom left foto/photo: Geir Brendeland
p. 150 rechts onder/bottom right foto/photo: private collection
p. 151 links boven/top left foto/photo: © David Grandorge
p. 151 rechts boven/top right foto/photo: © Jeroen Musch
p. 151 onder/bottom foto/photo: © Jeroen Musch
p. 154 links boven/top left foto/photo: © Jeroen Musch
p. 154 rechts boven/top right foto/photo: Geir Brendeland
p. 154 onder/bottom foto/photo: Geir Brendeland
p. 155 links boven/top left foto/photo: Geir Brendeland
p. 155 rechts boven/top right foto/photo: © Ivan Brodey
p. 155 links onder/bottom left foto/photo: © Jeroen Musch
p. 155 rechts onder/bottom right foto/photo: Geir Brendeland

Anna van Bueren Toren
pp. 156, 158, 159, 162, 163 foto's/photos: Annenies Kraaij

Colofon
Credits

Onafhankelijk peer-reviewed architectuurtijdschrift, halfjaarlijks uitgegeven door nai010 uitgevers voor de afdeling Architectuur, leerstoel Woningontwerp aan de faculteit Bouwkunde van de Technische Universiteit Delft
Independent peer-reviewed Journal for Architecture, published twice a year by nai010 publishers for the Chair of Architecture and Dwelling of Delft University of technology

DASH
Delft Architectural Studies on Housing
Leerstoel Architectuur en Woningontwerp
(Chair of Architecture and Dwelling)
Julianalaan 132-134
2628 BL Delft
Postbus 5043
2600 GA Delft

Redactie/Editors
Dick van Gameren
Frederique van Andel
Dirk van den Heuvel
Olv Klijn
Annenies Kraaij
Paul Kuitenbrouwer
Harald Mooij
Pierijn van der Putt
Hans Teerds
Jurjen Zeinstra

Wetenschappelijk comité/Academic Board
Koos Bosma
Monique Eleb
Marc Glaudemans
Joan Ockman
Max Risselada

Adviesraad/Advisory Board
Francine Houben
Frits van Dongen
Piet Vollaard
Ton Schaap
Han Michel

Tekstredactie/Copy editing
Gerda ten Cate, D'Laine Camp

Vertaling/Translation
Maria van Tol
Engels - Nederlands: tekst Blas, project documentatie La Residencia de Estudiantes, Madrid
Jane Bemont
Dutch - English: interviews
Christine Gardner
Dutch - English: project documentation
Douglas Heingartner
Dutch - English: editorial, texts Kuitenbrouwer, Van Gameren
Laura Vroomen
Dutch - English: text Mooij

Vormgeving/Design
Joseph Plateau, Amsterdam

Papier/Paper
Perigord 1.1, 150 gr/m²

Druk/Printing
Die Keure, Brugge/Bruges

Projectleiding/Production
Mehgan Bakhuizen, nai010 uitgevers/publishers

Uitgever/Publisher
Marcel Witvoet, nai010 uitgevers/publishers

© 2014 nai010 uitgevers, Rotterdam
Behoudens de in of krachtens de Auteurswet van 1912 gestelde uitzonderingen mag niets uit deze uitgave worden verveelvoudigd, opgeslagen in een geautomatiseerd gegevensbestand, of openbaar gemaakt, in enige vorm of op enige wijze, hetzij elektronisch, mechanisch, door fotokopieën, opnamen of enige andere manier, zonder voorafgaande schriftelijke toestemming van de uitgever. Voor zover het maken van reprografische verveelvoudigingen uit dezeuitgave is toegestaan op grond van artikel 16 h Auteurswet 1912 dient men de daarvoor wettelijk verschuldigde vergoedingen te voldoen aan de Stichting Reprorecht (postbus 3060, 2130 KB Hoofddorp, www.reprorecht.nl). Voor het overnemen van gedeelte(n) uit deze uitgave in bloemlezingen, readers en andere compilatiewerken (artikel 16 Auteurswet 1912) kan men zich wenden tot de Stichting PRO (Stichting Publicatie- en Reproductierechten Organisatie, postbus 3060, 2130 KB Hoofddorp, www.cedar.nl/pro).

Van werken van beeldend kunstenaars aangesloten bij een CISAC-organisatie is het auteursrecht geregeld met Pictoright te Amsterdam
© 2014, c/o Pictoright Amsterdam
Niet alle rechthebbenden van de gebruikte illustraties konden worden achterhaald. Belanghebbenden wordt verzocht contact op te nemen met nai010 uitgevers, Mauritsweg 23, 3012 JR Rotterdam, info@nai010.com

nai010 uitgevers is een internationaal georiënteerde uitgever, gespecialiseerd in het ontwikkelen, produceren en distribueren van boeken over architectuur, beeldende kunst en verwante disciplines.
www.nai010.com

Voor informatie over verkoop en distributie in Nederland en België, stuur een e-mail naar sales@nai010.com
of kijk op www.nai010.com.

© 2014 nai010 publishers, Rotterdam
All rights reserved. No part of this publication may be reproduced, stored in a retrieval system, or transmitted in any form or by any means, electronic, mechanical, photocopying, recording or otherwise, without the prior written permission of the publisher.

For works of visual artists affiliated with a CISAC-organization the copyrights have been settled with Pictoright in Amsterdam.
© 2014, c/o Pictoright Amsterdam
It was not possible to find all the copyright holders of the illustrations used. Interested parties are requested to contact nai010 publishers, Mauritsweg 23, 3012 JR Rotterdam, The Netherlands, info@nai010.com

nai010 publishers is an internationally orientated publisher specialized in developing, producing and distributing books on architecture, visual arts and related disciplines.
www.nai010.com

nai010 books are available internationally at selected bookstores and from the following distribution partners:

North, South and Central America - Artbook | D.A.P., New York, USA, dap@dapinc.com

Germany, Austria, Italy, Spain, Portugal and Greece - Coen Sligting Bookimport, Alkmaar, the Netherlands, sligting@xs4all.nl

Rest of the world - Idea Books, Amsterdam, the Netherlands, idea@ideabooks.nl

For general questions, please contact nai010 publishers directly at sales@nai010.com or visit our website www.nai010.com for further information.

Printed and bound in Belgium

ISSN 1877-7007
ISBN 978-90-6208-122-2

Abonnementenadministratie/
Subscriptions and administration

Abonnementenland
P.O. Box 20
1910 AA Uitgeest
The Netherlands
Tel +31 (0)900 – ABOLAND
(0900-2265263 - € 0,10 p.m)
www.aboland.nl

Abonnementen/Subscriptions
DASH verschijnt twee keer per jaar. Recht op reductie hebben: studenten aan universiteiten en academies van bouwkunst, houders van CJP. Abonnementen worden stilzwijgend verlengd. Opzeggingen (uitsluitend schriftelijk) dienen 4 weken voor afloop van de abonnementsperiode in het bezit te zijn van de administratie. Prijswijzigingen voorbehouden.

DASH is published twice a year. For subscriptions please contact the administration. Subscriptions are renewed automatically. If you wish to cancel, please inform the administration in writing 4 weeks before the end of the subscription period. Prices are subject to change.

Abonnementen in Nederland en België
particulieren € 49,50
instellingen € 49,50
studenten € 45,00

Abonnementen Europa/
Subscriptions in Europe
particulieren/individuals € 59,50
instellingen/organisations € 59,50
studenten/students € 52,50

Abonnementen buiten Europa/
Subscriptions outside Europe
particulieren/individuals € 59,50
instellingen/organisations € 59,50
studenten/students € 52,50

Eerder verschenen / Back Issues

Nieuwe open ruimte in het woonensemble
New Open Space in the Housing Ensemble

Essays van/by Willemijn Wilms Floet, Dick van Gameren & Olv Klijn, Karin Theunissen Interview met/with Ton Schaap

Plandocumentatie / Plan Documentation
Rapp + Rapp, De Grote Hof, Pijnacker-Nootdorp 2006
De Architecten Cie., Dick van Gameren, VMX, Block 23 IJburg, Amsterdam 2005
Meyer en Van Schooten, Claus en Kaan, ANA, Block 24 IJburg, Amsterdam 2005
Geurst & Schulze, Schuttersveld, Delft 2003
S333, Monnikhof, Groningen 2002
Soeters Van Eldonk, Zwanenwoud, Heerenveen 2002
Venhoeven CS, Rietlanden, Amsterdam 2001
Van Reeth AWG, Mariaplaats, Utrecht 1998
Bosch & Van Eyck, Het Pentagon, Amsterdam 1983
P. Blom, De Kasbah, Hengelo 1974
Eduard Cuypers, Veronesestraat, Amsterdam 1929
J.B. van Loghem, Tuinwijk-Zuid, Haarlem 1922

Het luxe stadsappartement
The Luxury City Apartment

Essays van/by Olv Klijn & Pierijn van der Putt, Vincent Kompier, Paul Meurs, Dick van Gameren & Christoph Grafe, Monique Eleb. Interviews met/with Huub Smeets, Winka Dubbeldam

Plandocumentatie / Plan Documentation
Neves & Slemenson, Parque Cidade Jardim, Sao Paulo, 2013
Herzog & de Meuron, 40 Bond Street, New York 2007
AWG Architecten, Detroit, Amsterdam 2005
Sáenz de Oíza, Torres Blancas, Madrid 1968
Schipporeit & Heinrich Associates, Lake Point Tower, Chicago 1968
L.M. van den Berg & J.J. Groenema, Duinwyck, Den Haag/The Hague 1932
F.A. Warners, Westhove, Amsterdam 1923
Auguste & Gustave Perret, Avenue de Wagram, Parijs/Paris 1902
R. N. Shaw, Albert Hall Mansions, Londen/London 1886

Het woonerf leeft
The 'Woonerf' Today

Essays van/by Ivan Nio, Dick van Gameren & Harald Mooij, Nynke Jutten & Willemijn Lofvers, Tom Avermaete & Eva Storgaard, Pierijn van der Putt. Interviews met/with Alex van de Beld, Benno Stegeman

Plandocumentatie / Plan Documentation
M. Välikangas, Puu Kapyla, Helsinki 1925
E. S. Persson, Friluftstaden, Malmo 1948
N. De Boer, Emmerhout, Emmen 1965
H. Klarenbeek, De Negen Nessen, Bergen (NH) 1968
Lyons & SPAN, Punch Croft, New Ash Green 1968
D. Zuiderhoek/H. Klunder, Park Rozendaal, Leusden 1971
B. Stegeman, Krekenbuurt, Zwolle 1975
Tegnestuen Vandkunsten, Fuglsangsparken, Farum 1983
Onix, Verandawoningen, Almere 2006
Tegnestuen Vandkunsten, Kvistgardhusene, Kvistgard 2008

De woningplattegrond
The Residential Floor Plan

Essays van/by Dorine van Hoogstraten, Dirk van den Heuvel, Bart Goldhoorn Interviews met/with Edwin Oostmeijer, Frits van Dongen

Plandocumentatie / Plan Documentation
A. Rading, Wohnturmhaus, Wroclaw 1928-1929
Dranger & Helldén, Peterstorp 3, Malmo 1937-1938
W. van Tijen, Zuidpleinflat, Rotterdam 1949
H. Scharoun, Zabel-Kruger-Damm, Berlijn/Berlin 1970
Van den Broek & Bakema, Elviraflat, Delft 1964
K. Frampton/ D. Stephen & Partners, Corringham, Londen/London 1964
Buszko & Franta, Kukurydze, Katowice 1979
Apon, van den Berg, ter Braak, Tromp, Verdiweg, Amersfoort 1968
F. van Dongen/de Architekten Cie, Botania, Amsterdam 2002
Diener & Diener, Hofblok Hoogwerf, Amsterdam 2001

De stadsenclave
The Urban Enclave

Essays van/by Dick van Gameren & Pierijn van der Putt, Christopher Woodward, Elain Harwood, Lara Schrijver, Dirk van den Heuvel
Interview met/with Rob Krier

Plandocumentatie / Plan Documentation
Het Groot Begijnhof, Leuven ca. 1200
Robert, John, James & William Adam Adelphi complex, Londen/London 1768-72
A.J Kropholler Linnaeushof, Amsterdam 1924-28
Herman Aichinger & Heinrich Schmid Rabenhof, Wenen/Vienna, 1925-29
Fernand Pouillon Résidence du Point-du-Jour, Boulogne-Billancourt Parijs/Paris 1957-63
Chamberlin, Powell & Bon Barbican Londen/London, 1955-82
Piet Blom Oude Haven, Rotterdam 1978-84
Rob Krier Noorderhof, Amsterdam 1995-99
OMA e.a./a.o. Chassé Park, Breda 1997-07
Frits van Dongen (de Architekten Cie.) e.a./a.o. Funenpark, Amsterdam 1998-2005

Wonen in een nieuw verleden
Living in a New Past

Essays van/by Dick van Gameren, Wolfgang Voigt, Cor Wagenaar, Nelson Mota, Dirk Baalman. Interview met/with Peer, Thomas & Pieter Bedaux

Plandocumentatie/Plan Documentation
M.H. Baillie Scott Waterlow Court, Londen/London, 1908-1910
Paul Schmitthenner Gartenstadt Staaken, Berlijn/Berlin, 1914-1917
A.H. van Wamelen Frisia-woningen, Amersfoort, 1920-1922
J. H. Roggeveen Merelhof, Bergen (NH/North Holland), 1949-1950
Mario Ridolfi & Ludovico Quaroni Tiburtino, Rome, 1949-1954
François Spoerry Port Grimaud, Saint-Tropez, 1963-1974
Mecanoo Ringvaartplasbuurt, Rotterdam, 1989-1993
Leon Krier & Ken Morgan Poundbury, Dorchester, 1988-2024
Thomas Bedaux, Bedaux De Brouwer Bosrijk, Eindhoven, 2004-2007
West 8 & AWG Cronenburgh, Loenen aan de Vecht, 2001-2009

Het ecohuis
The Eco House

Essays van/by Piet Vollaard, Daniel A. Barber, Jacques Vink, Machiel van Dorst, Steve Baer. Interview met/with Jean-Philippe Vassal

Plan documentatie/Plan Documentation
Frank Lloyd Wright Jacobs House 2, Middleton, Wisconsin, 1943-1948
Ralph Erskine Villa Engstrom, Lison, Sodermanland,1955-1956
Steve Baer Zome House, Corrales, New Mexico, 1971-2012
Otto Kolb Solarhaus, Wermatswil, 1980-1982
Frei Otto, Hermann Kendel et al. Baumhauser, Berlijn/Berlin, 1987-1991
Lacaton & Vassal Maison Latapie, Floirac, 1993
DAAD Architecten & Eric de Leeuw Woonwerkhuis Hoogland, Groningen, 1997-2007
Carlos Weeber & CASArchitects Casa Weeber, St Willibrordus, Curacao, 2005-2006
KieranTimberlake Associates Loblolly House, Taylors Island, Maryland, 2004-2006
FAR Frohn & Rojas Casa Muro, Santiago de Chile, 2004-2007
2012Architecten Villa Welpeloo, Enschede, 2005-2009

Samen bouwen
Building Together

Essays van/by Dick van Gameren, Pierijn van der Putt, Annet Ritsema & Vincent Kompier. Interviews met/with Frank van Beek & Frank Veen, Lingotto, Hein de Haan, CASA architecten

Plan documentatie / Plan Documentation
J.C. van Epen (i.s.m. / with M.J.E. Lippits) Harmoniehof, Amsterdam (NL), 1919-1922
Frank Lloyd Wright (en anderen/and others) Usonia, Pleasantville (NY, USA), 1947-1952
Atelier 5 Thalmatt 1, Herrenschwanden (CH), 1967-1974
Bayon, Aroca, Bisquert y Martin Calle de Arturo Soria, Madrid (ES), 1976-1978
Hans Ruijssenaars Egelwier, Leusden (NL), 1975-1982
Davidson, Yuen, Simpson architecture WindSong Cohousing, Langley (CA, USA), 1998
BKK-3 Miss Sargfabrik, Wenen/Vienna (AT), 1998-2000
Tegnestuen Vandkunsten Egebakken, Nodebo (DK), 2002-2004
CASA architecten Vrijburcht, Amsterdam (NL), 2005-2007
Zanderroth Architecten Zelterstrasse, Berlijn/Berlin (DE), 2008-2010
Bastiaan Jongerius architecten Elandshof, Amsterdam (NL), 2004-2012

Woningbouwtentoonstellingen
Housing Exhibitions

Essays van/by Frederique van Andel, Lucy Creagh, Noude de Vreeze, Sandra Wagner-Conzelmann. Interviews met/with Barry Bergdoll, Vanessa Miriam Carlow

Plandocumentatie/Plan Documentation
Joseph Maria Olbrich et al. Ein Dokument Deutscher Kunst, Darmstadt (D), 1901
Mies van der Rohe et al. Die Wohnung unserer Zeit, Berlijn Berlin (D), 1931
Josef Frank et al. Wiener Werkbundsiedlung, Wenen Vienna (AT), 1932
Peter Grund et al. Schaffendes Volk, Düsseldorf (D), 1937
Piero Bottoni et al. Q.T. 8, Milaan Milan (I), 1947
J.T.P. Bijhouwer et al. Plan Internationaal, Doorwerth (NL), 1967
Hinrich Baller et al. Documenta Urbana, Kassel (D), 1982
Josef Paul Kleihues, Hardt-Waltherr Hämer et al. IBA, Berlijn Berlin (D), 1987
Klas Tham et al. Bo01 City of Tomorrow, Malmö (SE), 2001
Uli Hellweg (directeur/managing director) et al. IBA, Hamburg (D), 2013